Heinz-Dieter Basler
Hilka Otte
Thomas Schneller
Dirk R. Schwoon

Verhaltenstherapie bei psychosomatischen Erkrankungen

Verlag W. Kohlhammer
Stuttgart Berlin Köln Mainz

CIP-Kurztitelaufnahme der Deutschen Bibliothek

Verhaltenstherapie bei psychosomatischen Erkrankungen
Heinz-Dieter Basler . . . – Stuttgart, Berlin, Köln, Mainz: Kohlhammer, 1979.
ISBN 3-17-004887-2
NE: Basler, Heinz-Dieter [Mitarb.]

Stuttgart Berlin Köln Mainz
Verlagsort: Stuttgart
Umschlag: hace
Gesamtherstellung: W. Kohlhammer GmbH
Grafischer Großbetrieb Stuttgart
Printed in Germany

Inhalt

Vorwort

Es gibt keine Therapieform, die innerhalb weniger Jahre eine gleich stürmische Entwicklung erfahren hat wie die Verhaltenstherapie. Selbst dem Experten gelingt es nur noch mit Mühe, die jährlich steigende Anzahl von Veröffentlichungen zu sichten, um auf diese Weise den neuesten Stand des Wissens kennenzulernen. Aus diesem Grunde erscheinen Übersichtsarbeiten, die die Veröffentlichungen der letzten Jahre zusammenfassen, nicht nur sinnvoll, sondern für den Praktiker unentbehrlich.
In dem hier vorgelegten Buch wird der Versuch unternommen, die theoretische Weiterführung des ursprünglich von den Behavioristen geprägten verhaltenstherapeutischen Ansatzes darzustellen und den Leser mit dem neuesten Stand der Verhaltenstherapie bei psychosomatischen Erkrankungen vertraut zu machen.
Für die Literatursuche wurde u. a. das von DIMDI (Deutsches Institut für Medizinische Dokumentation und Information, Köln) zur Verfügung gestellte System Medlars und das von der Zentralstelle für Psychologische Information und Dokumentation an der Universität Trier zur Verfügung gestellte System Pasar eingesetzt. Die hier dargestellte Literatur bezieht sich auf Veröffentlichungen aus den Jahren 1970 bis Frühjahr 1978. Auf Veröffentlichungen aus früheren Jahren wurde nur zurückgegriffen, wenn sich geschilderte Untersuchungen auf vorangegangene Veröffentlichungen bezogen, oder aber, wenn die früheren Untersuchungen uns das Verständnis wesentlich zu erleichtern schienen. Eine lückenlose Darstellung der Veröffentlichungen aus den beschriebenen Jahren wurde allerdings nicht angestrebt, da andernfalls eine Redundanz des Textes unvermeidlich gewesen wäre.
Wir hoffen, daß es uns gelungen ist, dem in der Praxis tätigen Verhaltenstherapeuten eine Orientierungshilfe zu geben, die ihm seine Arbeit mit psychosomatisch Kranken erleichtert.
Unser Dank gilt Frau Ursula Hausen aus der Bibliothek der Medizinischen Hochschule Hannover, die uns bei der Literatursuche unterstützte; für vorbereitende Arbeiten bedanken wir uns bei Frau Elvira Schaeffer und Frau Donata Korff, und für die sorgfältige Ausführung der Schreibarbeiten möchten wir uns bei Frau Ulrike Kirchhoff bedanken.

Hannover, im September 1978

Heinz-Dieter Basler
Hilka Otte
Thomas Schneller
Dirk R. Schwoon

1. Theoretische Grundlagen der Verhaltenstherapie in der Psychosomatik

1.1. Verhaltenstheoretische Erklärungsmodelle psychophysiologischer Störungen

Unter dem Begriff Verhaltenstherapie werden alle jene Therapieformen gefaßt, die sich in ihrer Methodik an den Ergebnissen der empirischen Lernforschung sowie der allgemeinen experimentellen Psychologie orientieren. Die therapeutischen Maßnahmen zielen darauf hin, unter systematischer Anwendung empirischer Forschungsergebnisse einen Lernprozeß einzuleiten, durch den eine Veränderung des als gestört definierten Verhaltens oder körperlichen Zustands angestrebt wird. Verhaltenstherapeutische Verfahren kommen dann zum Einsatz, wenn die Hypothese begründet erscheint, daß die Störung auf unerwünschte oder fehlende Lernprozesse zurückzuführen ist oder durch sie aufrechterhalten wird. Unter Lernen wird dabei eine Anpassungsleistung an die Anforderungen der Umwelt verstanden, sofern die mit der Anpassung verbundene Verhaltensänderung nicht auf Faktoren wie Reifung, Intoxikation oder Ermüdung zurückzuführen ist (Foppa, 1966). Auch in den Therapieverfahren anderer theoretischer Orientierungen sind selbstverständlich Lernprozesse wirksam. Sie werden dort jedoch nicht so systematisch zur Verhaltensänderung eingesetzt.

In der Lernforschung wird unterschieden zwischen offenem, direkt beobachtbarem und verdecktem, nur indirekt mittels apparativer Techniken beobachtbarem Verhalten. Zum Letzteren gehört neben dem emotionalen und kognitiven Verhalten auch das Verhalten der Organe und Organsysteme. Es wird hypothetisch angenommen, daß verdecktes Verhalten den gleichen Gesetzmäßigkeiten unterliegt, wie offenes Verhalten, daß somit auch die Lerngesetze angewendet werden können, um verdecktes Verhalten zu beeinflussen.

Traditionellerweise werden Störungen von Organen, die auf Wirkungen der Umwelt oder des eigenen Verhaltens zurückzuführen sind, als »psychosomatische Störungen« bezeichnet. Dieser Terminus wird allerdings von Verhaltenswissenschaftlern abgelehnt, die sich von einer idealistisch-tiefenpsychologischen Interpretation über die »Psychogenese« organischer Störungen abgrenzen und somit den unfruchtbaren Auseinandersetzungen über den Dualismus zwischen Psyche und Soma entgehen. Sie schlagen den Begriff der »psychophysiologischen Störung« vor (Birbaumer, 1977). Hierdurch soll verdeutlicht werden, daß sich die Verhaltenstherapie sowohl in ihren diagnostischen als auch therapeutischen Verfahren beim Umgang mit Organstörungen an Ergebnissen der experimentellen psychophysiologischen Forschung orientiert. Als psychophysiologische Störungen werden jene Prozesse und Zustände bezeichnet, bei denen eine physiologische Reaktion nach bisher bekannten Lernprinzipien entsteht, aufrechterhalten wird und zu einer Störung der Körperfunktionen führt.

Die Begriffsdifferenzierung zwischen psychophysiologischen und psychosomatischen Störungen, die im englischsprachigen Raum inzwischen gebräuchlich geworden ist, erfüllt die Funktion, auf die unterschiedlichen theoretischen Erklärungsmodelle hinzuweisen. Für eine Verständigung verschiedener psychologischer und medizinischer Disziplinen über den Gegenstandsbereich von Forschung und Therapie könnte sie allerdings von Nachteil sein. Wir haben uns daher entschlossen, trotz unterschiedlicher Erklärungsmodelle die Bezeichnung Psychosomatik in diesem Buch beizubehalten.

Funktionsstörungen der inneren Organe gelten entweder direkt als erlernt oder werden als Folge von Lernprozessen im emotionalen Bereich aufgefaßt, die einhergehen mit einer Beeinträchtigung der Organfunktionen. Eine entscheidende Rolle muß hierbei Emotionen wie Ekel, Scham, Angst oder Wut beigemessen werden. Solche emotionalen Zustände gehen einher mit Veränderungen physiologischer Parameter. Bei Wut zeigt sich z. B. gesteigerte Herztätigkeit, erhöhter Blutdruck, Gefäßerweiterung in der Skelettmuskulatur, vermehrte Mobilisierung von Kohlehydratreserven und allgemein gesteigerter Stoffwechsel. Von Alexander (1951) ist bereits die Hypothese vorgebracht worden, daß häufige emotionale Reaktionen dieser Art, wenn sie sich nicht in adäquate Entladungshandlungen umsetzen lassen, zu Gewebsveränderungen führen. In diesem Zusammenhang ist eine Untersuchung von Hokanson und Burgess (1964) aufschlußreich. Sie versetzten ihre Versuchspersonen in stark frustrierende Situationen und maßen fortlaufend Blutdruck und Herzfrequenz. Solche Versuchspersonen, denen die Möglichkeit gegeben wurde, gegen den Versuchsleiter aggressiv zu werden, kehrten wesentlich schneller zu normalem Blutdruck und normaler Herzfrequenz zurück, als solche Personen, die keine Möglichkeit zu aggressiven Handlungen gehabt hatten. Wenn angenommen werden kann, daß die Konditionierung solcher physiologischer Reaktionen, die subjektiv als Emotionen erlebt werden können, eine Ursache psychophysiologischer Störungen darstellt, wird es darauf ankommen, in der Therapie einen Lernprozeß einzuleiten, durch den Kompetenzen im Umgang mit Emotionen ausgebildet werden.

1.1.1. Der traditionelle verhaltenstherapeutische Ansatz

In den traditionellen lerntheoretischen Erklärungsmodellen von Krankheit wird eine Beziehung hergestellt zwischen dem zur Zeit beobachtbaren gestörten Verhalten und den zur Zeit beobachtbaren Lebensbedingungen. Ein Zurückgreifen in die Vergangenheit erscheint nur insoweit sinnvoll, als es zur Analyse der momentanen Lebenssituation beiträgt.

Skinner (1973), der als der bedeutendste Vertreter des traditionellen Erklärungsansatzes angesehen werden muß, meinte, bei der Erforschung des Verhaltens auf die Erfassung innerer Zustände, wie z. B. individueller Muster der Wahrnehmung, der Informationsverarbeitung und der Motivierung, verzichten zu können. Er versuchte, Verhalten allein durch Bezug auf situative Bedingungen zu erklären. Er betrachtet die Person als eine Black-Box. Ihr Verhalten ist erforschbar, ohne daß Annahmen über die Zustände in der Black-Box, also über psychisches Geschehen, gemacht werden müßten. Skinner leugnet nicht die Existenz psychischen Geschehens, er meint nur, daß dessen Analyse von geringem Nutzen für das Ziel der Psychologie sei, nämlich Verhalten kontrollierbar zu machen. Er nimmt eine kausale Relation an, die zwischen situativen Bedingungen, psychischen Zuständen und Verhalten besteht. Die situativen Bedingungen determinieren die psychischen Zustände, diese wiederum das Verhalten. Da die inneren Zustände nicht exakt zu bestimmen sind, sie andererseits aber kausal abhängig sind von den äußeren Reizbedingungen, können sie bei der Vorhersage des Verhaltens vernachlässigt werden, wenn die Reizbedingungen bekannt sind.

Skinner verwendet statt des Begriffs der Kausalität den der funktionalen Relation, um sich gegen metaphysische Interpretationen des Kausalitätsbegriffs abzugrenzen. Eine solche metaphysische Interpretation hält er für gegeben, wenn den Objekten der Forschung Kräfte zugeschrieben werden, die von innen heraus das Geschehen bestimmen. Eine metaphysische Aussage ist es z. B., wenn die Tatsache, daß ein Stein fällt, auf die dem Stein innewohnende Schwerkraft zurückgeführt wird. Beobachtbar ist nicht die Kraft, sondern allein der äußere Reiz (Loslassen des Steins) und die Reaktion (Fallen des Steins). Zwischen Reiz und Reaktion kann ein Zusammenhang, eine funktionale Relation hergestellt werden. Solche funktionalen Relationen sind in mathematische Formeln zu fassen, deren Anwendung die Kontrolle der Forschungsobjekte ermöglicht. Ziel der psychologischen Forschung ist es, funktionale Gesetzmäßigkeiten zu finden, durch die das Verhalten des Menschen zu erklären ist.

Verhaltenstherapeuten orientieren sich in der Diagnostik und in der Therapie weitgehend an einem Schema, das auf der Basis der Überlegungen Skinners von Kanfer (1969) vorgestellt wurde und als »Verhaltensgleichung« bekannt wurde. Hiernach wird ein zu veränderndes Verhalten – sei es offener oder verdeckter Art – als funktional abhängig gesehen von den in Abb. 1 dargestellten Bedingungskomplexen.

(1) Verhalten wird bestimmt durch ihm vorausgehende Reize (S). Es kann zum einen zum angeborenen Verhaltensrepertoire des Menschen gehören und reflexhaft auf einen Reiz hin erfolgen, wie z. B. der Lidschlagreflex oder das von Selye (1953) beschriebene allgemeine Adaptations-Syndrom. Die Reiz-Reaktions-Verbindung kann zum anderen auch erworben und somit auf Lernprozesse zurückzuführen sein. Lernprozesse dieser Art, in denen eine Assoziation zwischen zuvor neutralen Reizen und Verhaltensweisen erworben wird, werden als *klassisches Konditionieren* bezeichnet.

(2) Verhalten erweist sich darüberhinaus als abhängig von den Konsequenzen (C), die ihm nachfolgen. Folgt dem Verhalten eine für das Individuum positive Konsequenz, steigt die Wahrscheinlichkeit dafür, daß es in Zukunft häufiger auftritt, folgt eine negative Konsequenz, sinkt diese Wahrscheinlichkeit. Positive Konsequenzen werden auch als Verstärkungen oder Belohnungen, negative als Bestrafungen bezeichnet. Kann eine beobachtete Verhaltensänderung als funktional abhängig von Verhaltenskonsequenzen beschrieben werden, wird von einem Lernprozeß der *operanten Konditionierung* gesprochen. Situationen konstituieren sich aus einem spezifischen Muster von Reizen und Konsequenzen.

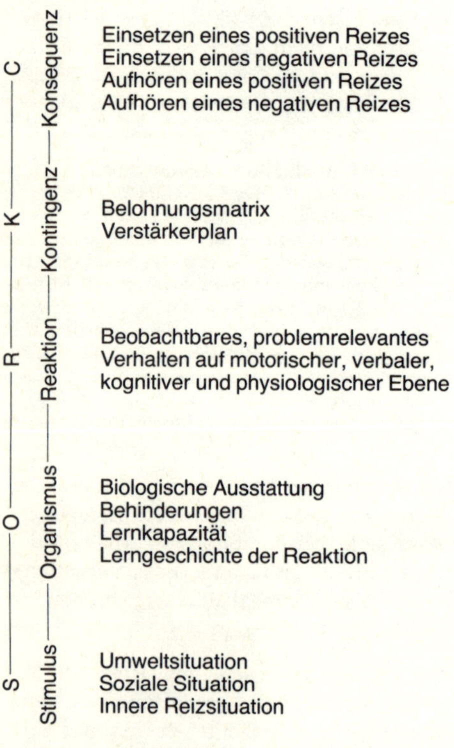

Abb. 1: Verhaltensgleichung nach Kanfer

(3) Die Lernprozesse der klassischen und operanten Konditionierung werden beeinflußt

– durch den Zustand des Organismus (O), wie z. B. durch Ermüdung, Erschöpfung, durch Pharmaka oder durch unterschiedliche Befähigungen für Lernprozesse. Weiterhin bestimmt der Zustand des Organismus die Qualität einer Konsequenz. Nahrung als Konsequenz eines Verhaltens wird z. B. nur dann positiv bewertet, wenn die Person hungrig ist.

– durch die Kontingenzen des Verhaltens (K), womit die Art des Zusammenhanges zwischen Reaktion und Konsequenz gemeint ist. Eine Konsequenz, die unmittelbar auf ein Verhalten folgt, bestimmt das Verhalten stärker als eine zeitlich verzögerte Konsequenz. Außerdem wird ein Verhalten schneller erlernt, wenn ihm jedesmal eine Konsequenz nachfolgt.

Psychophysiologische Reaktionen als verdeckte Verhaltensweisen werden ebenso wie offene Verhaltensweisen durch Konditionierungsprozesse bestimmt – unabhängig davon, ob diese Reaktionen bewußt wahrgenommen werden. Die Mehrzahl dieser Prozesse verläuft unterhalb der Bewußtseinsschwelle, andere – insbesondere solche, die subjektiv als Emotionen erlebt werden – sind uns durchaus bewußt.

Birbaumer (1977) unterscheidet drei Kategorien physiologischer Reaktionen: muskuläre, zentralnervöse und autonome Prozesse, die durch unterschiedliche physiologische Registrierverfahren zu erfassen sind. Muskuläre Prozesse sind z. B. zu registrieren durch das EMG (Elektromyogramm) oder die Mikrovibration, zentralnervöse Prozesse durch das EEG (Elektroencephalogramm) oder durch die Erfassung biochemischer Änderungen im Gehirn, autonome Prozesse durch Geräte zur Messung des Blutdrucks, der Pulsfrequenz, des Hautwiderstandes oder durch hormonale Analysen des Blutes.

Der Zusammenhang zwischen vegetativen Reaktionen auf der organisch-physiologischen sowie Emotionen auf der subjektiven Erlebnisebene hat bereits früh zu Erklärungsversuchen herausgefordert. Nach einer Hypothese, die James und Lange Ende des vorigen Jahrhunderts formulierten, entstehen Emotionen durch Rückmeldung peripherer physiologischer Veränderungen (»Wir weinen nicht, weil wir traurig sind, sondern wir sind traurig, weil wir weinen.«). Diese Hypothese wurde in den zwanziger Jahren dieses Jahrhunderts von Cannon und Bard sowie in den fünfziger Jahren von Lindsley und Arnold widerlegt (vgl. Birbaumer, 1977). Durch Experimente von Schachter und Singer (1962) konnte nachgewiesen werden, daß künstlich induzierte vegetative Reaktionen nicht immer die gleichen Emotionen auslösen. Experimentalgruppen wurde Adrenalin appliziert, wobei die eine Gruppe darüber informiert wurde (E 1), die andere Gruppe jedoch die Information erhielt, es handelte sich um ein Vitaminpräparat (E 2). Eine Kontrollgruppe (K) bekam Placebos. Der Versuch wurde in Gegenwart einer dritten als Proband ausgegebenen Person durchgeführt, die bei den Versuchspersonen Freude durch lustiges Verhalten oder Ärger durch provozierde Fragen induzieren sollte. Die Versuchspersonen der Gruppe E 2, die über die Ursachen der wahrgenommenen physiologischen Erregung nicht informiert waren, zeigten die stärksten emotionalen Reaktionen auf das Verhalten der als Proband getarnten Person. Sie waren je nach situativem Kontext entweder ärgerlicher oder freudiger als die Versuchspersonen der Gruppen E 1 oder K. Ein und derselbe physiologische Zustand, der durch Adrenalin induziert wurde, kann somit je nach seiner Interpretation unterschiedliche emotionale Qualitäten aufweisen. Schachter (1964) formulierte eine Zwei-Faktoren-Theorie der Emotionen. Hiernach entstehen Emotionen durch

– einen unspezifischen Aktivierungszustand des Organismus und
– eine kognitive Interpretation dieser Aktivierung in Abhängigkeit von der Umweltsituation und den Erwartungen der Person.

Es ist somit nicht möglich, unabhängig von kognitiven Aktivitäten einem physiologischen Aktiviertheitszustand spezifische subjektive emotionale Qualitäten zuzuordnen. Dieser Gedanke soll in Kapitel 1.1.2.2 fortgeführt werden.

Klassische Konditionierung physiologischer Reaktionen

Erlernte Signale für die Auslösung physiologischer Reaktionen können sowohl durch exterozeptive als auch durch interozeptive Rezeptoren wahrgenommen werden. Exterozeptive Rezeptoren sind solche, die auf Reize außerhalb des eigenen Organismus reagieren, interozeptive sind solche, die auf Reize innerhalb des Organismus ansprechen. In früheren Experimenten zur klassischen Konditionierung wurden sowohl der konditionierte als auch der nicht konditionierte Reiz über Exterozeptoren dargeboten (extero-exterozeptive Konditionierung). So stellte Pawlow in seinem klassischen Experiment z. B. fest, daß die Speichelreaktion des Versuchshundes nicht nur durch den Anblick der Nahrung, sondern auch durch den Glockenton ausgelöst werden konnte, falls der Glockenton zuvor mit der Nahrung durch raumzeitliche Kontiguität assoziiert worden war.

In Experimenten zur interozeptiven Konditionierung werden entweder der konditionierte Reiz oder der unkonditionierte Reiz oder beide über Interozeptoren wahrgenommen. Eine Insulininjektion führt z. B. als unkonditionierter Reiz zu der unkonditionierten Reaktion Senkung des Blutzuckerspiegels. Eine Injektion mit Ringerlösung hingegen stellt einen neutralen Reiz in Hinblick auf eine Veränderung des Blutzuckerspiegels dar. Woods u. a. (1969) stellten fest, daß bei Ratten nach einigen Insulininjektionen auch eine Injektion von Ringerlösung zu einer Senkung des Blutzuckerspiegels führte, die allerdings weder das Ausmaß der unkonditionierten Reaktion erreichte, noch so lange andauerte wie die konditionierte Reaktion. Konditionierte und unkonditionierte Reaktionen kamen allerdings durch unterschiedliche Mechanismen zustande. Während Insulin eine Änderung des Blutzuckerspiegels auf direktem Wege bewirkte, wurde bei der erlernten Reaktion der Blutzuckerspiegel indirekt über eine Aktivierung der nervösen Versorgung der Bauchspeicheldrüse beeinflußt.

Weitere Experimente zur interozeptiven Konditionierung wurden vor allem von Nachfolgern Pawlow's durchgeführt, die z. B. mit elektrischen Reizungen der Magenschleimhaut oder mit einem in Magen bzw. Darm eingeführten aufblasbaren Gummiballon interozeptive Wahrnehmungen auslösten (Razran 1961).

Übersicht über die Prinzipien der klassischen Konditionierung

1. Nicht konditionierte Reize (UCS) lösen reflexhaft eine nicht konditionierte Reaktion (UCR) aus, die auch als respondentes Verhalten bezeichnet wird. Neutrale Reize bewirken bei ihrer Darbietung eine Orientierungsreaktion. Bei wiederholter Darbietung des neutralen Reizes zeigt sich eine Habitutation.
2. Werden neutrale Reize durch raum-zeitliche Kontiguität mit nicht konditionierten Reizen assoziiert, erhalten sie die Qualität von konditionierten Reizen (CS), d. h. sie lösen die gleiche Reaktion aus wie der nicht konditionierte Reiz. Die Reaktion wird dann als konditionierte Reaktion (CR) bezeichnet.
3. Optimale Lernbedingungen bestehen, wenn der neutrale Reiz kurz vor dem UCS einsetzt (0,5 bis 10 sec.) und beide Reize gleichzeitig enden. Die Dauer des optimalen Zeitintervalls zwischen neutralem Reiz und UCS richtet sich nach dem Erfolgsorgan (z. B. bei Konditionierung des Lidschlagreflexes kurzes Intervall, bei Konditionierung der Darmkontraktion langes Intervall).
4. Die Stärke der konditionierten Reaktion wächst im Regelfall mit zunehmender Anzahl der gemeinsamen Darbietungen von neutralem Reiz und nicht konditioniertem Reiz. Bleibt der nicht konditionierte Reiz aus, kommt es zu einer allmählichen Extinktion der konditionierten Reaktion. Nach Pausen tritt eine spontane Erholung der konditionierten Reaktion auf.
5. Eine Extinktion zeigt sich nicht bei konditionierten Reizen, die »motivationalen« Charakter erworben haben, die z. B. Angstreaktionen hervorrufen. In solchen Fällen führt die alleinige Darbietung des konditionierten Reizes nach erfolgter Assoziation von konditioniertem und nicht konditioniertem Reiz zu einer Verstärkung der konditionierten Reaktion. Diesen Prozeß nennt man Inkubation (Eysenck 1976).
6. Konditionierte Reize bewirken, daß zweite neutrale Reize die konditionierte Reaktion hervorrufen, falls sie mit diesen neutralen Reizen gekoppelt werden. In einem solchen Fall spricht man von einer Konditionierung höherer Ordnung.
7. Konditionierte Reize generalisieren, d. h. ihnen ähnliche Reize führen zu der gleichen konditionierten Reaktion. Mit wachsender Unähnlichkeit nimmt die Stärke der konditionierten Reaktion ab. Ähnlichkeit ist sowohl eine Qualität der physikalischen Eigenschaften der Reize als auch der Bedeutung der Reize auf der sprachlich-symbolischen Ebene.
8. Um zu vermeiden, daß einem dem konditionierten Reiz ähnlicher Reiz die konditionierte Reaktion auslöst, kann die Reaktion auf den ähnlichen Reiz dadurch gelöscht werden, daß dieser nie zusammen mit dem unkonditionierten Reiz dargeboten wird. In diesem Fall tritt eine Reizdifferenzierung infolge eines Diskriminationslernens auf.

Die Tatsache, daß zuvor neutrale Reize physiologische Reaktionen nachhaltig bestimmen können, wurde vor allem im Rahmen der Erforschung experimenteller Neurosen untersucht. Hierbei werden Tiere in Situationen versetzt, an die sie sich mit Hilfe eines Lernprozesses anpassen, worauf in einem zweiten Schritt die Situation so verändert wird, daß das in der Situation erlernte Verhalten sich als situationsinadäquat erweist.
Das zur Zeit wohl bekannteste Experiment dieser Art wurde im Labora-

torium Pawlows von Shenger-Krestovnikova (1921) durchgeführt. Hunde erlernten es, auf das Erscheinen eines Kreises mit Speichelfluß zu reagieren, indem dieser Reiz wiederholt mit dem Futter gemeinsam dargeboten wurde, so daß sich aufgrund der Assoziation von Futter und Kreis eine erlernte Speichelreaktion bildete, die schließlich allein durch das Signal Kreis ausgelöst werden konnte. Eine Ellipse hingegen wurde nicht mit Futter assoziiert und löste auch keinen Speichelfluß aus. Im zweiten Teil des Versuches wurde die Ellipse dem Kreis immer stärker in der Form angenähert. Als die beiden Reize einander sehr ähnlich waren, traten massive emotionale und physiologische Reaktionen der Tiere auf: Sie wurden motorisch extrem unruhig, sie zerbissen ihre Ketten, ihr Fell sträubte sich, sie urinierten und weigerten sich zu fressen.
Kurtsin (1968) berichtet von weiteren Experimenten, in denen sich als Folge der experimentellen Neurotisierung bei den Versuchstieren Veränderungen der Hirnaktivität und des Kreislaufs sowie Tachykardien und Extrasystolen zeigten. Es wurde ein Auseinanderklaffen von motorischen und sekretorischen Reaktionen beobachtet, wie z. B. gehemmte Sekretion während der Nahrungsaufnahme und übermäßige Speichelabsonderung in sonstigen Situationen. Auch bei gastrischen Reaktionen konnten ähnliche Beobachtungen gemacht werden. Insgesamt zeigten die Tiere erhöhte Morbiditäts- und Mortalitätsraten. Die Wundheilung war verlangsamt, die Infektionsanfälligkeit erhöht und die Bildung von Antikörpern gehemmt. Verbrennungen heilten z. B. bei neurotisierten Hunden schlechter als bei nicht-gestörten. Bei Tieren mit experimentellen Neurosen war der Heilungsprozeß nach 106 bis 133 Tagen abgeschlossen, während nicht gestörte Tiere hierfür nur 61 bis 70 Tage benötigten. Ein verlangsamter Heilungsprozeß zeigt sich auch nach Knochenbrüchen bei neurotisierten Kaninchen, Katzen und Hunden.
Zum Zusammenspiel zwischen humoralen und zentralnervösen Prozessen stellt Kurtsin drei Arbeitshypothesen vor, die er durch die von ihm aufgeführten experimentellen Untersuchungen für bekräftigt hält (kortiko-viszerale Theorie):

(1) Es gibt eine kortikale Repräsentation aller autonomen (vegetativen) Funktionen und Prozesse, die im Organismus stattfinden, und es gibt eine funktionale Subordination des autonomen Nervensystems und der endokrinen Drüsen unter die kortikalen Funktionen.
(2) Durch Prozesse klassischer Konditionierung können interozeptive Verbindungen zwischen den inneren Organen und dem Cortex geschaffen werden.
(3) Afferente Impulse der Organsysteme tragen zur Ausbildung der höheren Nerventätigkeit und zur kortikalen Integration aller Funktionen des Organismus bei, ganz gleich, ob diese mit interozeptiven oder exterozeptiven Reizen assoziiert sind (Bykow und Kurzin, 1966).

Mit diesen Hypothesen wird die Annahme der Autonomie des »autonomen« Nervensystems aufgegeben. Die Aussage, Organfunktionen seien über zentralnervöse Prozesse direkt zu beeinflussen, hat große Bedeutung für die Verhaltenstherapie psychophysiologischer Störungen gewonnen.
Gantt (1944) führte zwei Begriffe in die experimentelle Forschung ein, die der Deskription der beobachteten Phänomene dienen: den der Schizokinese und den der Autokinese. Mit Schizokinese bezeichnet er das bereits von Kurtsin beobachtete Phänomen der Dissoziation von viszeralen und motorischen Reaktionen. Mit Autokinese wird der Vorgang beschrieben, der dazu führt, daß bereits erloschen scheinende konditionierte Reaktionen oder aber neue unerwünschte Reaktionen auftreten, wenn ein Versuchstier mit Reizen konfrontiert wird, die Ähnlichkeit mit Reizen innerhalb der experimentellen Situation aufweisen, in der die Neurotisierung verursacht wurde. So kann später scheinbar spontan ein gestörtes Verhalten auftreten, das in der Zwischenzeit nicht beobachtet wurde. Liddel (1964) führt aus, daß neurotische Reaktionen auch dann auftreten, wenn nach einer konditionierten Schmerzreaktion allein der konditionierte Reiz in regelmäßigen Abständen, z. B. jede Minute, dargeboten wird. Hat ein Tier es z. B. gelernt, daß auf einen Summton ein leichter elektrischer Reiz folgt, und der Summton wird allein dargeboten, so ist oft eine zunehmende Agitiertheit des Tieres zu beobachten, bis schließlich alle Anzeichen der experimentellen Neurose vorhanden sind. Eysenck (1976) hat diesen Vorgang, der der erwarteten Extinktion der erlernten Reaktion bei Darbietung allein des konditionierten Reizes zuwiderläuft, als Inkubation bezeichnet.

Wenn auch die Frage der Validität des Tierversuchs für die Hypothesenbildung über menschliches Verhalten nicht endgültig geklärt ist, so sind doch gegen Humanexperimente schwerwiegende ethische Bedenken vorzubringen, die es nicht erlauben, außer zu therapeutischen Zwecken mit Einwilligung des Patienten psychophysiologische Reaktionen des menschlichen Organismus zu manipulieren (vgl. Basler u. a. 1978). Diese Bedenken sind umso schwerwiegender, als im Tierexperiment entdeckt wurde, daß die Dissoziation von motorischen und viszeralen Reaktionen im Zustand der experimentellen Neurose dazu führte, daß zwar die konditionierte motorische Reaktion gelöscht werden konnte, die erlernte viszerale Reaktion aber unabhängig davon weiterbestand, ein Phänomen, daß Gantt (1944) als Schizokinese bezeichnete. Humanexperimente sind daher von wenigen Ausnahmen abgesehen auf dem Bereich der experimentellen Therapieforschung beschränkt geblieben.
Durch Untersuchungen von Groen (1971) sowie Dekker und Groen (1956) konnte festgestellt werden, daß Asthmaanfälle bei asthmatischen Patienten nicht nur durch Allergene, sondern auch durch zuvor neutrale Reize hervorgerufen werden können. Nach wenigen Sitzungen, in denen die Patienten über ein Glasmundstück aus einem Behälter gasförmige

Allergene einatmeten bis asthmatische Atmung eintrat, konnte der Asthmaanfall allein schon durch das Glasmundstück hervorgerufen werden, das nicht einmal mit dem Behälter verbunden war. Durch einen Prozeß der klassischen Konditionierung war das zuvor neutrale Mundstück mit dem Allergen assoziiert worden und rief jetzt die gleiche Reaktion hervor. Andere Patienten hatten erlernt, auf ganz spezifische Reize mit heftigen Atemstörungen zu reagieren, ohne daß im Nachhinein die Bedingungen der Konditionierung völlig aufgeklärt werden konnten. So bekamen zwei Patienten Asthmaanfälle, wenn sie einen Goldfisch in einem Glas sahen. Dieser Reiz war bereits so weit generalisiert, daß die gleiche Asthmareaktion auch durch einen Spielzeuggoldfisch in einem leeren Glas hervorgerufen werden konnte. Andere Patienten reagierten mit asthmatischem Verhalten auf das Bild eines springenden Pferdes, auf den Aufenthalt in einem Personenaufzug oder den Geruch eines Parfüms.
Durch Untersuchungen von Razran (1961) konnte nachgewiesen werden, daß Personen auch auf symbolische Reize physiologische Reaktionen zeigen. Nachdem die Versuchspersonen es gelernt hatten, auf das Wort »schwarz« mit Speichelfluß zu reagieren, war diese Reaktion auch durch das Wort »weiß« auszulösen, weniger aber durch Bezeichnungen für Farben, die mit schwarz eine geringere semantische Verbindung haben, wie z. B. »ocker« (zitiert nach Shagass 1972). Wolff (1968) konnte rhinitische Reaktionen nicht nur durch Pollen auslösen, sondern auch durch mechanische Reizung oder durch Schilderungen belastender Situationen. Es wird in diesem Zusammenhang von semantischer Konditionierung gesprochen.
Erlernte physiologische Reaktionen sind gegen eine Löschung sehr resistent. Nach Edwards und Acker (1962) reagierten amerikanische Veteranen der Kriegsmarine noch 15 Jahre nach ihrem letzten aktiven Einsatz auf ein Alarmsignal mit heftigen psychogalvanischen Hautreaktionen, die bei Veteranen der Armee, denen dieses Signal unbekannt war, nicht registriert werden konnten.

Operante Konditionierung physiologischer Reaktionen

Nach einer von Skinner (1938) geäußerten Auffassung, die als Mediationshypothese bekannt geworden ist, sollen vegetative Prozesse nicht direkt operant konditionierbar sein, sondern allein durch die Vermittlung skelett-motorischer Reaktionen, die dann wieder die vegetativen Prozesse beeinflussen. Untersuchungen, die im Rahmen dieser Hypothese interpretierbar sind, wurden z. B. durch Masserman (1943) durchgeführt, der in allen Untersuchungen, in denen er Verfahren der operanten Konditionierung zur Erzeugung experimenteller Neurosen einsetzte, nach der gleichen Methode vorging: Die Tiere lernten, auf diskriminative Reize ein operantes Verhalten auszuführen (z. B. Niederdrücken verschiedener Hebel in festgelegter Frequenz und Reihenfolge), wo-

durch ein Futterbehälter geöffnet wurde und sie durch Nahrung positiv verstärkt wurden. War das operante Verhalten gefestigt, wurden die Tiere im gleichen Augenblick, in dem sie die Nahrung erblickten, Bestrafungen ausgesetzt. Z. B. erhielten sie, als sich der Nahrungsbehälter öffnete, einen elektrischen Schock oder sie wurden von einem heftigen Luftstrom angeblasen. Auf das operante Verhalten folgten somit unterschiedliche Konsequenzen: Die positive Konsequenz müßte zu einer Steigerung der Auftretenswahrscheinlichkeit führen, die negative zu einer Verringerung. Wurde die Kombination von positiver und aversiver Konsequenz mehrfach wiederholt, kam es nicht nur zu Vermeidungsverhalten, sondern auch zu psychophysiologischen Störungen. Folgende Auffälligkeiten wurden beobachtet: unregelmäßiger beschleunigter Pulsschlag, gesteigerter Blutdruck, gestörte Verdauung, gestörtes Eßverhalten, Obstipation, Diarrhöe, asthmatische Atmung. Auch von sensorischen Störungen wird berichtet. Die Tiere nahmen nicht vorhandene Nahrung vom Käfigboden auf und verspeisten sie. Das Angebot wirklicher Nahrung löste jedoch bei ihnen phobische Fluchtreaktionen aus. Darüber hinaus war das Sozialverhalten der Tiere verändert. Männliche Affen verloren jegliches heterosexuelle Interesse und waren zeitweilig ausschließlich mit Masturbieren beschäftigt. Weibliche Tiere wurden bei homosexuellen Aktivitäten beobachtet (Masserman und Pechtel, 1953).
Masserman betont, daß die Tiere durch die Konfrontation mit aversiven Stimuli allein, während sie verschiedenartige andere Tätigkeiten ausführten, nicht neurotisiert werden konnten. Er folgert daraus, daß für die Entstehung einer Neurose ein motivationaler Konflikt vonnöten sei in Analogie zum psychoanalytischen Neurosemodell.
Dieser Auffassung ist von lerntheoretisch orientierten Wissenschaftlern, wie Wolpe (1952, Smart (1965) und Oliver (1975) aufgrund ihrer experimentellen Befunde widersprochen worden. Dmitruk (1974) wirft Masserman darüberhinaus methodische Fehler vor, die dadurch entstanden sind, daß er es versäumte, vor Beginn der Konditionierungsphase eine Grundrate der kritischen Verhaltensweisen der Versuchstiere im Experimentalkäfig zu erheben. Aufgrund eigener Untersuchungen kommt er zu dem Ergebnis, daß die von Masserman als gestört bewerteten Verhaltensweisen nicht allein als Effekte der experimentellen Bedingungsvariation interpretiert werden können. Als gestört zu bewertendes Verhalten tritt bereits dann auf, wenn die Tiere allein in den ihre Bewegungsfreiheit einschränkenden Untersuchungskäfig gebracht werden, was von Brady (1958) bestätigt wird. Er pferchte Ratten in enge körpernahe Käfige und konnte bereits nach weniger als zwei Tagen Perforationen der Magenwände der Versuchstiere nachweisen.

Übersicht über die Prinzipien der operanten Konditionierung

1. Als operantes, bzw. emittiertes Verhalten wird jede Aktivität bezeichnet, die spontan im Organismus, also nicht als Reaktion auf äußere Reize, auftritt. Operantes Verhalten wird in seiner Auftretenswahrscheinlichkeit durch die Konsequenzen bestimmt, die ihm nachfolgen.
2. Tritt ein Verhalten als Folge der Konsequenzen in Zukunft häufiger auf, so hat eine Verstärkung, tritt es seltener auf, eine Bestrafung stattgefunden. Es werden jeweils zwei Formen der Verstärkung und Bestrafung unterschieden, wie aus der Abb. zu ersehen ist.

Vierfelderschema der Verhaltenskonsequenzen, die zu einer Verhaltensänderung führen:

	einsetzen	aufhören
positiv erlebte Konsequenz	positive Verstärkung	Bestrafung (durch Verstärkungsentzug)
negativ erlebte Konsequenz	Bestrafung (durch aversive Konsequenzen)	negative Verstärkung

3. Die Konsequenzen des Verhaltens werden als Verstärker bezeichnet. Primäre Verstärker sind solche, die vitale Bedürfnisse befriedigen, wie z. B. das nach Nahrung, nach sexueller Aktivität oder nach emotionaler Geborgenheit. Sekundäre Verstärker haben ursprünglich keine verstärkende Wirkung; ihre Verstärkungsfunktion wird erst durch Prozesse klassischer Konditionierung erlernt. Hierunter sind sowohl soziale Verstärker (Zunicken, Lächeln, Lob) als auch materielle Verstärker (Geld) zu fassen.
4. Unter Kontingenz werden die Bedingungen subsumiert, unter denen auf ein Verhalten eine Konsequenz folgt. Konsequenzen folgen kontingent auf eine Reaktion (reaktionskontigent), wenn sie in festgelegter Abhängigkeit von ihr auftreten. Eine solche Festlegung erfolgt mit Hilfe von Verstärkerplänen. Die gebräuchlichsten sind die Quotenpläne (ein Verstärker folgt nach einer festgelegten Anzahl kritischer Verhaltensweisen) und die Intervallpläne (ein Verstärker folgt nach der ersten kritischen Verhaltensweise, die nach Ablauf eines definierten Zeitintervalls auftritt).
5. Wird ein operantes Verhalten nicht mehr verstärkt, kommt es zu einer Löschung dieses Verhaltens. Verhaltensweisen, die nach variablen kombinierten Quoten- und Intervallplänen verstärkt werden, erweisen sich als besonders löschungsresistent.
6. Sollen komplexe Verhaltensmuster gelernt werden, erweist es sich als günstig, das Verhalten in Teilelemente aufzugliedern, jedes Element für sich zu verstärken und anschließend die Verstärkung nur dann zu geben, wenn die Teilelemente kombiniert werden. Diese Vorgehensweise nennt man Verhaltenformung (shaping).
7. Verhalten, das in Anwesenheit eines Reizes S^D, nicht aber in Anwesenheit eines Reizes S^Δ verstärkt wird, tritt gehäuft unter der Bedingung S^D aus, nicht aber unter S^Δ. Dieses Phänomen wird als Reizdiskrimination bezeichnet, S^D ist der diskriminative Reiz für das Verhalten. Diskriminative Reize generalisieren ähnlich wie konditionierte Reize bei der klassischen Konditionierung.
8. Folgen auf ein Verhalten unterschiedliche Konsequenzen (z. B. positiver und negativer Art), so ist die zukünftige Auftretenswahrscheinlichkeit des Verhaltens als eine Funktion der Intensität der Verstärker und der zeitlichen Nähe zum Verhalten zu beschreiben. Je intensiver der Verstärker ist und je näher er zeitlich dem Verhalten folgt, desto größer ist seine verstärkende Wirkung.

Auf dem Hintergrund der Befunde Massermans wurde die Mediationshypothese in den sechziger Jahren noch ausführlich diskutiert. Heute kann sie jedoch aufgrund zahlreicher Untersuchungen der Autorengruppe um Miller (Miller, 1969, 1976, Miller u. a. 1975) als widerlegt gelten. Miller u. a. arbeiteten in ihren Experimenten mit Ratten, deren Skelettmuskulatur sie durch Curare, ein mexikanisches Pfeilgift, völlig lähmten, so daß bei der Konditionierung vegetativer Reaktionen eine Mitbeteiligung des motorischen Systems nicht möglich war. Miller und Dicara (1967) z. B. erzielten durch systematische Belohnungen, die sie durch craniale elektrische Reizungen verabreichten, bei den Tieren der Versuchsgruppe eine Beschleunigung, bei den Tieren der Kontrollgruppe eine Verlangsamung des Herzschlages. Bei folgenden durch das vegetative Nervensystem kontrollierten Funktionen konnten die Autoren signifikante Veränderungen als Folge operanter Konditionierungsprozesse feststellen: Herzfrequenz, Blutdruck, vasomotorische Reaktionen in der Peripherie und im Körperinneren, Menge der Urinausscheidung durch die Niere, Ausmaß der Speichelsekretion und der Darmkontraktion. Auch das Muster des EKG und des EEG konnte verändert werden.
Die Veränderungen der vegetativen Funktionen erwiesen sich als hochspezifisch. Konditionierte Zu- oder Abnahme der Herzfrequenz wurde nicht begleitet von Veränderungen der Darmkontraktion (Miller und Banuazizi 1968); eine konditionierte Zu- oder Abnahme der Urinproduktion war nicht mit Änderungen der Herzfrequenz, des Blutdrucks oder peripheren vasomotorischen Reaktionen korreliert (Miller und Dicara 1968). Es war sogar möglich, in zwei symmetrischen Kreislaufgebieten (den beiden Ohren) eine unterschiedliche Durchblutungsreaktion zu erlernen, wenn ausschließlich Durchblutungsdifferenzen zwischen beiden Ohren belohnt wurden (Dicara und Miller 1968).
Auch bei nicht curarisierten Tieren konnte mittels operanter Konditionierung vegetativer Reaktionen eine Funktionsveränderung erzielt werden, der Lernprozeß ging allerdings langsamer vonstatten.
Zur operanten Konditionierung vegetativer Reaktionen beim Menschen wurden inzwischen eine Vielzahl von Untersuchungen im Rahmen der Therapieforschung vorgenommen (vgl. Legewie und Nusselt, 1975, Birbaumer, 1977). Als Verstärker wurden z. B. Geld, Darbietung von Bildern mit angenehmem oder fesselndem Inhalt oder Entzug eines Störgeräusches beim Musikhören angeboten, wenn sich das gewünschte vegetative Verhalten einstellte. Größere Bedeutung hat allerdings die Rückmeldung vegetativer Funktionen durch Biofeedbackgeräte gewonnen, durch die physiologische Reaktionen in Signale umgewandelt werden, die durch Exterozeptoren wahrnehmbar sind. Jede Funktionsänderung einer vegetativen Einheit wird der Person als Änderung der Intensität eines akustischen oder optischen Signals zurückgemeldet. Die Forschung, die sich mit der exterozeptiven Rückmeldung vegetativen Verhaltens beschäftigt, wird als Biofeedback-Forschung bezeichnet. Kamiya (1969)

konnte z. B. Alphawellen im EEG dadurch verstärken, daß er als Signal einen Ton verwendete, wenn im EEG Alphawellen vorkamen, und den Ton wegließ, wenn keine Alphawellen vorhanden waren. Dann gab er den Vpn die Anweisung, den Ton zu halten, was ihnen tatsächlich gelang. Ruch und Zimbardo (1975) meinen, daß der die Alphawellen begleitende Bewußtseinszustand, nämlich der der Ruhe und Entspannung, sehr lustbetont ist und daher verstärkend wirkt. Auch Kreislauffunktionen konnten durch operante Konditionierungsprozesse direkt beeinflußt werden. In einer Untersuchung von Frazier (1966) gelang es Versuchspersonen, durch eine Veränderung der Herzfrequenz einen elektrischen Schock zu vermeiden. Daß auch positive Verstärkungen zu einer Veränderung der Herzfrequenz führen, konnte von Engel und Hansen (1966) nachgewiesen werden. Einen Überblick über Experimente zur operanten Konditionierung physiologischer Reaktionen gibt Katkin (1976).

Die Frage, ob die Vp wissen sollte, in welche Richtung sie ihr vegetatives Verhalten verändern solle, um eine optimale Wirkung operanter Verfahren zu erzielen, ist umstritten. Nach Angermeier und Peters (1973, S. 133) ist die Aufklärung über die zu beeinflussende Reaktion in der experimentellen Situation wahrscheinlich dann von Nutzen, wenn die Reaktion wahrnehmbar ist (Herzfrequenz, Blutdruck), während eine solche Aufklärung bei Reaktionen, die kaum wahrnehmbar sind (Magenaktivität, EEG), nicht fördernd wirkt.

1.1.2. Neuere Ansätze der Verhaltenstherapie

Gegen die frühe behavioristische Forschung ist zurecht das Argument vorgebracht worden, sie gehe von einem mechanistischen Menschenbild aus und berücksichtige nur in unzureichender Weise spezifisch menschliche Qualitäten, so daß die Gültigkeit der im Tierversuch gewonnenen Erkenntnisse für die Erklärung menschlichen Verhaltens in Frage gestellt wurde. So ist zu kritisieren, daß im behavioristischen Ansatz kaum beachtet wird, daß Menschen

– vorgegebene Situationen zielorientiert umgestalten und auf diese Weise Situationen verändern,
– mit Bewußtsein versehen sind und darüberhinaus reflektieren, daß sie Bewußtsein ihrer selbst haben und
– durch Sprache auf symbolischer Ebene miteinander kommunizieren (Harré und Secord, 1972).

In der Weiterentwicklung der frühen behavioristischen Ansätze wurde daher den inneren Zuständen von Personen zunehmend Aufmerksamkeit gewidmet, ohne allerdings die These, das Verhalten werde durch Situationen bestimmt, aufzugeben. Am deutlichsten zeigen sich die veränderten Erklärungsmodelle in den Auffassungen der Interaktionisten (Mischel, 1973, Endler und Magnusson, 1976).

Die Interaktionisten vertreten die These, daß »Situationen in gleicher

Weise eine Funktion der Person sind wie das Verhalten einer Person eine Funktion der Situation ist« (Bowers, 1973, S. 327). Person und Situation treten miteinander in Interaktion, das resultierende Verhalten läßt sich zum großen Teil durch Interaktionen erklären. Typische Forschungsansätze dieser Richtung bestehen darin, mit Hilfe varianzanalytischer Methoden die beobachtete Verhaltensvarianz in Varianzanteile zu zerlegen, die zurückzuführen sind auf

- Merkmale von Personen
- Merkmale von Situationen
- Merkmale von Reaktionsmodi
- Interaktionen zwischen je zwei der oben genannten Merkmale oder allen dreien
- nicht erklärbare oder Fehlervarianz.

Als Reaktionsmodus wird die spezifische Art der Reaktion auf eine Situation verstanden. Angst zeigt sich z. B. bei dem einen in Händezittern, bei dem zweiten in einer Beschleunigung des Herzschlags, bei dem dritten in dem Zwang zu urinieren, usw. Nach einer Übersicht von Bowers (1973, S. 320 f.) über eine Vielzahl von Studien, die unter diesem Ansatz durchgeführt wurden, kann im Durchschnitt nur 13% der gesamten Verhaltensvariation auf Merkmale von Personen, 10% auf Merkmale von Situationen, aber immerhin bereits 21% auf Interaktionen zwischen Personen und Situationen zurückgeführt werden.
Wie ist diese Interaktion zu beschreiben? Bowers greift zur Erklärung dieses Ansatzes auf ein Konzept Piagets zurück, nach dem die Person in der Aneignung der Welt zugleich sich und die Welt verändert. Das erkennende Subjekt konstruiert aktiv seine Realität aufgrund vorgefundener Situationen, indem es die Realität durch Prozesse der Informationsgewinnung und Informationsverarbeitung an eigene kognitive Schemata assimilliert und dabei gleichzeitig diese Schemata an die vorgefundene Umwelt akkomodiert. Der interindividuell unterschiedliche Umgang mit Informationen erhält einen zentralen Stellenwert bei der Erklärung des Verhaltens. Intrapsychische kognitive Prozesse werden nicht wie in dem Ansatz Skinners aus der Verhaltensanalyse ausgeklammert, sondern geraten jetzt in das Zentrum der Aufmerksamkeit. Verhaltenstherapeutische Therapieverfahren, die die Bedeutung dieser intrapsychischen Prozesse berücksichtigen, werden auch als kognitive Verfahren bezeichnet.

Mischel (1973) beschreibt, welche intrapsychischen Variablen die Informationsverarbeitung bestimmen, wobei er allerdings betont, daß sich diese Variablen in der Auseinandersetzung mit der Umwelt verändern, daß ihnen somit eine situationsübergreifende Konstanz nicht zugeschrieben werden kann. Er wendet sich mit dieser Aussage sowohl gegen psychoanalytische als auch gegen eigenschaftstheoretische Auffassungen, in denen stärkeres Gewicht auf die Konstanz intrapsychischer Merkmale gelegt wird. Um sich auch terminologisch von anderen Auffassungen abzugrenzen, verwendet er zur Beschreibung des interindividuellen Umgangs mit Informationen den Begriff der Personenvariablen. Fünf Klassen von Personenvariablen werden beschrieben:

(1) Kognitive und soziale Kompetenzen

Durch Interaktionen genetischer und situativer Bedingungen werden Kompetenzen erworben, die als augenblickliche Befähigung
– zur Informationsaufnahme, -verarbeitung, und -speicherung sowie
– zur Organisation und Aktivierung des Verhaltensrepertoires
beschrieben werden können.

(2) Strategien zur Entschlüsselung von Informationen und personale Konstrukte

Gleiche Situationen werden von Personen unterschiedlich interpretiert, bewertet und somit auch unterschiedlich wahrgenommen. Ihr Verhalten wird somit durch kognitive Prozesse bestimmt, nicht durch »objektive« Situationen. Außerdem wird das Verhalten beeinflußt durch die Erklärungsmodelle für Verhalten, die von Personen entwickelt wurden. Auch Laien haben in gleicher Weise wie Psychologen Verhaltenstheorien. Wenn sie meinen, die Ursache für ein Verhalten sei in Personen zu suchen, werden sie sich diesen Personen gegenüber anders verhalten, als wenn sie die Ursachen in situativen Bedingungen sehen. Diese Personenvariable ist im Rahmen der Attribuierungstheorie näher untersucht worden (Kelley, 1973).

(3) Erwartungen über die Folgen eines Verhaltens und die Folgen von Reizen

Hier wird die Hypothese vorgebracht, daß Erwartungen von Konsequenzen, die durch Reize oder durch Verhaltensweisen ausgelöst werden, einen stärkeren Einfluß auf Verhaltensänderungen haben als die tatsächlich eintretenden Konsequenzen. In einer gegebenen Situation werden die Konsequenzen möglicher Verhaltensweisen antizipiert und dann das Verhalten ausgewählt, das die angenehmsten Konsequenzen verspricht. Auf diese Weise können auch durch das Medium der Sprache übermittelte Konsequenzen verhaltenswirksam werden, ohne daß die Person bisher die Erfahrung gemacht hat, daß die Konsequenz auf ihr Verhalten folgte. Ebenso werden Reize im Prozeß der klassischen Konditionierung als erlernte Signale angesehen, die Erwartungen aktivieren. Situationsübergreifende Konstanz von Verhalten zeigt sich dann, wenn durch die Situationen gleichartige Erwartungen ausgelöst werden.

(4) Subjektive Bewertungen

Ob eine Konsequenz verstärkende Funktion für ein Verhalten hat, ist abhängig von der subjektiven Bewertung der Konsequenz. Zu den Personenvariablen gehört somit auch das personale Wertsystem.

(5) Systeme der Selbstregulation und Verhaltenspläne

Personen setzen sich Ziele und entwickeln Pläne, durch welche Verhaltensweisen diese Ziele zu erreichen sind. Auch in Abwesenheit fremder Kontrolle belohnen sie sich, wenn sie sich dem Ziel annähern und bestrafen sich, wenn sie das Ziel nicht erreichen, indem sie sich selbst Lob oder Tadel aussprechen. Selbstkritik wird als verdeckte symbolische Aktivität bezeichnet und führt zur Selbstkontrolle des Verhaltens.

Die Ausführungen Mischels haben u. a. auch deswegen weite Beachtung gefunden, weil sie eine Überbrückung zwischen erklärenden und verstehenden Ansätzen in der Psychologie erlauben. Nach Janich u. a. (1974) gilt ein Verhalten dann als erklärt, wenn es auf vorausgehende Reize bzw. nachfolgende Konsequenzen bezogen werden kann; es gilt als verstanden, wenn die Beweggründe deutlich werden, die nur zu erfassen sind durch Bezug auf Ziele, Werte und soziale Normen. Nach Parsons und Shils (1965) wird ein Verhalten, das ausgerichtet ist auf vorweggenommene Zustände und Ziele und das normativ gesteuert und somit sozialen Erwartungen ausgesetzt ist, als Handlung bezeichnet. Dieser Handlungsbegriff wurde inzwischen auch von verhaltenstheoretisch orientierten Wissenschaftlern aufgegriffen und für die Verhaltenstherapie nutzbar gemacht (Bergold, im Druck). Während der Begriff der Interaktion bei Mischel primär individuell interpretiert wird, nämlich als Interaktion zwischen Personen und Situationen, bezieht er sich in der Handlungstheorie auf soziale Systeme, sich wechselseitig beeinflussender Personen und hat daher z. B. für die Familien- und Gruppentherapie Bedeutung gewonnen. Weitere Ausführungen zur Handlungstheorie finden sich bei Basler u. a. (1978) sowie ausführlich bei Lenk (1977).

Die experimentelle Erforschung der von Mischel dargestellten Personenvariablen hat zu einander ergänzenden Konzepten zur Erklärung des Verhaltens geführt, von denen einige, die besondere Bedeutung für kognitive Therapieverfahren gewonnen haben, dargestellt werden sollen.

Modellernen

Beim Modellernen werden komplexe Verhaltensmuster in komplexen Situationen erworben und ausgeführt, wobei als Voraussetzung gilt, daß eine Person als Verhaltensmodell diese Verhaltensweisen zeigt und dabei von einer anderen Person beobachtet wird. Modellernen wird daher auch unter dem Begriff des sozialen Lernens gefaßt (Bandura, 1976). Es kann nur adäquat erklärt werden, wenn Hypothesen über kognitive Prozesse des Lernenden aufgestellt werden. Solche Hypothesen beziehen sich auf Prozesse der Informationsaufnahme, der Informationsspeicherung, der Informationsaktivierung, sowie auf Motivationen.
Optimale Bedingungen der Informationsaufnahme werden erzielt, wenn das Modell aufmerksam betrachtet wird und wenn die Person unter der Vielzahl der möglichen Verhaltensweisen des Modells diejenigen auswählt, die für den Lernprozeß relevant sind. Informationsaufnahme bedeutet daher bereits eine aktive Auswahl unter möglichen beobachtbaren

Verhaltensweisen. Sie wird begünstigt, wenn das Modell

- für den Beobachter attraktiv ist (z. B. beliebt ist, einen hohen sozialen Status hat, über mögliche Sanktionen verfügen kann, usw.) und
- dem Beobachter ähnlich ist (z. B. keinen allzu großen Verhaltensvorsprung zeigt).

Informationsaufnahme ist nicht an die leibliche Anwesenheit gebunden, auch Personen in Filmen oder Romanen wirken als Modelle.

Informationsspeicherung bewirkt, daß beobachtetes Verhalten auch nach längerer Zeit aktiviert werden kann, selbst wenn es nach der Beobachtung nie ausgeführt wurde. Voraussetzung ist, daß die Verhaltenssequenz in symbolischer Form im Gedächtnis repräsentiert ist. Bandura unterscheidet eine bildliche von einer verbalen Repräsentation. Eine bildliche Repräsentation liegt vor, wenn das Verhalten des Modells in einer bildhaften Vorstellung erinnert werden kann. Verbale Kodierungen des Verhaltens sind allerdings häufiger. Hierbei wird der Verhaltensablauf durch Aktivierung eines in Begriffen kodierten Verhaltensplanes gesteuert.

Die Umsetzung komplexer gespeicherter Verhaltenssequenzen in beobachtbares Verhalten durch eine Aktivierung der Information ist nur möglich, wenn es gelingt, einzelne Verhaltensweisen in einen Verhaltensplan zu integrieren. Dabei muß eine Rückmeldung über das ausgeführte Verhalten erfolgen und ein Vergleich des rückgemeldeten Verhaltens mit dem symbolisch repräsentierten Verhalten vorgenommen werden. Schwierigkeiten bei einem solchen Vergleich liegen darin, daß Rückmeldungen über komplexe Verhaltensweisen, wie z. B. Golfspielen oder Schwimmen, nur entweder über schlecht-definierte propriozeptive Reize oder über verbale Berichte von Zuschauern erfolgen. Bei komplexem Verhalten, das verschiedenartige Sequenzen umfaßt, kann daher bei der ersten Ausführung nach Beobachtung des Modells nur eine Annäherung an das Modellverhalten erreicht werden. Erst durch wiederholte Rückmeldung wird eine Übereinstimmung von Verhalten und kognitiver Repräsentation erzielt.

Verhalten wird nur dann beobachtet, gespeichert und reaktiviert, wenn die Person dazu motiviert ist. Motivationen entstehen durch die Erwartung, die Informationsverarbeitung werde zu als positiv bewerteten Konsequenzen führen. Für die Motivierung des Beobachters erweist es sich daher als günstig, wenn das Modell für sein Verhalten belohnt wird.

Miller, Galanter und Pribram (1973) haben ein Modell entwickelt, in dem die Beziehungen zwischen kognitiver Repräsentation des Verhaltens und rückgemeldetem Verhalten präzisiert werden. Ihrer Auffassung nach erwerben Personen Verhaltenspläne, die die Ausführung einer Handlung steuern, und deren kleinste Einheit als TOTE-Einheit bezeichnet wird (*T*est-*O*peration-*T*est-*E*xit). Auf eine Testphase, in der eine Inkongruenz zwischen Ist- und Sollzustand festgestellt wird, folgen solange Aktionsphasen, bis in einem erneuten Test die Kongruenz der

Zustände als vorhanden festgestellt wird. Verhaltenspläne sind aus solchen erworbenen TOTE-Einheiten zusammengesetzt, die sich hierarchisch gliedern. Ein Verhalten, das durch Pläne kontrolliert ist, kann durchaus im Sinne von Parsons und Shils (1965) als Handlung bezeichnet werden.
Im Modellernen ist ein möglicher Erklärungsansatz für die Spezifität von Organstörungen zu sehen. Die familiäre Häufung bestimmter Krankheitsbilder läßt sich nicht allein auf genetische Bedingungen zurückführen, sondern auch auch Prozesse des Modellernens. Kinder lernen im Laufe ihrer Sozialisation, auf Belastungen mit einem in der Familie vorhandenen somatischen Reaktionsmuster zu antworten.

Das Lernen von Kognitionen

Seligman (1976) bringt mit seinem Konzept der erlernten Hilflosigkeit die Hypothese vor, Verhalten werde stärker bestimmt durch erwartete als durch tatsächliche Konsequenzen. Versuchstiere zeigen sich dann in schwierigen Situationen hilflos, wenn sie vorher durch Manipulationen des Vl die Erfahrung gemacht haben, daß die Situation nicht zu kontrollieren ist. Hunde, die in einer »Shuttlebox« (einem Käfig mit zwei Abteilungen, die durch Barrieren getrennt sind und deren Fußböden elektrisch aufzuladen sind) in der einen Abteilung geschockt werden, lernen es schnell, in die andere sichere Abteilung überzuwechseln. Anders ist es bei Hunden, die durch Immobilisierung die Schocks zunächst passiv über sich ergehen lassen mußten. Auch wenn sie anschließend Bewegungsfreiheit erhalten, setzen sie sich weiterhin passiv den Schocks aus und lernen es nicht, die Barriere zu überwinden. Werden sie dann gezwungen, in den sicheren Teil des Käfigs überzuwechseln, brauchen sie lange wiederholte Versuche, ehe sie selbst aktiv den Schock durch Flucht vermeiden. Als Folge der erlernten Hilflosigkeit sind nicht nur die kognitiven Kompetenzen gestört, darüberhinaus sind weitere Auffälligkeiten zu beobachten, wie verringerte Aggressivität, Unterwürfigkeit, Verweigerung von Nahrung, sowie Störungen der Magenfunktion.
Das nicht der Stressor und somit die »objektive« Situation die Reaktion der Tiere bestimmt, sondern die Erwartung in Bezug auf die Kontrollierbarkeit des Stressors, konnte durch einen Versuch nachgewiesen werden, in dem die Tiere in ein Gatter gezwängt und dadurch immobilisiert wurden. Die Experimentalgruppe konnte allerdings durch Hebeldruck mit der Nase den Schock abstellen. Eine zweite Gruppe war ebenfalls in einem Gatter immobilisiert, konnte allerdings die Schocks nicht beeinflussen und erhielt, da jedes Tier mit einem Experimentaltier in Serie geschaltet war, ebenso oft und so lange einen Schock wie das jeweilige Experimentaltier. Kontrollen dieser Art werden als »yoked controls«, als Jochkontrollen, bezeichnet, da beide Tiere in Bezug auf den Schock in das gleiche Joch gespannt sind. Eine zweite Kontrollgruppe erhielt in

dem Gatter keinen Schock. Als die Tiere in die Shuttlebox gebracht wurden, erwiesen sich nur die Jochkontrollen als hilflos, während die anderen Tiere in üblicher Weise reagierten (Seligman und Maier, 1967).

Auch Experimente von Weiss (1972), in denen Ratten, die durch Drehen eines Rades Elektroschocks vermeiden konnten, weniger Magenläsionen bekamen, als Ratten, die über das Raddrehen den Schock nicht beeinflussen konnten, können auf diesem theoretischen Hintergrund interpretiert werden.

Daß nicht die Reizbedingungen allein die Ursache für Streßreaktionen sind, sondern die Erwartung über die Kontrollierbarkeit der Stressoren, zeigt auch ein Experiment von Hiroto und Seligman (1975). Zwei Gruppen von Versuchspersonen wurden Lärm ausgesetzt. Während die eine Gruppe die Möglichkeit hatte, ihn abzustellen, falls er unterträglich werden sollte, konnte die andere Gruppe ihn nicht beeinflussen. Eine dritte Gruppe mußte sich nicht dem Lärm aussetzen. Anschließend hatten alle drei Gruppen Anagramme zu lösen. Obwohl die Lärmexposition bei den beiden Versuchsgruppen gleich lang war, erwies sich die Leistung derjenigen als am schlechtesten, denen die Möglichkeit der Situationskontrolle vorenthalten worden war.

Die Hypothese der erlernten Hilflosigkeit ist in den vergangenen Jahren zur Erklärung psychophysiologischer Störungen und depressiver Verstimmungen herangezogen worden.

Nach Valins und Nisbett (1976) entsteht eine generalisierte Erwartung über die mangelnde Kontrollierbarkeit von Situationen, wenn die Personen die Ursache dafür eigenen Merkmalen zuschreiben statt situativen Bedingungen. Solche Personen nehmen eine dispositionale statt einer situativen Kausalattribuierung des Verhaltens vor. Sie haben demnach ein personales Konzept entwickelt, das Personenvariablen größere Bedeutung für die Erklärung des Verhaltens zumißt als Situationen.

Als Bestandteil einer kognitiven Therapie schlagen Valins und Nisbett eine Reattribuierung vor. Patienten mit Schlafstörungen konnte z. B. dadurch geholfen werden, daß ihnen ein Placebo gegeben und ihnen gesagt wurde, es handele sich um ein Medikament, was zunächst einen Aktiviertheitszustand hervorriefe. In der Tat schliefen die Patienten jetzt schneller ein, da sie ihre Schlaflosigkeit nicht mehr zurückführten auf ihre beunruhigenden Gedanken, sondern auf das Medikament, was für sie offensichtlich eine emotionale Entlastung bedeutete (Storms und Nisbett, 1970).

Lazarus konnte experimentell nachweisen, daß auch Interpretationen und Bewertungen von Situationen für physiologische Reaktionen Bedeutung haben. Er fand, daß der gleiche Stressor unterschiedliche Reaktionen hervorruft, je nachdem wie er von den Vpn interpretiert wird. Als Stressor zeigte er einen Film über Beschneidungszeremonien, wobei die Art der Interpretation durch unterschiedliche Informationen beeinflußt wurde. Die Streßreaktionen der Versuchspersonen konnten dadurch reduziert werden, daß ihnen von der Schmerzlosigkeit der dargestellten

Beschneidung erzählt oder die beobachteten Schmerzreaktionen als geschauspielt dargestellt wurden. Andererseits konnten die Streßreaktionen dadurch gesteigert werden, daß begleitend zum Film über die Schmerzen berichtet wurde, die die Operierten zu erleiden hatten (zitiert nach Meichenbaum, 1976).
Wenn das Verhalten allein durch Interaktionen von Personen und Situationen angemessen zu erklären ist, reicht das Kanfer'sche Verhaltensmodell, das im traditionellen verhaltenstherapeutischen Ansatz sowohl der Diagnose als auch der Therapie zugrundeliegt, nicht aus, um die Komplexität der Verhaltensbedingungen zu erfassen. Dieses Modell muß daher erweitert werden um die Personenvariablen (P). Einen Vorschlag für diese Erweiterung enthält Abbildung 2, wobei die Personenvariablen inhaltlich im Sinne Mischels definiert werden.

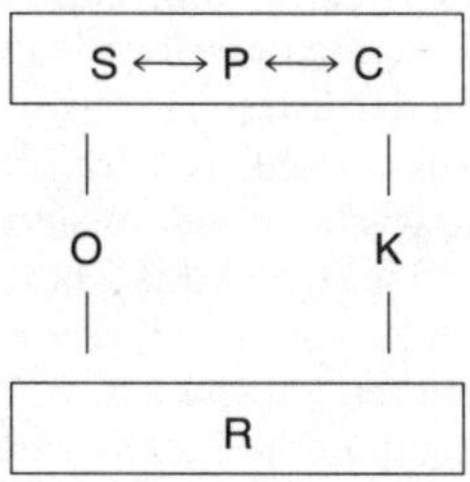

Abb. 2: Die um die Personen-Variablen erweiterte Verhaltensgleichung

Mit diesem Modell wird eine Interdepentenz von Reizen und Konsequenzen mit Personenvariablen angenommen. Deshalb erscheint es unumgänglich, bei der Analyse des problematischen Verhaltens die Erwartungen, Interpretationen und Bewertungen von Reizen und Konsequenzen, sowie die das Verhalten steuernden Pläne zu erfassen und in der Therapie zu berücksichtigen.

1.2. Verhaltenstheoretische Diagnostik

Traditionelle verhaltenstherapeutische Diagnostik versucht, eine funktionale Beziehung zwischen Verhalten und situativen Bedingungen herzustellen, wobei verschiedene Verhaltensebenen (nämlich die organisch-physiologische, die motorisch-verhaltensmäßige, die subjektive Erlebnisebene und die symbolisch-kommunikative Ebene) unterschieden werden (Legewie und Nusselt, 1975). Hier besteht eine deutliche Abgrenzung sowohl zur tiefenpsychologisch orientierten als auch zur psychometrischen Diagnostik der empirischen Psychologie. Trotz unterschiedlichen theoretischen Hintergrunds liegt diesen beiden Ansätzen das Ziel zugrunde, psychische Merkmale, die die individuelle Persönlichkeit konstituieren, ausfindig zu machen, um dann das Verhalten als Funktion von

Persönlichkeitsmerkmalen zu erklären. In der tiefenpsychologischen Diagnostik wird dieses Ziel dadurch verfolgt, das die Person mit wenig strukturiertem Reizmaterial (z. B. mit Tintenklecksen im Rorschach-Test) konfrontiert wird, weil die Hypothese besteht, daß eine Person unter diesen schlecht definierten situativen Bedingungen ihre Persönlichkeit in das Material hineinprojiziert. Je diffuser Situationen strukturiert sind, desto stärker muß die Person aufgrund intrapsychischer Prozesse eine Strukturierung vornehmen, so daß sich in der Art der Strukturierung ihre Persönlichkeit offenbart. In der psychometrischen Diagnostik wird versucht, mögliche Einflüsse situativer Bedingungen in der diagnostischen Phase auszuschalten, da diese Bedingungen unter dem Anspruch, Eigenschaften von Personen messen zu wollen, als Störgrößen angesehen werden müssen. Der interindividuell unterschiedliche Ausprägungsgrad von Eigenschaften ist dieser Auffassung nach nur dann zu erfassen, wenn alle diagnostizierten Personen in derselben standardisierten Testsituation sind, wobei sich diese Standardisierung sowohl auf die Bedingungen der Testdurchführung, der Auswertung und der Interpretation der Ergebnisse bezieht. Tests, die eine solche Standardisierung annäherungsweise ermöglichen, werden als »objektive Tests« bezeichnet. Ihre Objektivität bezieht sich somit auf den Anspruch, situationsunabhängige Persönlichkeitsmerkmale diagnostizieren zu können.

Aus dem vorausgegangenen Kapitel sollte deutlich geworden sein, daß die verhaltenstheoretische Diagnostik eine ganz andere Zielstellung verfolgt. Wenn Verhalten als determiniert durch Situationen angesehen wird, muß das Bemühen um die Diagnostizierung situationsunabhängiger Persönlichkeitsmerkmale als unsinnig angesehen werden. Die Gültigkeit der diagnostischen Resultate sowohl der psychoanalytischen als auch der psychometrischen Testverfahren wird von verhaltenstheoretischen Diagnostikern als stark eingeschränkt angesehen: Sie bezieht sich allein auf die Situationen, unter denen sie gewonnen wurden. Psychoanalytische Verfahren geben hiernach Auskunft über das Verhalten in wenig strukturierten Situationen, und psychometrische Verfahren geben Auskunft über das Verhalten in der spezifischen Testsituation, wobei dieses Verhalten nicht ohne empirische Überprüfung auf andere Situationen zu übertragen ist.

Ziele, die unabhängig von dem theoretischen Hintergrund dem diagnostischem Prozeß zugrundeliegen, bestehen darin, Erklärungen und Prognosen für beobachtbares Verhalten zu liefern, sowie Entscheidungen über die Auswahl von Technologien zu ermöglichen, die für eine Verhaltensänderung einzusetzen sind. Gerade in der Verhaltenstherapie wird der Zusammenhang zwischen Diagnostik und therapeutischem Einsatz von Technologien als sehr eng angesehen, weshalb auch von einer therapiebegleitenden Diagnostik gesprochen wird (Lutz und Windheuser, 1974). Die therapiebegleitende Diagnostik hat folgende Ziele:

- Sie soll eine funktionale Beziehung zwischen dem als gestört definierten Verhalten und den situativen sowie personalen Bedingungen in Orientierung an dem erweiterten Kanfer'schen Modell ausweisen. Es ist zu untersuchen, durch welche Lernprozesse die Störung entstanden ist und durch welche Lernprozesse sie aufrecht erhalten wird.

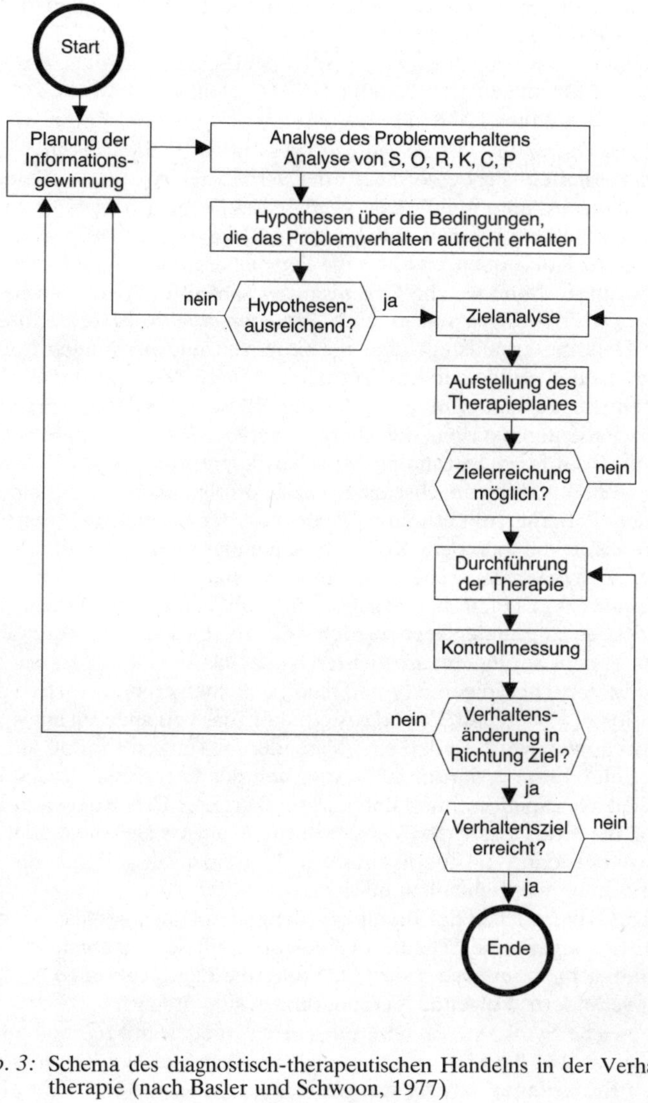

Abb. 3: Schema des diagnostisch-therapeutischen Handelns in der Verhaltenstherapie (nach Basler und Schwoon, 1977)

– Sie soll eine Auswahl unter vorhandenen therapeutischen Strategien ermöglichen und in eine Prognose über die zu erwartenden Effekte unterschiedlicher Maßnahmen einmünden.
– Sie soll im therapeutischen Prozeß beobachtete Verhaltensänderungen in Beziehung setzen zu therapeutischen Maßnahmen sowie den durch diese Maßnahmen oder aber durch andere Einflüsse hervorgerufenen situativen Veränderungen, um auf diese Weise eine Erfolgskontrolle der Therapie zu ermöglichen.

An einem Schema des diagnostisch-therapeutischen Handelns, das sich an den Ausführungen von Schulte (1974) orientiert, wird diese Vorgehensweise deutlich (Abb. 3).

Wenn ein Therapeut vor die Aufgabe gestellt wird, ein als gestört definiertes Verhalten – sei es offener oder verdeckter Art – zu verändern, muß er zunächst eine funktionale Analyse des Problemverhaltens durchführen. Er muß analysieren, durch welche Reize das Verhalten ausgelöst wird, welche Konsequenzen es für die Person hat, welche Kontingenzpläne wirksam sind und welche Organismusvariablen das Verhalten beeinflussen. Darüberhinaus soll er auch Personenvariable berücksichtigen, ehe er Hypothesen aufstellt über die situativen und personalen Bedingungen, die das problematische Verhalten steuern. Vermögen diese Hypothesen das Verhalten in ausreichender Weise zu erklären, spricht er mit dem Patienten die Ziele der Therapie ab. Es wird Wert darauf gelegt, bei komplexen Störungen möglichst scharf abgrenzbare Verhaltensweisen zu isolieren und zunächst eine einzige Verhaltensweise zu ändern. Bei einem Patienten mit erhöhtem Blutdruck, der zugleich an Potenzstörungen leidet, der sich dem Kollegen gegenüber nicht behaupten kann und der Ängste vor Menschenansammlungen hat, wird zunächst ein umschreibbares Verhalten herausgegriffen, wobei unterschiedliche Auswahlkriterien zugrundegelegt werden können. Es kann das Verhalten sein, unter dem der Patient am meisten leidet, das Verhalten, das kurzfristig die besten Therapieeffekte und damit eine Steigerung der Therapiemotivation erwarten läßt, oder das Verhalten, das von anderen am stärksten sanktioniert wird, so daß eine Veränderung starken Einfluß auf die soziale Interaktion erwarten läßt. Aufgrund der Ergebnisse der experimentellen Therapieforschung und aufgrund eigener Erfahrungen in Bezug auf die Effektivität der Verfahren unter einer gegebenen Zielsetzung, werden dann die therapeutischen Methoden ausgewählt, die die Zielerreichung wahrscheinlich machen.

Wichtiges Kennzeichen der therapiebegleitenden Diagnostik ist es, nach einigen Sitzungen eine erneute diagnostische Phase einzuschalten, die dazu führen kann, entweder die Ziele oder die therapeutischen Methoden zu verändern. Folgende Veränderungen sind möglich:
– Die gleiche Symptomatik wird mit einer veränderten Methode angegangen, wobei die Methode allerdings auf dem gleichen lerntheoretischen Erklärungsansatz für das gestörte Verhalten beruht. Statt einer

systematischen Desensibilisierung wird z. B. eine Reizüberflutung gewählt (vgl. Kap. 1.3.1.). Beide Methoden beruhen allerdings auf dem Prinzip der klassischen Konditionierung.

- Die gleiche Symptomatik wird mit einer veränderten Methode angegangen, die auf einem veränderten Erklärungsmodell beruht. Statt einer systematischen Desensibilisierung wird ein Selbstsicherheitstraining eingesetzt, weil jetzt Prozesse des Modellernens und der Selbstkontrolle für wichtiger angesehen werden als solche der Konditionierung.
- Das Zielverhalten selbst wird verändert und eine andere Symptomatik in den Mittelpunkt gestellt. Statt Potenzstörungen zu behandeln, wird zunächst die Angst vor Menschenansammlungen angegangen.

Sollen Erfolgskontrollen durchgeführt werden, muß eine geeignete Datenbasis gefunden werden, die es erlaubt, Veränderungen des Verhaltens zu messen. Quantitative Angaben werden dabei im allgemeinen qualitativen vorgezogen. Goldfried und Sprafkin (1976) beschreiben fünf Möglichkeiten, quantifizierbare Angaben über problematisches Verhalten zu erlangen: die direkte Verhaltensbeobachtung, verbale Äußerungen über das Verhalten entweder von der Person selbst oder von anderen dritten Personen, Verhaltenstests, Rollenspiele und physiologische Messungen.

Ziel der direkten Verhaltensbeobachtung ist es, Angaben über die Häufigkeit und Dauer des problematischen Verhaltens zu erlangen sowie den situativen Kontext des Verhaltens zu ergründen. Das zu beobachtende Verhalten sollte exakt definiert sein, um hohe Übereinstimmungen zwischen den Beobachtungen verschiedener Beobachter zu ermöglichen. Es muß deutlich werden, wie ein Verhalten beschaffen sein muß, wenn es in die kritische Kategorie eingeordnet werden soll. Zum Beispiel reicht es nicht, Aktiviertheitszustände des Organismus beobachten zu wollen, es muß angegeben werden mit Hilfe welcher Meßoperationen und von welchen gemessenen Werten ab ein Zustand als aktiviert zu bezeichnen ist. Sind diese Angaben vorhanden, wird von einer operationalen Definition gesprochen. Nur wenn die operationalen Definitionen und damit die Beobachtungskriterien im Verlaufe der Therapie gleich bleiben, können sinnvoll Erfolgskontrollen durchgeführt werden.

Sollen Aussagen über die situativen Bedingungen problematischen Verhaltens gemacht werden, wäre es am günstigsten, eine Person über lange Zeit ständig zu beobachten, weil dann die Wahrscheinlichkeit groß wäre, alle relevanten Situationen in die Beobachtung einzubeziehen. Das wäre allerdings extrem aufwendig und für die Person sehr belastend. Es werden daher Stichproben von Beobachtungseinheiten gewählt, die entweder Zeit- oder Ereignisstichproben sein können, wobei als Grundgesamtheit die Gesamtheit relevanter Situationen angesehen wird. Bei den Zeitstichproben ist die Auswahl zufällig, bei den Ereignisstichproben werden systematisch alle Situationen einbezogen, von denen angenommen werden kann, daß sie das Verhalten beeinflussen. Neben der operationalen Definition muß auch die Art der Stichprobe bei Kontrollmessungen die gleiche bleiben.

Um beobachtete Veränderungen wirklich als Therapieeffekte interpretieren zu können, wird häufig in die Therapie eine Phase eingeschaltet, in der die therapeutischen Maßnahmen aussetzen (Reversal-Phase). Falls die Maßnahmen effektiv sind, sollte sich daraufhin eine erneute Verschlechterung der Symptomatik ergeben.

Das Ergebnis der Beobachtungen wird häufig in Diagramme eingetragen, die mit dem Patienten besprochen werden. Auf diese Weise erhält auch der Patient Rückmeldung über die Therapieeffekte.

Weit häufiger als die direkte Verhaltensbeobachtung wird in der verhaltenstherapeutischen Diagnostik die Selbstbeobachtung des Patienten oder die Beobachtung seines Verhaltens durch dessen Bezugspersonen eingesetzt, da direkte Beobachtungen für den Therapeuten sehr zeitaufwendig sind und die Selbstbeobachtung die Mitarbeit des Patienten in der Therapie fördert. Bei gestörtem Verhalten von Kindern sollten Verlaufskurven und Diagramme von Eltern geführt werden.

Auch Verhaltenstests werden zur Diagnostik herangezogen. Sie können entweder darin bestehen, daß die Person realiter mit Situationen konfrontiert wird, die das problematische Verhalten auslösen oder aber daß sie gebeten wird, sich diese Situtationen vorzustellen und dann ihre Reaktion einzuschätzen. Goldfried und Sprafkin (1976) beschreiben den BAT (Behavioral Avoidance Test), in dessen Ablauf den Patienten Objekte vorgegeben werden, die Angst auslösen können (z. B. lebende Ratten, Schlangen, Spinnen, Hunde, Messer etc.) und sie aufgefordert werden, sich diesen Objekten zu nähern und sie zu berühren. Die schließliche Distanz zwischen Person und Objekt sowie die Zeit, die dazu nötig war, diese Distanz zu erreichen, stellt dann das operationalisierte Maß für die Angst dar. Man kann allerdings auch die Personen ihre Angstreaktionen selbst einschätzen lassen, nachdem diese Objekte ihnen über Fragebögen vorgegeben wurden. Solche Bögen werden als Verhaltensinventare bezeichnet (Pawlik, 1976). Während psychometrische Tests versuchen, die einzelnen Aufgaben so auszuwählen, daß sie als repräsentativ für alle Verhaltensweisen angesehen werden können, die auf das gleiche psychische Merkmal zurückzuführen sind, bezieht sich die Repräsentativität der Verhaltensweisen in Inventaren auf Situationen. Sie sollen eine Stichprobe von Situationen beinhalten, unter denen sich das problematische Verhalten zeigen könnte (Goldfried und Kent, 1974).

Auch Rollenspiele können im weiteren Sinne zu den Verhaltenstests gezählt werden. In ihrer einfachsten Form werden Personen vom Tonband Situationen vorgegeben, auf die sie dann reagieren müssen. Zur Überprüfung der sozialen Kompetenzen bei heterosexuellen Kontakten kann Männern z. B. geschildert werden, wie sie ein Cafe verlassen und ihnen ein junges Mädchen auf die Schuler tippt mit den Worten: »Ich glaube,

Sie haben dieses Buch vergessen«, worauf der Patient zu antworten hat, wie er in der Situation antworten würde. Eine andere Form besteht darin, daß die verschiedenen Rollen von Personen im Spiel übernommen werden. Ungeklärt ist die diagnostische Güte dieses Verfahrens. Die Übereinstimmung verschiedener Beurteiler, die z. B. den Ausprägungsgrad der sozialen Kompetenz feststellen sollen, ist nicht allzu hoch. Außerdem stellt sich die Frage, ob eine Rollenspielsituation eine reale Lebenssituation »vertreten« kann, ob das beobachtete Verhalten somit ausreichend valide ist (vgl. Goldfried und Sprafkin, 1976).

Zur Quantifizierung verdeckten Verhaltens bieten sich physiologische Messungen an: Insbesondere emotionale Reaktionen, die schwierig direkt zu beobachten sind, könnten durch physiologische Verfahren registriert werden. Es gibt allerdings Befunde, die den Wert physiologischer Messungen zur Erfassung von Emotionen einschränken:

- Physiologische Reaktionen sind nicht emotionsspezifisch. Sie lassen allein auf eine Aktivierung des Organismus schließen, nicht aber auf eine bestimmte emotionale Qualität.
- Physiologische Reaktionen zeigen geringe Korrelationen mit anderen Maßen zur Bestimmung von Emotionen, wie z. B. Befragungen oder Verhaltensbeobachtungen.
- Die Ergebnisse verschiedener physiologischer Meßverfahren zu Registrierung emotionaler Reaktionen korrelieren gering miteinander (Goldfried und Sprafkin, 1976, S. 310 ff.).

Insbesondere die letzte Beobachtung hat Bedeutung erlangt für die Erklärung der Tatsache, daß verschiedene Personen unter gleichen Belastungen unterschiedliche psychophysiologische Störungen entwickeln. Lacey und Lacey (1958) fanden z. B., daß Personen zwar intraindividuell konstante, aber interindividuell stark variierende physiologische Reaktionsmuster entwickeln. Sternbach (1966) versucht, hierdurch die Spezifität von Organstörungen zu erklären. Psychophysiologische Störungen entwickeln sich in dem physiologischen System, das am heftigsten auf Belastungen reagiert.

Auch wenn der Wert psychophysiologischer Meßmethoden bei der Erfassung von Emotionen umstritten ist, muß ihnen bei der Diagnostik psychophysiologischer Störungen große Bedeutung zugemessen werden. Eine Therapie kann nur dann als erfolgreich gelten, wenn das problematische Verhalten im physiologischen Bereich sich bei Kontrollmessungen als verbessert erweist. Da es bisher nur wenig Ärzte gibt, die Erfahrung in der Anwendung verhaltenstherapeutischer Verfahren haben, und wenig Psychologen, die psychophysiologische Messungen vornehmen können, sollte bei der Behandlung psychophysiologischer Störungen eine Kooperation von Arzt und Psychologe zur Selbstverständlichkeit werden.

Die bisher beschriebenen diagnostischen Verfahren sind durchaus im Kontext des traditionellen verhaltenstherapeutischen Ansatzes auszuführen. Zur Erfassung der Personenvariablen oder gar der Interaktionen zwischen Personen und Situationen sowie verschiedenen Personen liegen bisher nur verstreute Handlungsanleitungen vor (Endler und Magnusson, 1976). Gemeinsam ist ihnen allerdings, daß dem Gespräch mit dem Patienten zentrales Gewicht zugesprochen wird. Wie Personen die Dinge wahrnehmen, wie sie sie interpretieren und bewerten, ist am ehesten über deren verbale Schilderungen zu erfassen. Wert wird hierbei insbesondere auf die Gedanken und die Selbstgespräche gelegt, die dem problematischen Verhalten vorausgehen, die es begleiten oder die ihm nachfolgen (Meichenbaum, 1976, 1977). In jüngster Zeit wurde auch das TOTE-Modell von Miller, Galanter und Pribram (1973) zur Erfassung der Kognitionen herangezogen, das insofern eine Überwindung des traditionellen verhaltenstherapeutischen Ansatzes bedeutet, als hier das Bemühen um eine funktionale Erklärung des Verhaltens ergänzt wird durch das Bemühen um Verstehen. In Situationen ausgeführtes Verhalten wird nicht nur unter kausalem, sondern auch unter finalem Aspekt gesehen, was sich darin zeigt, daß Verhalten die Funktion zugeschrieben wird, einen im Plan enthaltenen Zielzustand herbeizuführen. Die funktionale Bedeutung eines Verhaltens bezieht sich somit auf die Funktion oder den Zweck, den das Verhalten als Unterplan in einem übergeordneten Plan erfüllt. Grawe und Dziewas (1977) schlagen vor, diese Art der Analyse, bei der das Verhalten in Hinblick auf seine Funktion für übergeordnete Pläne untersucht wird, als *vertikale* Verhaltensanalyse zu bezeichnen. Sie grenzen sich damit gegen die *horizontale* Verhaltensanalyse im Sinne Skinners ab, bei der Verhalten als Funktion von Situationen gesehen wird. Da viele Verhaltenspläne – insbesondere solche, die die Interaktionen von Personen regeln – unbewußt sind, können sie nicht direkt erfragt, sondern müssen aus beobachtbarem Verhalten erschlossen werden.

1.3. Verhaltenstheoretische Therapieformen

Die verhaltenstheoretischen Therapieverfahren basieren zum einen auf den in Kap. 1.1. dargestellten lerntheoretischen Modellen, zum anderen werden aber darüberhinaus auch Ergebnisse der allgemeinen experimentellen Psychologie berücksichtigt. Es kann unterschieden werden zwischen Verfahren, die sich am klassischen und operanten Konditionieren orientieren, und solchen, die kognitive und andere innere Zustände einbeziehen.

1.3.1. Verfahren des klassischen Konditionierens

Mit den klassischen Verfahren wird versucht, eine erlernte Assoziation zwischen konditionierten Reizen und konditionierten Reaktionen zu durchbrechen. Das ist auf zweierlei verschiedenen Wegen möglich. Zum

einen kann das Auftreten der erlernten Reaktion verhindert werden, zum anderen kann die erlernte Reaktion in einem solchen Ausmaß forciert werden, daß sie sich selbst erschöpft. Die Verfahren, die den ersten Weg beschreiben, werden als systematische Desensibilisierung oder Rekonditionierung bezeichnet, die anderen Verfahren als Implosion, Reizüberflutung (Flooding) oder Habituationstherapie.
Das bekannteste verhaltenstherapeutische Verfahren, daß in Laienkreisen häufig mit Verhaltenstherapie an sich gleichgesetzt wird, ist die Anfang der fünziger Jahre von Wolpe entwickelte *systematische Desensibilisierung*. Die grundlegende Annahme dieser Technik besteht darin, daß eine unerwünschte Reaktion gehemmt wird, wenn man sie durch Aktivität ersetzt, die mit dieser Reaktion unvereinbar (inkompatibel) ist.
Das für diesen Prozeß wirksame Prinzip nennt Wolpe (1972) reziproke Hemmung. Das Verfahren wird häufig zur Behandlung der Angst eingesetzt, kann aber auch zur Modifikation anderer Emotionen (Ekel, Scham) verwendet werden. Unvereinbar mit der physiologischen Reaktion der Angst ist z. B. der Zustand von Entspannung und Ruhe. Wenn es gelingt, eine Person in Anwesenheit des ängstigenden Reizes zu entspannen, wird die Assoziation zwischen Reiz und Angstreaktion durchbrochen. Die Person wird desensibilisiert, die Angst gegenkonditioniert.
Die Desensibilisierung wird erreicht, indem die Person sich in vorher vereinbarten Abstufungen der ängstigenden Situation aussetzt, während sie gleichzeitig eine der Angst antagonistische Tätigkeit ausführt. Die graduelle Annäherung an die angstauslösende Situation kann entweder in der Vorstellung (in sensu) oder in der Realität (in vivo) erfolgen.
Die systematische Desensibilisierung verläuft in drei Stufen. Zunächst erhalten die Patienten ein Entspannungstraining, das im Regelfall nach der von Jacobson (1938) vorgeschlagenen Methode der progressiven Muskelrelaxation vorgenommen wird. Parallel dazu wird bereits damit begonnen, eine Angsthierarchie zu erstellen. Der Patient wird aufgefordert, möglichst plastisch ausgemalte ängstigende Situationen hinsichtlich ihres Angstwertes auf einer subjektiven Angstskala zwischen 1 und 100 zu ordnen, wobei die am stärksten ängstigende Situation den Wert 100, die am wenigsten ängstigende den Wert 1 erhält. Der Zwischenraum zwischen zwei benachbarten Angstwerten soll 10 nicht überschreiten, um eine graduelle Angstbewältigung zu ermöglichen. Schließlich wird der Patient, nachdem er sich vollkommen entspannen kann, aufgefordert, sich kurzzeitig die ängstigenden Situationen vorzustellen, möglichst ohne den Entspannungszustand zu verlieren, wobei mit der am wenigsten ängstigenden Situation begonnen wird. Der Desensibilisierung in der Vorstellung kann sich eine in vivo-Desensibilisierung anschließen. Es ist allerdings auch möglich, in vivo-Desensibilisierungen ohne vorausgegangene Desensibilisierung in der Vorstellung durchzuführen. Ausführliche Darstellungen dieses Verfahrens finden sich bei Wolpe (1972), Florin und Tunner (1975) sowie Morris (1977).

Die Verfahren der *Implosion, Reizüberflutung* und *Habituation* berücksichtigen die Erfahrung, daß eine klassisch konditionierte Reaktion gelöscht wird, wenn sie wiederholt in Abwesenheit des unkonditionierten Reizes ausgelöst wird. Im Gegensatz zur Desensibilisierung wird der die erlernten emotionalen Reaktionen auslösende Reiz nicht graduell abgestuft, sondern in seiner stärksten Ausprägung vorgegeben, ohne daß zuvor eine antagonistische Reaktion erlernt wurde. Bei der Implosion wird der Reiz auf Vorstellungsebene, bei der Reizüberflutung zunächst auf Vorstellungsebene und dann in der Realität und beim Habituationstraining allein in der Realität dargeboten (Ullrich und Ullrich de Muynck, 1974).

Nach Stampfl und Levis (1976) besteht das Ziel der Implosionstherapie darin, durch verbale Beschreibungen des Therapeuten eine möglichst gute Annäherung an die ursprünglich traumatisierende Situation in einer solchen Weise zu erreichen, daß die damals in einer solchen Situation vorhandenen Emotionen reaktiviert und bis zur emotionalen Erschöpfung ausagiert werden. Eine Sitzung dauert bis zu 60 Minuten und wird erst dann beendet, wenn eine deutliche Verringerung der emotionalen Reaktion zu registrieren ist. Während der Habituationstherapie werden die Situationen, die die heftigsten emotionalen Reaktionen auslösen, zunächst in Begleitung des Therapeuten aufgesucht und müssen dann später allein bewältigt werden. Auch hier wird Wert darauf gelegt, daß der Patient jede geübte Situation im Zustand reduzierter Erregung abschließt.

1.3.2. Verfahren des operanten Konditionierens

Operante Verfahren versuchen, über eine Veränderung der Konsequenzen eine Änderung des als gestört definierten Verhaltens zu erreichen. Nach Karoly (1977) besteht die Behandlung im systematischen Gebrauch von vier Verfahren: *Verstärkung, Bestrafung, Löschung* und *Stimuluskontrolle.* Krasner (1976) gibt einen Überblick über die klinischen Anwendungsmöglichkeiten verschiedener operanter Behandlungsmethoden.

Soll erwünschtes Verhalten aufgebaut werden, wird im Regelfall eine positive Verstärkung dieses Verhaltens vorgenommen. Unmittelbar, wenn die erwünschte Reaktion erscheint, erhält die Person Rückmeldung durch einen belohnenden Verstärker. In der Psychosomatik haben in den letzten Jahren insbesondere Rückmeldungen durch Biofeedback-Geräte an Bedeutung gewonnen. Übersichtsreferate finden sich bei Vaitl und Engel (1975), Engel-Sittenfeld (1977) und Miller (1978). Nach Legewie und Nusselt (1975) können durch *Biofeedback* folgende therapeutisch verwertbare Fähigkeiten trainiert werden:

- Wahrnehmung physiologischer Abläufe
- Wahrnehmung von Situationen, die diese Abläufe verändern

– Selbstkontrolle physiologischer Abläufe
– Übertragung der im Labor erlernten Selbstkontrolle auf Alltagssituationen ohne Biofeedback.

Biofeedback kann sowohl zur Unterstützung anderer therapeutischer Verfahren eingesetzt werden, als auch zur direkten Behandlung eines Symptoms. Unterstützt werden kann z. B. das Entspannungstraining bei der systematischen Desensibilisierung durch Rückmeldung des Entspannungsgrades über Geräte zur Messung des psychogalvanischen Hautwiderstandes (GSR = Galvanic skin response) oder der Aktionspotentiale der Muskulatur (EMG = Elektromyogramm) sowie bei der Behandlung sexueller Störungen über Rückmeldung des sexuellen Erregungszustandes durch Penisplethysmographie bei Männern oder Kolpoplethysmographie bei Frauen. Die größten Erfolge der Biofeedback-Verfahren sind bisher bei Störungen im motorischen System zu verzeichnen gewesen (Spannungskopfschmerz, spastischer Schiefhals, Lähmungen, Schreibkrämpfe, Stottern). Hier wurde vorwiegend ein EMG-Feedback verwendet. Doch auch bei vegetativen Störungen (essentielle Hypertonie, Herzrhytmusstörungen, Tachykardien, Asthma bronchiale, Störungen des Magen-Darm-Traktes) sowie bei Störungen des zentralen Nervensystems (Schlafstörungen und epileptischen Anfällen) konnten Behandlungserfolge mit unterschiedlichen Feedback-Verfahren erzielt werden. Hierauf soll in den nachfolgenden Kapiteln ausführlicher eingegangen werden. Beim Biofeedback-Training wird häufig das Prinzip der Verhaltensformung (shaping) angewendet. Soll z. B. der Blutdruck gesenkt werden, wird jede – auch noch so geringe – Veränderung in Richtung des Zielverhaltens bereits verstärkt, so daß eine graduelle Annäherung an das Zielverhalten möglich ist. Probleme des Biofeedback bestehen zur Zeit darin, daß Messungen vieler Körperfunktionen, sollen sie exakt und kontinuierlich durchgeführt werden, zu einer unzumutbaren Belastung für den Patienten werden und häufig auch nur unter Laborbedingungen vorzunehmen sind (z. B. direkte Messung des Blutdrucks oder der Darmperistaltik).
Direkte *Bestrafungen* werden in der Verhaltenstherapie nur noch selten eingesetzt, auch wenn ein gestörtes Verhalten dadurch wirksam unterdrückt werden kann. Als Indikation ist allein eine unmittelbare Gefahr für den Patienten oder dessen Umgebung anzusehen, die sich durch ein Fortbestehen der Symptomatik ergeben würde – unter der zusätzlichen Bedingung, daß alternative Verhaltensweisen zur Verfügung stehen oder aber zumindest im Therapieprozeß geformt werden. Die Bestrafung Homosexueller mit Elektroschocks, wenn sie mit sexueller Erregung auf das Bild einer gleichgeschlechtlichen Person reagieren, ist unter ethischen Gesichtspunkten ebenso abzulehnen, wie der Einsatz von Antabus (Medikament, das in Kombination mit Alkohol Brechreiz hervorruft) bei der Alkoholikertherapie, falls sie als alleinige Maßnahmen verwendet wer-

den. Werden in der Behandlung nur Bestrafungsverfahren angewendet, erhält die Therapie selbst aversiven Charakter. Der Patient versucht, sich ihr zu entziehen.

Eine andere Form der Bestrafung, die sog. *Auszeit* (von positiver Verstärkung) ist sowohl ethisch unbedenklicher als auch praktisch erfolgreicher und ruft weder Furcht noch Vermeidungsverhalten hervor. Hier wird die Person als Konsequenz des unerwünschten Verhaltens für einige Zeit aus der von ihr angenehm erlebten Umgebung entfernt. Diese Entfernung kann sowohl real sein (die Person wird in einen anderen unattraktiven Raum gebracht) als auch symbolisch (die Person wird von anderen nicht beachtet). Hierdurch entsteht eine Löschung der unerwünschten Reaktion, die häufig allerdings erst nach einem Anstieg der Häufigkeit dieser Reaktion beobachtbar wird. Der Anstieg ist dadurch zu erklären, daß die jetzt nicht beachtete Reaktion zuvor verstärkt worden war, wodurch sich die Erwartung herausgebildet hatte, ihr werde auch weiterhin eine Belohnung folgen. Erst wenn diese Erwartungshaltung geändert wurde, sinkt auch die Reaktionshäufigkeit. Auszeit wurde z. B. bei der Behandlung von Störungen des Eßverhaltens und asthmatischer Reaktionen eingesetzt.

Eine weitere Version der Bestrafungsverfahren ist die *Sättigung*. Hierbei wird ein Verhalten, dem überlicherweise positive Konsequenzen nachfolgen, solange ausgeübt, bis sich die positiven in negative Konsequenzen umwandeln. Gewohnheitsraucher müssen z. B. solange ununterbrochen Rauchen, bis ihnen die Zigarette unerträglich wird.

Das Verfahren der *negativen Übung* wird mitunter bei motorischen Störungen wie z. B. Tics, eingesetzt. Es geht auf das Modell des Lerntheoretikers Hull (1943) zurück, nach dem jede häufig in schneller Reihenfolge ausgeübte Bewegung zu einer Ermüdung der Muskulatur führt, der eine reaktive Hemmung dieser Bewegung nachfolgt. Tics werden z. B. dadurch behandelt, daß die ticartige Bewegung ununterbrochen willkürlich bis zur Erschöpfung wiederholt wird.

In Verfahren, die auf *Stimuluskontrolle* hinzielen, werden diskriminative Stimuli, die ein unerwünschtes Verhalten auslösen, durch solche Stimuli ersetzt, denen erwünschtes Verhalten nachfolgt. Adipöse beginnen unerwünschterweise z. B. häufig dann wieder zu essen, wenn sie an einem Tisch sitzenbleiben, auf dem noch Essensreste vorhanden sind. Sie erhalten daher in der Therapie die Anweisung, sich bereits zu Beginn der Mahlzeit alles das auf den Teller zu legen, was sie verzehren wollen, und nach der Mahlzeit alle Essensreste sofort vom Tisch zu räumen. Der Stimuluskontrolle dient auch die Anweisung, nur in bestimmten Situationen zu essen, z. B. dann, wenn sie einen Set ausgebreitet haben, das Fernsehen ausgeschaltet ist usw.

1.3.3. Kognitive Verfahren

Die sogenannten kognitiven Methoden haben zweifellos schon immer einen wesentlichen Anteil an der verhaltenstherapeutischen Praxis gehabt, ohne als solche jedoch ausgewiesen worden zu sein. Gerade bei der Therapie psychosomatischer Patienten spielt z. B. die kognitive Umorientierung hinsichtlich der Krankheitsursache *(Re-Attribuierung)* eine entscheidende Rolle bei der Festigung der Therapiemotivation und der Entwicklung der Fähigkeit des Patienten zu Selbstkontrolle und Eigeninitiative. So kann der Patient schrittweise in einem Prozeß der Re-Attribuierung von einem rein somatischen Krankheits-Modell über das Streß-Modell auf belastende Faktoren in der Familie kommen, eine Relativierung der familiären Beziehungen vornehmen und so mögliche operante Mechanismen in seinem Krankheitsverhalten bearbeiten. Kopel und Arkowitz (1975) diskutieren die Möglichkeiten und Begrenzungen therapeutischer Re-Attribuierungsmethoden ausführlich.

Von einem anderen Modell kognitiver Verhaltenssteuerung gehen Meichenbaum (1977) und Goldfried (1977) aus. Sie betrachten die Wert- und Normvorstellungen des Patienten, die Erwartungen, nach denen er die Welt um sich herum interpretiert, und die damit verbundenen Selbstverbalisierungen als »cue producing responses«, die entscheidend auf das manifeste Verhalten des Patienten einwirken. Verbreitete irrationale Überzeugungen (»eigentlich müßte mich jedermann gern haben«) oder Denkstile (z. B. das Denken in Extremen oder die Tendenz zu Übergeneralisierungen) haben Lazarus (1972) und vor allem Ellis (1977) beschrieben. Die Relativierung und Neustrukturierung dieser latenten Überzeugungen *(kognitive Umstruktuierung)* ist einer der entscheidenden Schritte in Meichenbaum's »Streß-Immunisierungs-Training«, Goldfrieds' »systematischer rationaler Re-Strukturierung« oder auch Ellis' »rational-emotiver Therapie«.

Die kognitive Umstrukturierung läuft in der Regel wie folgt ab:

1. Die problemerzeugenden Situationen werden in der Vorstellung oder durch Rollenspiel aktiviert;
2. die emotionalen Konsequenzen für den Patienten werden nach Art und Stärke registriert;
3. die Wahrnehmung/Interpretation der Situation durch den Patienten wird als hörbar gemachte »innere Sprache« (Selbstverbalisation) registriert und
4. im Hinblick auf ihre rationalen und irrationalen Komponenten durchgearbeitet;
5. dieselbe Situation wird noch einmal aktiviert und eventuelle Veränderungen z. B. in der Angststärke werden registriert.

Da dieser Analyse- und Relativierungsprozeß oft jedoch allein nicht ausreicht, um Verhaltensänderungen in Gang zu setzen, schließen sich an die Umstrukturierungsphase oftmals zwei weitere Phasen an, nämlich die der gemeinsamen Suche nach *Problemlösungsstrategien* (coping skills) und eine *aktive Trainingsphase*, die ihrerseits wieder auf die Methoden der klassischen Verhaltenstherapie zurückgreifen kann. Die Problemlösungsstrategie kann z. B. »nur« darin bestehen, die negativen Selbstverbalisierungen des Patienten in positive zu verändern und bereits dadurch veränderte handlungsleitende »cues« zu produzieren (Meichenbaum 1977) oder sie kann in komplexerem Sozial- und Kommunikationstraining bestehen, in dem aber der Prozeß der kognitiven Umstrukturierung kontinuierlich fortgesetzt wird (Lazarus 1972). Der besondere Wert kognitiver Problemlösungsverfahren ist in ihrem Potential zur Generalisierung zu sehen, ihrer Allgemeingültigkeit also, unabhängig von speziellen S-R-Konstellationen. Der Zuwachs an Kompetenz für den Patienten hat stabilisierende Wirkung vor allem dadurch, daß er die Selbstkontrollmöglichkeit der Patienten erweitert und so zur längerfristigen Stabilisierung der Therapieerfolge beiträgt. Allerdings sind die kognitiven Methoden u. E. bei relativ schwer gestörten oder intellektuell weniger flexiblen Patienten noch nicht hinreichend erprobt, so daß generelle Aussagen über die Verwendbarkeit verfrüht wären.

1.3.4. Verhaltenstherapeutische Gruppen-, Familien- und Paartherapie

Zwei verschiedene Entwicklungslinien haben zum Einsatz von Gruppenverfahren in der Verhaltenstherapie und entsprechend zu zwei verschiedenen Typen der Gruppentherapie geführt. Zum einen gibt es Gruppen, die im Prinzip als Summe von Einzeltherapien zu verstehen sind, dabei aber ansatzweise auf bestimmte Gruppenvorteile wie gegenseitige Verstärkung, Entlastung des Einzelnen durch »gemeinsames Leid«, wechselseitige Rollenübernahme bei Verhaltenstrainingsprogrammen und Erweiterung der Verhaltensmodelle zurückgreifen. Gruppen dieser Art gehen von einem vorher festgelegten Ziel aus; ihre Mitglieder sind – in Bezug auf das Problemverhalten – relativ homogen. Diese Gruppen werden als *zielgeschlossene Gruppen* bezeichnet (Fiedler 1976). Als Beispiele wären hier zu nennen die Desensibilisierung in Gruppen (Paul und Shannon 1966) oder die Gruppenprogramme zur Therapie der Adipositas (Ferstl u. a. 1975, Hautzinger u. Kemmerer 1978). Besonders bekannt geworden sind die Gruppen zum *Selbstsicherheitstraining* (Assertive Training Programm, ATP), in denen die Patienten nach einem vorher festgelegten gemeinsamen Therapieplan die einzelnen konkreten Therapieaufgaben in aufsteigender Reihenfolge ihrer Schwierigkeit bearbeiten. Diese Bearbeitung erfolgt einmal in Form des Modellernens, das gezielt (Demonstration durch den Therapeuten oder andere Modelle, wie auch Medien) oder ungezielt (Vorbild der anderen Patienten) wirksam wird, zum andern durch Verhaltenstraining in Form von Rollenspiel und später Übungen in vivo. Das Programm kann dabei im Hinblick auf die be-

sonderen Schwierigkeiten einzelner Patienten mehr oder weniger flexibel gehandhabt werden (Ullrich, de Muynck und Ullrich, 1976).
Im zweiten, jüngeren Ansatz verhaltenstherapeutischer Gruppentherapie wird das Potential der Gruppe selbst als soziales Erfahrungsfeld erster Ordnung für die Verhaltenstherapie nutzbar gemacht. Die Gruppe wird als Abbild anderer sozialer Organisationen betrachtet, in der der Patient tendenziell dieselben Verhaltensweisen zeigt wie auch in seiner »normalen« Umwelt. Das Potential einer solchen Gruppe besteht also – abgesehen von den oben genannten Vorteilen – darin, daß der Patient sein Problemverhalten in vivo, aber dennoch unter quasi geschützten Bedingungen *erkennen* und dann im Interaktionsverhalten mit den anderen Gruppenmitgliedern und in gezielten Übungsschritten *verändern* kann. Die Verhaltensanalyse wird als Bestandteil der Therapie in die Gruppe hineinverlagert; der Therapeut tritt in seiner Expertenrolle zurück, die Patienten übernehmen einen größeren Anteil an Zielfindung und Therapieplan. Ihre Fähigkeit zur Selbstkontrolle und die Möglichkeiten der Generalisation der so erworbenen Fähigkeiten nehmen dadurch wesentlich zu. Fiedler (1976) bezeichnet diese Gruppen als *zieloffene Gruppen*.

Die »Offenheit« verhaltenstherapeutischer Gruppen wurde vor allem von Lazarus (1977) in seiner »multimodalen Gruppentherapie« progagiert. In Deutschland haben Krause u. a. (1977) diesen Ansatz ausgebaut und in Untersuchungen mit psychosomatischen Patienten erfolgreich erprobt. Ähnliche Ansätze verfolgen Grawe (1978) mit seinen »interaktionellen Problemlösungsgruppen« und Fiedler u. Zimmer (Fiedler 1976) mit ihrem »verhaltensanalytischen Gruppenansatz«.

Die Arbeiten von Krause u. a. und Grawe über verhaltenstherapeutische Gruppentherapie bei psychosomatischen Patienten zeigen jedoch auch sehr deutlich die Schwierigkeiten der Gruppentherapie mit diesen Klienten, die im wesentlichen in einer problematischen Therapiemotivation und teilweise in einer starken Abhängigkeitshaltung dieser Patienten wurzeln.
Die Grenzen »reiner« lerntheoretischer Erklärungsmodelle und verhaltenstherapeutischer Techniken werden in den zieloffenen Gruppen besonders deutlich (vgl. auch die kritische Erörterung von Liebermann, 1977). Viele Pragmatiker gehen daher zu einer pragmatisch-elektizistischen Gruppentherapieform über, die verschiedene theoretische Ansätze und Verfahren, vor allem aus der Kommunikationstheorie und der themenzentrierten Interaktion, miteinander koppelt (z. B. Schwäbisch u. Siems 1974, Liberman 1977).
Daß die Intergrationstendenz auch aus anderen Therapierichtungen kommt, zeigt die von Petzold (1978) entwickelte Therapieform des »Behaviourdramas«, das Elemente des Psychodrama mit verhaltenstherapeutischen Trainingsmethoden kombiniert.
Von einem erweiterten theoretischen Ansatz gehen auch die verhaltenstherapeutisch orientierten *Familien- und Partnertherapien* aus, die die

klassischen lerntheoretischen Erklärungsmodelle in der Regel um systemtheoretische und kommunikationstheoretische Überlegungen erweitern (vgl. Watzlawick u. a. 1974, Minuchin 1974, Mandel u. a. 1975). Die Erzeugung abweichenden Verhaltens wird nicht als linearer Prozeß (S-R-C), sondern als eine Art Regelkreis wechselseitiger Verhaltenssteuerung, reziproker Verstärkung und – meist latent bleibender – Soll- bzw. Normwerte verstanden.

Diese Therapien laufen in der Regel so ab, daß nach einer Phase gemeinsamer Verhaltensanalyse, in der besonders auf die wechselseitigen Verstärkerkontingenzen und die latenten Paar- oder Familienkonflikte geachtet wird, im Prozeß einer kognitiven Neustrukturierung eine gemeinsame Zieldefinition erfolgt, deren Teilziele möglichst konkret festgelegt werden (*nicht:* »Ich möchte, daß mein Mann netter zu mir ist, dann könnte ich auch netter sein«, *sondern:* »Ich wünsche mir, daß mein Mann abends eine halbe Stunde mit mir spricht; ich bemühe mich, nicht zu meckern, wenn er zum Fußball geht«). Diese konkreten Verhaltensweisen werden dann systematisch in vivo eingeübt, wobei die Partner angehalten werden, die erwünschten Verhaltensweisen genau zu registrieren und zu verstärken. Die Widerstände und Schwierigkeiten bei diesen Verhaltensänderungen werden in den Therapiesitzungen bearbeitet (R. Liebermann 1970, Crowe 1973, Mealiea 1976).

Im folgenden Kapitel werden Untersuchungen geschildert, in denen die Effektivität der hier geschilderten verhaltenstherapeutischen Verfahren bei der Behandlung psychosomatischer Erkrankungen erprobt wurde. In der Darstellung werden wir uns zunächst auf Störungen verdeckten Verhaltens konzentrieren, ehe wir auf solche offenen, direkt beobachtbaren Verhaltens eingehen.

2. Verhaltenstherapeutische Verfahren zur Behandlung psychosomatischer Erkrankungen

2.1. Störungen des Herz-Kreislauf-Systems

2.1.1 Essentielle Hypertonie

Der Erkennung und Behandlung der essentiellen Hypertonie als einem der wichtigsten Risikofaktoren für die Entwicklung einer kardiovaskulären Erkrankung wurde im letzten Jahrzehnt zunehmende Bedeutung zugemessen. In epidemiologischen und experimentellen Untersuchungen konnte gezeigt werden, daß Bedingungen der sozialen Umwelt und personenspezifische Verhaltensweisen eng mit dem arteriellen Blutdruck gekoppelt sind. Eine der am häufigsten diskutierten Hypothesen über die Ausbidlung einer Hypertonie wurde aus den wiederholt erhobenen Befunden abgeleitet, daß Hypertoniker sich durch die Unfähigkeit auszeichneten, Ärger und Aggressionen angemessen auszudrücken, und daß sie konfliktscheu und übermäßig anpassungsbereit seien. Man nahm an, daß die nicht offen geäußerten Ärgerreaktionen sich nach innen wenden müßten und über eine permanente Aktivierung des Sympathikus eine Erhöhung des Blutdrucks bewirkten.
Sapira u. a. (1971) haben in Versuchen mit Hypertonikern herausarbeiten können, daß bei diesen nicht eine Konfliktscheu vorlag, sondern eher eine Unfähigkeit, Konflikte zu erkennen. Bei an sich konfliktträchtigen Situationen zeigte sich bei Ihnen auch anders als bei Normotonikern keine Tendenz zur Blutdruckerhöhung. Wenn sie derartigen Situationen aber nicht ausweichen konnten, reagierten sie mit einer Tonuserhöhung, die deutlich über der von Normotonikern lag.
Die Autoren leiteten daraus eine Umkehrung der »klassischen« Hypothese ab: Bei Hypertonikern liegt – ob erworben oder konstitutionell bedingt, muß noch dahingestellt bleiben – eine übergroße kardiovaskuläre Reaktionsbereitschaft vor. Die »Konfliktblindheit« ist erklärbar als operant konditioniertes Vermeidungsverhalten. Kardiovaskuläre Überreaktionen werden vermieden, wenn die Auslöser emotionaler Erregung ausgeblendet werden.
Voraussetzung für diese Hypothese ist, daß – anders als bisher allgemein angenommen – ein »internes« Feedbacksystem für den Blutdruck besteht, d. h. daß zumindest die (potentiellen) Hypertoniker einen Blutdruckanstieg als negativ erleben können.

Shapiro u. a. (1975) fanden bei sechs Hochdruckpatienten, daß diese überzufällig oft die Richtung einer Blutdruckänderung korrekt angeben konnten; dies gelang den Probanden um so besser. je größer die Änderung war. Ungeklärt ist jedoch noch, welche physiologischen Parameter diese Probanden als Indikatoren für den Blutdruck verwendeten, wofür zum Beispiel Muskelspannung, Herzfrequenz oder andere periphere Empfindungen in Frage kämen.

Dieses Ergebnis eröffnet für die Verhaltensanalyse bei Hypertonie die Möglichkeit, daß Patienten durch systematische Selbstbeobachtung während ihres normalen Tagesablaufes auslösende Reize für einen Blutdruckanstieg identifizieren können, und so auch eine Reizkontrolle in den Behandlungsplan aufgenommen werden kann. Die meisten verhaltenstherapeutisch orientierten Untersuchungen konzentrierten sich bisher auf eine Reaktionskontrolle, d. h. auf Verfahren, die auf eine Verringerung der kardiovaskulären Reagibilität abzielten. Dabei folgte man im wesentlichen zwei Ansätzen:
- dem Einsatz von Biofeedback-Verfahren und
- dem Einsatz verschiedener Methoden der Entspannung.

Biofeedback-Verfahren

Nachdem von der Forschergruppe um Miller (1970) nachgewiesen worden war, daß bei Tieren vegetative Reaktionen auch operant konditionierbar sind, unternahmen Shapiro u. a. (1969) den Versuch, diesen Ansatz auf die Modifikation des Blutdrucks beim Menschen zu übertragen. Das Prinzip des Einsatzes von Biofeedback-Methoden geht aus dieser Studie sehr anschaulich hervor, sie soll deshalb ausführlicher dargestellt werden.
Unter Verwendung der unblutigen Messung (Manschette und Korotkow-Geräusch) wurde bei 20 männlichen normotonen College-Studenten für jeden Herzschlag der systolische Blutdruck registriert und über eine elektrische Meßvorrichtung ermittelt, ob dieser über oder unter dem vorher bestimmten mittleren Wert des jeweiligen Probanden lag. Die eine Hälfte der Probanden erhielt für jede Erhöhung, die andere für jede Senkung ein Feedback-Signal, das aus einem kurzen roten Licht in Verbindung mit einem Ton bestand. Hatten die Probanden insgesamt 20 Signale erreicht, wurde ein Dia mit einem Akt-Foto projiziert als zusätzlicher Ansporn (Verstärker), Licht und Ton möglichst oft »zu produzieren«. Es wurde nur eine Trainingssitzung mit etwa 30 Versuchsdurchgängen von je 65 Sekunden Dauer durchgeführt. Dabei ergab sich für beide Versuchsgruppen bis etwa zum 15. Durchgang eine Zunahme des systolischen Blutdrucks, die als Indikator für eine anfängliche Beunruhigung durch die experimentelle Situation gewertet werden kann. Für den letzten Trainingsabschnitt fand sich eine statistisch bedeutsame, in ihrem absoluten Wert jedoch nur geringe Differenz von 4 mm Hg zwischen beiden Gruppen, wobei die auf Zunahme konditionierten Probanden nahezu auf dem Ausgangsniveau blieben. Übrigens hatten die Studenten zwischen den Signalen und eigenen Körperfunktionen – wie sie bei einer nachträglichen Befragung angaben – keinen Zusammenhang bemerkt.

Die geringen Erfolge lassen sich erklären

- durch ablenkende Effekte z. B. der Motorik (Atmung, Muskelanspannung): Miller u. a. (1970) hatten bei nicht curarisierten Ratten auch nur eine mittlere Differenz von 8,4 mm Hg zwischen auf Erhöhung bzw. Senkung konditionierten Tieren gefunden, während bei durch Curare gelähmten Ratten eine mittlere Differenz von 30 mm Hg erreicht werden konnte.
- durch Eigenschaften des Feedback-Signales: durch kontinuierliches Feedback des absoluten systolischen Blutdrucks anstelle des kurzen Licht-Ton-Signales erreichten Brener und Kleinmann (1970) bei normotonen Probanden unter sonst ähnlichen Versuchsbedingungen Unterschiede von 15 mm Hg.
- durch eine geringe Wirksamkeit der verwendeten Verstärker bzw. durch eine zu lange Versuchsdauer.
- durch Einstellungsfaktoren gegenüber der experimentellen Situation.

Benson u. a. (1971) unternahmen dann die erste klinische Studie mit sieben hypertonen Patienten. In prä-experimentellen Sitzungen wurden so lange Blutdruckmessungen vorgenommen, bis in fünf aufeinander folgenden Sitzungen keine Veränderungen mehr beobachtet wurden. Mögliche Effekte der Versuchsteilnahme wurden damit ausgeschaltet. Danach wurde eine Senkung des systolischen Blutdrucks in durchschnittlich 22 Sitzungen von ähnlichem Aufbau wie bei Shapiro u. a. (1969) konditioniert. Als Verstärker wurde statt des Dias ein Geldbetrag von 5 Cent für jeweils 20 erfolgreiche Einheiten eingesetzt. Die Sitzungen wurden so lange fortgesetzt, bis in 5 aufeinander folgenden Sitzungen keine Blutdrucksenkungen mehr vorkamen. Es gelang, den systolischen Blutdruck von im Mittel 164,9 mm Hg aus den letzten fünf Kontrollsitzungen auf durchschnittlich 148,4 mm Hg in den letzten fünf Konditionierungssitzungen zu senken.
Im Rahmen einer stationären Therapie konnten Richter-Heinrich u. a. (1976) bei 20 Hypertonikern eine durchschnittliche Reduktion des systolischen Blutdrucks um 21 mm Hg erreichen. Das Biofeedback-Training begann etwa eine Woche nach der stationären Aufnahme, nachdem sich stabile Tagesmittelwerte von 145 mm Hg eingestellt hatten. Es umfaßte 4 Sitzungen an verschiedenen Tagen, in denen auf 6 initiale Ruhemessungen 20 Feedback-Durchgänge folgten, denen sich wieder 5 Ruhemessungen anschlossen. Die Patienten wurden aufgefordert, den Blutdruck zu senken, ruhig zu atmen und entspannt zu sitzen und auf das Feedback zu achten. Die Rückmeldung erfolgte durch 10 Sekunden lang dargebotene Diapositive mit Landschafts-, Blumen- und Tiermotiven, wenn der systolische Blutdruck unter eine Schwelle sank, die als höchster Wert aus den jeweils drei vorangegangenen Messungen festgelegt wurde (Shaping-Prozedur).
Die Ausgangswerte nahmen von Sitzung zu Sitzung deutlich ab. Auch zeigten sich jeweils innerhalb einer jeden Sitzung signifikante Abnahmen des systolischen Blutdrucks. Diese Erfolge waren in den letzten beiden Sitzungen weniger deutlich, da die Ausgangswerte bereits im normotonen Bereich lagen.

Patienten einer Kontrollgruppe wurden denen der Experimentalgruppe mit den gleichen Ausgangswerten paarweise zugeordnet. Sie erhielten dieselben Instruktionen, doch wurde ein Dia unabhängig von ihren eigenen Blutdruckwerten immer dann gezeigt, wenn es im Trainingsverlauf für den zugeordneten Patienten der Experimentalgruppe dargeboten worden war (yoked controls). Bei diesen Patienten wurde nur in der ersten Sitzung eine signifikante Abnahme beobachtet, die allerdings geringer war als die in der Experimentalgruppe. Diesen Effekt und die Tatsache, daß der Ausgangswert von der ersten zur zweiten Sitzung in beiden Gruppen um denselben Betrag abnahm, interpretieren die Autoren als Habituation, als Gewöhnung an die therapeutische Prozedur, während die weiteren Erfolge in der Experimentalgruppe als Ergebnis einer operanten Konditionierung aufgefaßt werden. Wäre allein die Entspannungsinstruktion wirksam gewesen, hätten sich für beide Gruppen Tonuserniedrigungen einstellen müssen. Folgt man allerdings der Annahme, daß Hypertoniker Blutdruckveränderungen ohne externes Feedback registrieren können, so ist es denkbar, daß durch das falsche Feedback in diesem Experiment die Effekte einer Entspannung aufgehoben wurden.

Im Übrigen war der Lerneffekt weitgehend spezifisch: die Herzfrequenz und der diastolische Blutdruck änderten sich nicht systematisch; und er blieb auf die Feedback-Sitzungen beschränkt: die Tagesmittelwerte der Messungen auf der Station lagen auch nach der vierten Sitzung bei 145 mm Hg.

Kristt und Engel (1975) leiteten Hochdruckpatienten an, ihren Blutdruck selbst zu messen und dieses als Feedback auch zu Hause einzusetzen. Ihre fünf Patienten erreichten eine Reduktion von im Mittel 153 auf 135 mm Hg nach drei Monaten.

Die Resultate für die Kontrolle des diastolischen Blutdrucks sind weniger einheitlich. Elder und Ruiz (1973) fanden z. B. Abnahmen in der Größenordnung von 20% der Ausgangswerte, während der Arbeitskreis um Shapiro keine deutlichen Veränderungen feststellen konnte (Benson und Greenwood, 1976).

Die bisher durchgeführten Untersuchungen belegen, daß bei Hypertonikern eine Blutdruckbeeinflussung durch Biofeedback in klinisch relevantem Ausmaß gelingen kann, doch sind vor einer breiten klinischen Anwendung dieser Methode noch eine Reihe von Problemen zu klären:

- Wie läßt sich der Blutdruck exakt messen und kontinuierlich rückmelden, ohne daß man auf invasive Methoden zurückgreifen muß? Diese kommen für eine routinemäßige Anwendung nicht in Frage, und für einen Einsatz in Forschungsvorhaben müssen erhebliche ethische Bedenken geltend gemacht werden.
- Ist das Feedback-Signal ein ausreichender Verstärker, gewöhnen sich Probanden nicht zu schnell daran und ermüden? Welche anderen Verstärker sind wirksam und unterstützen das Training?

- Wie steht es mit der Löschung des konditionierten Verhaltens, wenn die Biofeedback-Sitzungen beendet sind?
- Auf welchem Weg wird die Blutdruckkontrolle gelernt: Wird sie direkt konditioniert oder wird nicht vielleicht eine generell ruhigere Haltung oder Einstellung erworben, durch die auch indirekt der Blutdruck gesenkt wird?

Diese letzte Frage wird uns im nächsten Abschnitt ausführlicher beschäftigen.

Entspannungsmethoden

Blanchard und Young (1974) haben die Ergebnisse der Biofeedback-Forschung bezüglich des Bluthochdrucks kritisch in Frage gestellt durch die Behauptung, daß diese Verfahren lediglich ausgefeilte und aufwendige Techniken für ein Entspannungstraining seien. Benson u. a. (1974) trainierten zwei Gruppen von Hypertonikern in transzendentaler Meditation; die eine Gruppe erhielt vorläufig keine antihypertensive Medikation, bei der anderen wurde sie über die Dauer der Studie unverändert beibehalten. Die Untersucher betrieben einen hohen methodischen Aufwand, um reliable Messungen zu erhalten. So bestimmten sie den Blutdruck durch ein Random-Zero-Sphygmomanometer, bei dem der Skalennullpunkt verschoben werden kann und erst nach der Messung dem Untersucher bekannt ist. In beiden Gruppen sank der Blutdruck deutlich von im Mittel 146,5/94,6 auf 139,5/90,8 mm Hg in der ersten Gruppe bzw. von 145,6/91,9 auf 135,0/87,0 mm Hg in der zweiten Gruppe nach einem halben Jahr regelmäßiger Anwendung der transzentralen Meditation. Einzelne Patienten gaben danach die Meditationsübungen auf. Bei ihnen stiegen die Blutdruckwerte nach bereits vier Wochen wieder auf die Ausgangswerte an.

Patel (1975) trainierte 20 Hypertoniker drei Monate lang dreimal pro Woche in Yoga und meldete außerdem gleichzeitig den galvanischen Hautwiderstand als Entspannungsindikator zurück. Ihre Patienten erreichten eine Reduktion von im Mittel 159/100 auf 139/86 mm Hg; die Werte betrugen auch nach einem Jahr noch 144/87 mm Hg. Eine Kontrollgruppe wurde ebenso häufig einbestellt und denselben Prozeduren (Blutdruckmessungen, Symptomerhebung, Zeitaufwand für die Sitzungen) unterzogen, statt des Trainings wurden sie jedoch lediglich aufgefordert, auf einer Couch zu ruhen. Diese Patienten verringerten ihre Blutdruckwerte nicht, auch bei der Nachkontrolle hatten sie ähnlich hohe Werte wie zu Beginn. Die Wirksamkeit der Entspannungstechnik ist im wesentlichen also nicht auf Teilnahmeeffekte an einer aufwendigen wissenschaftlichen Untersuchung zurückzuführen.

Vergleichbare Resultate wurden unter anderem von Blackwell u. a. (1975) und von Brady u. a. (1974) erhalten. Dagegen konnten Pollack u. a. (1977) nur in den ersten Sitzungen mit transzentraler Meditation Änderungen des systolischen, nicht aber des diastolischen Blutdrucks verzeichnen und Taylor u. a. (1977) fanden bei einem Entspannungstraining gegenüber einer Gruppe mit nicht spezifischer Therapie sowie einer ausschließlich medikamentös behandelten Gruppe zwar signifikante Reduktionen, die Unterschiede zwischen den Gruppen waren jedoch nach einem halben Jahr nicht mehr deutlich.

Aus Untersuchungen, die auf den direkten Vergleich der Wirksamkeit von Entspannungsmethoden und von Biofeedback abzielten, liegen noch widersprüchliche Resultate vor, die möglicherweise auf unterschiedliche Feedbackverfahren zurückgehen. Walsh, Dale und Anderson (1977) verwendeten für das Feedback die eng mit dem systolischen Blutdruck korrelierende Pulswellengeschwindigkeit und als Entspannungsmethode das Verfahren nach Jacobson. Für beide Gruppen zusammen betrug der mittlere systolische Blutdruck 146 mm Hg zu Beginn der Therapie. Bei beiden Methoden ergab sich in jeder der fünf Sitzungen eine signifikante Reduktion sowohl des systolischen als auch des diastolischen Blutdrucks, insgesamt war jedoch die Feedback-Gruppe erfolgreicher. Drei Monate nach der Therapie war dieser Unterschied noch prägnanter geworden (mittlerer systolischer Blutdruck in der Feedback-Gruppe 133, in der Entspannungs-Gruppe 145 mm Hg), nach einem Jahr betrugen die Werte jedoch 136 respektive 133 mm Hg, d. h., daß in beiden Gruppen eine klinisch bedeutsame Senkung erreicht werden konnte.

Eine Überlegenheit der Entspannungsmethode sowohl innerhalb der Therapiesitzungen als auch für die gesamte Therapie fanden dagegen Shoemaker und Tasto (1975), die für das Feedback die konventionelle Meßmethode verwendeten. Insgesamt fanden sie bei der Muskelentspannung mittlere Abnahmen um 6,8 (systolisch) und 7,6 mm Hg (diastolisch), also Werte, die deutlich unter denen von Walsh u. a. (1977) liegen (deren Patienten allerdings sehr viel höhere Ausgangswerte hatten). Bei Biofeedback war nur die Reduktion des diastolischen Blutdrucks (um 1,2 mm Hg) statistisch signifikant, klinisch jedoch unbedeutend. Bemerkenswert ist die Tatsache, daß die beiden erfolgreichsten Probanden in der Biofeedback-Gruppe nach dem Experiment angaben, sich während der Sitzungen angenehme Szenen vorgestellt zu haben, bzw. sich konzentriert hätten, ihre »inneren Organe zu entspannen«.

Als Erklärung für die blutdrucksenkende Wirkung der Muskelentspannung führen die Autoren an, daß durch die geringere Muskelaktivität das Gleichgewicht zwischen Vasokonstriktion und Vasodilatation in Richtung auf Vasodilatation verschoben wird und damit der periphere Gefäßwiderstand gesenkt wird. Kontrolliert wurde diese Variable in dieser Untersuchung allerdings nicht. Richter-Heinrich u. a. (1976) hatten bei einzelnen Patienten ihres oben geschilderten Experimentes feststellen können, daß die Senkung des systolischen Blutdrucks bei etwa gleichbleibender Pulsfrequenz im wesentlichen auf eine Verringerung des linksventrikulären Schlagvolumens zurückzuführen war, die durch eine kompensatorische Erhöhung des peripheren Gesamtwiderstandes nicht aus-

geglichen wurde. Sie faßten dies als Hinweis dafür auf, daß ein niedrigeres sympathisches Aktivierungsniveau erreicht wurde.
Nach Benson, Kotch und Crassweller (1977) rufen die transzendentale Meditation, das Entspannungstraining nach Jacobson, das autogene Training nach Schultz und ähnliche Verfahren denselben organismischen Zustand hervor: die Entspannungsreaktion (relaxation response), eine integrierte hypothalamische Reaktion, die mit einer verminderten Aktivität des sympathischen Nervensystems einhergehe und die als Antogonist der Notfallreaktion nach Cannon aufzufassen sei. Die Entstehung einer essentiellen Hypertonie wird hypothetisch erklärt durch eine zu häufige Erregung der Notfallreaktion, die therapeutische Wirksamkeit der Entspannung durch eine Verschiebung auf eine trophotrope Reaktionslage.
Die medikamentöse Behandlung der Hypertonie ist häufig von unerwünschten Nebenwirkungen wie Schwäche, Schwindelgefühle, Kopfschmerzen, Übelkeit, Erbrechen, Verstopfung oder Sexualstörungen begleitet. Doch läßt sich aus den hier berichteten Ergebnissen bei weitem noch nicht folgern, daß sie obsolet sei, wenn sich auch gezeigt hat, daß Blutdruckkontrolle durch psychophysiologische Methoden möglich ist.
Die bisherigen Ansätze haben wichtige Gesichtspunkte außer Acht gelassen, indem sie sich auf die experimentelle Kontrolle des Blutdrucks einschränkten. Wenn tatsächlich eine essentielle Hypertonie durch operante Konditionierung erworben und/oder aufrechterhalten wird, müßten – was allerdings gerade bei dieser Variable sehr große meßtechnische Probleme bereitet – die individuellen Verhaltensgleichungen nach Kanfer (s. o.) aufgestellt werden, um über den Einsatz eines therapeutischen Verfahrens zu entscheiden. Wenn z. B. dieselben Verstärker auch nach Abschluß einer Biofeedback- oder Relaxations-Behandlung vorhanden sind, dürfte mit hoher Wahrscheinlichkeit das unerwünschte Kreislaufverhalten wieder auftreten. Die Modifikation der Reaktion allein dürfte nicht von anhaltendem Erfolg begleitet sein. Möglicherweise sind die guten Erfolge, wie sie etwa Patel (1975) noch nach einem Jahr beobachten konnte, auf eine veränderte Lebensweise im Gefolge der Yoga-Übungen zurückzuführen, während bei den negativ ausgefallenen Untersuchungen die Patienten nach Abschluß der Untersuchungen nicht weiter trainierten. Am Rande sei auch noch bemerkt, daß eng mit Hypertonie verbundene Variablen wie Adipositas oder Rauchen in den Forschungsberichten nicht erscheinen.
Da die Relaxations-Techniken im Vergleich zum Biofeedback weniger kostspielig sind, da sie sich auch außerhalb klinischer Einrichtungen einüben lassen, damit häufiger durch die Patienten einzusetzen sind und sich als direkte Alternativ-Reaktionen in den sonst Blutdruckerhöhung hervorrufenden Reizsituationen etablieren lassen, kommt ihnen für die klinische Routine wahrscheinlich in nächster Zukunft größere Bedeu-

tung zu, während für die Erforschung von Lernprozessen im Bereich hämodynamischer Parameter die Biofeedback-Methoden größeres Gewicht haben. Beide Vorgehensweisen sind allerdings für den Therapeuten zeitaufwendiger als die Verschreibung von Medikamenten, sie verlangen auch vom Patienten einen aktiveren Einsatz, den zu leisten mancher nicht imstande sein mag. Die Wechselwirkung zwischen Behandlungsmethode und Motivation des Patienten ist aber noch nicht untersucht worden.

2.1.2. Funktionelle Herzbeschwerden

So, wie Miller u. a. (1970) die Möglichkeit der Steigerung bzw. Senkung der Herzfrequenz durch operantes Konditionieren bei ihren curarisierten Ratten nachweisen konnten, gelang in mehreren Studien auch die Beeinflussung der Herzfrequenz beim Menschen. Weiss (1977) faßt die Resultate dahingehend zusammen, daß Beschleunigungen im größeren Ausmaß konditioniert werden konnten als Frequenzabnahmen. Headrick u. a. (1971) erreichten eine Zunahme von 30 bis 45 Schlägen pro Minute, die mit starken Angst- und Spannungsgefühlen einherging; die Probanden von Stephens u. a. (1972) erreichten Zunahmen von 15 bis 29 und Abnahmen von 5 bis 8 Schlägen pro Minute. Auch die Variabilität der Herzfrequenz ließ sich durch Rückmeldung z. B. über einen Bildschirm, auf dem Abweichungen vom Ruhemittelwert laufend aufgezeigt werden, verringern (Sroufe 1969; Vaitl und Kenkmann, 1972).

Methodische Fragen nach der Art der geeigneten rückzumeldenden Parameter und der wirksamen Verstärker sind im Bereich der Herzrhythmusstörungen noch ebenso unzureichend geklärt wie das Problem, ob Frequenz und Variabilität des Herzschlages über Veränderungen der Atmung beeinflußt oder direkt konditionierbar sind (Legewie und Nusselt, 1975).

Dennoch liegen bereits zahlreiche Berichte, überwiegend klinische Einzelfallstudien, vor über die Behandlung von Störungen wie Sinus-Tachykardien, Extrasystolen,Vorhofflimmern, oder Wolff-Parkinson-White-Syndrom, die Weiss (1977) zusammenfassend referiert. Im Allgemeinen wird dabei so vorgegangen, daß unabhängig von der spezifischen Symptomatik sowohl eine Zunahme als auch eine Abnahme der Herzfrequenz (sowie manchmal auch eine Kontrolle der Variabilität) erlernt werden sollen. Damit wird den Patienten das Gefühl vermittelt, daß sie ihre Herztätigkeit direkt beeinflussen können, und daß sie den überwiegend mit großer Angst erlebten und erwarteten Störungen nicht schicksalhaft ausgeliefert sind. Exemplarisch dafür sei die Therapie eines 55jährigen Mannes mit Tachykardie, Atemnot und Ohnmachtsanfällen dargestellt, die Wickramasekera (1974) durchführte.
Dieser Patient war ein erfolgreicher und durchsetzungsfähiger Geschäftsmann, bis er fünf Jahre vor Beginn der Behandlung bei einer körperlichen Anstrengung einen plötzlichen Anfall von Atemnot und starkem

Herzklopfen erlitt, so daß er als Notfall in eine Klinik eingeliefert wurde. Seitdem hatte er etwa 25 ähnliche Anfälle mit Notfalleinweisung erlebt, ohne daß je ein pathologischer Organbefund erhoben werden konnte. Der typische Ablauf bestand darin, daß er einen deutlichen Anstieg der Herzfrequenz verspürte. In dessen Gefolge trat Atemnot ein, begleitet von der Angst, ohnmächtig zu werden. Aus Besorgnis um seine Gesundheit schränkte er seine beruflichen Aktivitäten ein, besuchte viele führende Herzspezialisten und -kliniken und verlangte ständige Aufmerksamkeit durch seine Frau, die seine Abhängigkeitsbedürfnisse jedoch ablehnte. Aus Angst vor einem »Herzanfall« mied er jede sexuelle Aktivität. Er fühlte sich als Versager in Beruf und Familie, wurde verbittert und zunehmend depressiv. Mehrere Therapieversuche waren ohne Erfolg geblieben.

Wickramasekera erörterte mit dem Patienten ausführlich die Hypothese, daß dessen Erfolg im bisherigen Leben auf dem Vertrauen basierte, die Konsequenzen eigenen Verhaltens steuern zu können, daß er nun jedoch erlebt habe, sich auf ein wesentliches Organ nicht verlassen zu können, und daß er sich deshalb hilflos ausgeliefert fühle. Die Tatsache, daß sein Herz aus oranischer Sicht normal und zuverlässig arbeite, könne er jedoch so lange nicht akzeptieren, als er die Herzfunktion nicht willentlich beeinflussen könne. Der dreistufige Therapieplan wurde konsequent aus dieser Hypothese abgeleitet: Zur Vorbereitung der Therapiesitzungen, zur Motivierung und zur Stimulierung einer aktiven Teilnahme wurden dem Patienten populärwissenschaftliche Artikel über die Wirksamkeit von Biofeedback zu lesen gegeben. Der Therapeut bereitete ihn auf anfängliche Schwierigkeiten wie etwa eine Verschlechterung der Symptomatik vor, ließe jedoch keinen Zweifel daran, daß bei genügender Eigeninitiative die Therapie erfolgreich sein würde.In den ersten sechs Feedback-Sitzungen wurde die rasche und zuverlässige Senkung der Herzfrequenz mittels digitaler optischer Rückmeldung konditioniert. Danach wurde eine Hierarchie von 20 Situationen, die mit Herz- und Atmungsfunktionsstörungen verbunden waren, aufgestellt und eine Desensibilisierung durchgeführt. Der Patient wurde aufgefordert, sich die Situation so lebhaft wie möglich vorzustellen und die Vorstellung dann abzubrechen, wenn die Herzfrequenz für länger als eine Minute um 10 Schläge über die Ausgangslage anstieg. Danach sollte er die Rate, wie zuvor gelernt, senken. An diese Phase schlossen sich verschiedenartige Reizüberflutungssitzungen (flooding) an. So schilderte der Therapeut problematische Situationen möglichst drastisch, wobei es zu raschen Anstiegen um 15 bis 35 Schläge pro Minute kam, ohne daß dieses von Angst begleitet bzw. von Ohnmachtsanfällen gefolgt war. Auch Reize, die zu heftigen Schreckreaktionen mit Pulsbeschleunigung führten, und Hyperventilationsversuche verloren ihre Bedrohlichkeit, als der Patient danach schnell und sicher die Herzfrequenz auf die Ausgangslage zurückbringen konnte.

Die Behandlung erstreckte sich über 16 Sitzungen. Bis zur Nachkontrolle nach einem Jahr waren keine »Herzanfälle« mehr aufgetreten. Der Patient nahm allmählich seine beruflichen Aktivitäten im früher gewohnten Umfang wieder auf, er wurde unabhängiger und risikofreudiger, die Beziehung zur Ehefrau einschließlich der sexuellen Ebene hatte sich verbessert, wie es diese auch unabhängig von dem Patienten bestätigte.
Über die einfache Symptomreduktion hinaus (Verringerung der Herzfrequenz) strukturierte Wickramasekera die Erwartungen in die Therapie, bot ein für den Patienten akzeptierbares Erklärungsmodell für das Fortbestehen der Symptomatik an und verfolgte als Therapieziel die Wiederherstellung des Vertrauens in die Fähigkeit zur Verhaltenskontrolle – er berücksichtigte also in weitem Umnfang kognitive Prozesse im Rahmen seiner Therapie.

Auch weniger spezifische therapeutische Verfahren scheinen bei einigen Herzfunktionsstörungen wirksam zu sein. So traten bei 8 von 11 Patienten mit eindeutiger, stabiler Ischämie bereits nach vier Wochen täglichen Trainings der »Entspannungsreaktion« signifikant weniger Extrasystolen auf (Benson, Alexander, Feldman, 1975). Plötzliche Todesfälle sind bei ischämischen Herzerkrankungen häufig, sie werden in direkte Beziehung zur Häufigkeit von Extrasystolen gebracht, so daß derartige Verfahren unmittelbar präventive Perspektiven eröffnen.

In der Rehabilitation von Herzinfarkt-Patienten haben verhaltenstherapeutische Verfahren schon breite Anwendung gefunden zur Ausschaltung von Risikofaktoren (Adipositas-Behandlung, Raucherentwöhnung, Steigerung der körperlichen Aktivität). Aber auch spezifische Verfahren wie ein Training zur Modifikation von Verhaltensweisen, die einen Infarkt begünstigen (Verhaltenstyp A nach Rosenman, Friedman, Straus [1964]) wurden mit guten Erfolgen durchgeführt (Suinn, Brock, Edie, 1975).

2.2. Chronischer Kopfschmerz

Von allen chronischen Schmerzsyndromen ist der Kopfschmerz wahrscheinlich das am weitesten verbreitete. In einer epidemiologischen Untersuchung in Hannover gaben 9% der männlichen und 18% der weiblichen Probanden an, oft unter Kopfschmerzen zu leiden (Schwoon, 1975). Andere Prävalenzschätzungen liegen zwischen 5 und 10% (Katz und Zlutnick, 1975). Aus Beobachtungen an Patienten von Kopfschmerz-Kliniken in New York und Chicago läßt sich schließen, daß bei etwa 10% symptomatische Schmerzen vorliegen, also Begleitsymptome erkannter organischer Leiden, während bei den übrigen Fällen je zur Hälfte eine Migräne bzw. ein Spannungskopfschmerz diagnostiziert wurde (Goleman, 1977). Obwohl neuere Untersuchungen gezeigt haben, daß Mischformen sehr häufig auftreten (Philips, 1977) und obwohl z. B.

bei einer faktorenanalytischen Studie ein einheitliches Migränesyndrom nicht bestätigt wurde (Ziegler u. a., 1972), ist diese Unterscheidung in der klinischen Praxis so verbreitet, daß sie aus Gründen der Übersichtlichkeit auch hier beibehalten werden soll.

2.2.1. Migräne

Eine Migräne wird diagnostiziert bei Auftreten von drei oder mehr der folgenden Symptome: anfallsartig auftretende, heftige einseitige Kopfschmerzen; sensorische Beeinträchtigungen und/oder Verstimmungszustände kurz vor dem Anfall; Übelkeit bis hin zum Erbrechen; Lichtempfindlichkeit; familiäre Häufung; im Frühstadium ist ein Anfall durch Ergotamintartrat zu koupieren.

Migräne muß heute als eine komplexe vasomotorische Erkrankung aufgefaßt werden, die auf eine Störbarkeit zentraler autonomer Regulationsprozesse in Verbindung mit einer übergroßen Reagibilität der Blutgefäße des Kopfbereiches zurückzuführen ist. Die relative Bedeutung hereditärer und erworbener Einflußgrößen ist noch nicht hinreichend erforscht (Bakal, 1975). Das Schmerzgefühl wird mit hoher Wahrscheinlichkeit durch dehnungsempfindliche Rezeptoren der cranialen und cerebralen Arterien verursacht. Diese erweitern sich immer dann, wenn die Blutversorgung des Gehirns gefährdet ist (Wolff, 1963). Vor einem Migräneanfall ist eine Konstriktion dieser Gefäße zu beobachten, deren Ursache noch nicht geklärt ist. Daraufhin verringert sich der Anteil der im allgemeinen gefäßverengend wirkenden Substanz Serotonin erheblich, und es kommt zu einer Gefäßerweiterung z. B. der Schläfenarterien bei gleichzeitiger Zunahme der Pulsamplitude, die mit dem häufig berichteten pulsierenden Kopfschmerz korrespondiert.

Über psychische Aspekte existieren viele aus der klinischen Beobachtung abgeleitete persönlichkeitstypologische Beschreibungen *des* Migränepatienten (z. B. Wolff, 1963; Mitchell und Mitchell, 1971; Paulley und Haskell, 1975), die ein einheitliches Bild ergeben, das jedoch kaum mittels psychometrischer Verfahren überprüft wurde (Bakal, 1975). Danach stellen diese Menschen im Beruf und Privatleben überhöhte Ansprüche an sich und andere, sie sind ständig getrieben sowie leistungs- und erfolgsorientiert. Perfektionismus, Ordnungsfanatismus, Rigidität sind weitere Schlagwörter aus dieser Typologie. Die Einstellung anderen Menschen gegenüber ist durch Vorurteile und Intoleranz, aber auch durch ängstliche Abhängigkeit von positiver sozialer Resonanz geprägt. Als unmittelbare Auslöser von Migräneanfällen kommen alle Situationen und Ereignisse in Frage, die Mißerfolg, Kritik und Umstellung bedeuten. So kann z. B. ein erster Urlaubstag einen Migränepatienten so beunruhigen – weil ein strukturierter Tagesablauf fehlt und viele neuartige Entscheidungen getroffen werden müssen –, daß ein neuer Anfall auftritt.

Als physiologisches Korrelat dieser Verhaltensmuster ist eine ständige übergroße Aktivierung des sympathischen Nervensystems anzunehmen; als mögliche Ursachen sind u. a. genetische Prädisposition, Verhaltensmodelle im Elternhaus,

Schule, Beruf sowie Lernvorgänge im Sinne der klassischen oder operanten Konditionierung und deren Wechselwirkungen zu erwägen.

Lernpsychologisch begründete Verfahren für die Migränebehandlung orientierten sich jeweils schwerpunktmäßig an einem der drei auffälligsten Aspekte dieser Kopfschmerzform:
- Erlernen willkürlicher Kontrolle über die Gefäßweite bzw. über die Durchblutung zur Beeinflussung der vasomotorischen Symptomatik.
- Unspezifische Entspannung zur Beeinflussung der Aktivität des sympathischen Nervensystems.
- Dekonditionierung bzw. Aufbau neuer Verhaltensweisen inklusive kognitiver Umstrukturierung zur Modifizierung anfallsauslösender Verhaltensweisen.

Koppmann, McDonald und Kunzel (1974) versuchten, bei Migränepatienten durch Biofeedback eine willkürliche Kontrolle über die Dehnung der Schläfenarterie zu erreichen. Sie bestimmten die Amplitude des Blutvolumens per Pulsschlag (diastolisch vs. systolisch) mittels eines Photoplethysmometers und meldeten durch einen konstanten Ton zurück, wenn der Wert über einem zuvor individuell bestimmten Ausgangswert lag.

Innerhalb einer jeden, jeweils einstündigen Sitzung wurden die Probanden zunächst gebeten, sich zu entspannen und sich angenehme Szenen vorzustellen. Nach einer Adaptationsphase sollten sie dann »die Arterie erweitern« und den Ton möglichst lange hervorrufen. Nach acht Minuten wurden sie aufgefordert, »die Arterie zu verengen« und den Ton abzuschalten. Pro Sitzung wurden zwei solcher Sequenzen durchgeführt.

Innerhalb von maximal 12 Sitzungen lernten 7 der 9 Probanden, konsistent je nach Instruktion die Pulsamplitude deutlich zu vergrößern bzw. zu verringern. Diese Fähigkeit war vergleichsweise spezifisch: So änderte sich weder die Pulsamplitude am linken Zeigefinger, noch waren systematische Veränderungen im EMG des M. masseter bzw. des M. trapezius oder der Atemtätigkeit zu beobachten.

Dieses Experiment belegt, daß spezifische vasomotorische Reaktionen gelernt werden können. Leider fehlen in dem Bericht klare Angaben über Einflüsse auf die Kopfschmerzen, und da die Versuchsbedingungen nicht systematisch variiert wurden, lassen sich die Effekte der Versuchsteilnahme, der Entspannungsinstruktion und der Feedback-Charakteristiken nicht eindeutig gegeneinander abgrenzen.

Sargent, Green und Walters (1972) gingen von der Annahme aus, daß ein Anstieg der Hauttemperatur in den Fingern mit einer Zunahme der Blutzufuhr in den Händen und einer geringeren Blutzufuhr im Kopfbereich einhergehen müßte. Durch optische Rückmeldung der Temperaturdifferenz zwischen Stirn und rechtem Zeigefinger gelang eine Temperaturerhöhung im Handbereich, allerdings keine Abkühlung der Stirn. Dies korrespondierte mit dem subjektiven Empfinden der Patienten. Bei 14 von 19 Migränepatienten verringerte sich durch diese Methode die

Anfallshäufigkeit und -intensität, sie griffen auch seltener zu Schmerzmitteln. Da den Patienten gleichzeitig schriftliche Instruktionen zum täglichen autogenen Training gegeben wurden, ist der relative Effekt der Biofeedback-Prozedur nur schwer abzuschätzen. Dieses könnte die Aneignung der Entspannungsreaktion erleichtert haben.

In einem weiteren Bericht über 42 Migränepatienten interpretierten dieselben Autoren (Sargent u. a.,1973) dann auch ihre Methode als ein Verfahren zur Verminderung der Sympathikus-Aktivität. Da durch autogenes Training allein auch schon wesentliche Verbesserungen der Symptomatik erzielt wurden (Schultz und Luthe, 1969), ist die Beurteilung der für einen Zeitpunkt von mindestens 150 Tagen nach dem Therapieabschluß angegebenen Besserungsrate (81%) problematisch. Angaben über die individuelle Therapiedauer, über absolute Temperaturen u. ä. sind den Berichten ebensowenig zu entnehmen wie statistische Analysen über die behaupteten günstigeren Resultate bei jüngeren oder bei flexibleren Probanden bzw. bei solchen, die das psychophysiologische Erklärungsmodell eher akzeptieren.

Wenn eine generelle Entspannung an sich die Kopfschmerzaktivität reduzieren kann, so sollte sich durch ein sogenanntes Alpha-Feedback, das ist ein Training zur willkürlichen Erhöhung des Alphawellenanteils im EEG, ein therapeutisch fruchtbarer Ansatz ergeben. Lehmann, Lang und Debruyne (1976) unterzogen neun Migränepatientinnen und sechs gesunde Studentinnen einem solchen Training mit akustischer Rückmeldung. Zehn weitere Patientinnen wurden über den therapeutischen Zweck dieses Verfahrens gleichlautend instruiert, erhielten jedoch ein zufällig variierendes Pseudo-Feedback. Insgesamt wurden zwölf Sitzungen über sechs Wochen verteilt durchgeführt. Die Patientinnen mußten in einem täglichen Protokoll die Kopfschmerzintensität beurteilen. Aus den um die jeweilige Sitzung liegenden Tagen wurde daraus ein Mittelwert errechnet. Bei beiden Patientengruppen nahm die Kopfschmerzintensität von der ersten bis zur letzten Sitzung statistisch signifikant ab, und zwar in fast demselben Ausmaß. Der Alphawellenanteil in der Eingewöhnungsphase einer jeden Sitzung nahm für alle drei Untersuchungsgruppen von den ersten bis zu den letzten drei Sitzungen signifikant zu. In den Trainingsphasen selbst zeigte sich jedoch durchgängig eine Abnahme relativ zum jeweiligen Ausgangswert. Die Unterschiede zwischen den Gruppen waren unauffällig.

Die Autoren stellen nach diesen Ergebnissen und nach kritischer Durchsicht anderer Studien die Möglichkeit des Alphatrainings generell in Frage. Die Zunahme in den Eingewöhnungsphasen führen sie auf eine Habituation an die experimentelle Situation und auf positive Erwartungen zurück, die von allen Versuchsteilnehmern – auch den gesunden – geäußert worden waren. Das Nachlassen der Kopfschmerzen interpretieren sie als Placeboeffekt, der für beide Patientengruppen ein ähnliches Ausmaß hatte.

Eine unspezifische Entspannung, die sie bezüglich anderer psychophysiologischer Störungen positiv beurteilen (vgl. Kapitel 2.1.: Herz-Kreislauf-Störungen), halten auch Benson u. .a. (1975) bei Migräne für wenig wirkungsvoll; und auch die von Paulley und Haskell (1975) berichteten guten Erfolge für das Jacobson-Training sind – obwohl dies nicht experimentell kontrolliert wurde – eher auf die Bemühungen zur Änderung von Einstellungen und Lebensgewohnheiten der Patienten zurückzuführen.

Von Mitchell und Mitchell (1971) wurden mehrere Studien durchgeführt, die es erlauben, die Effektivität unterschiedlicher verhaltenstherapeutischer Maßnahmen bei Migränepatienten abzuschätzen. Als Kontrollgruppe dienten ihnen acht Patienten, die auf die Notwendigkeit detaillierter Verhaltensanalysen hingewiesen und gebeten wurden, Intensität und Dauer sowie begleitende Ereignisse eines jeden Migräneanfalls zu protokollieren. Sie wurden auf einen späteren Behandlungsbeginn vertröstet und im Abstand von acht Wochen zur Besprechung der Protokolle einbestellt.

Bei den Experimentalgruppen folgten auf die acht Wochen zur Baseline-Erhebung wiederum acht Wochen mit je zwei etwa einstündigen Sitzungen. Nachkontrollen fanden dann in der 24. und in der 32. Woche seit Untersuchungsbeginn statt. In einer Entspannungsgruppe (N = 7) wurde eine modifizierte Form der Muskelentspannung nach Jacobson eingeübt mit der Anweisung zum täglichen Training. Nach den ersten drei Sitzungen wurde allmählich dazu übergegangen, mit den Patienten zu erörtern, wie sie die Entspannungsreaktion in angst- oder spannungsauslösenden Situationen sinnvoll einsetzen könnten.

In einer weiteren Gruppe (N = 5) wurden über die Einübung der Entspannung hinaus individuelle Angsthierarchien erstellt und eine Desensibilisierung im klassischen Sinne durchgeführt. In der letzten Gruppe schließlich wurden 17 Migränepatienten, von denen fünf auf bisherige Pharmakotherapie überhaupt nicht angesprochen hatten, einer kombinierten Behandlung unterzogen. Sie bestand zu einem Teil aus der systematischen Desensibilisierung, zum anderen aus einem Training sozialer Fähigkeiten (Assertive Training). Dabei wurden problematische Situationen aus den sozialen Interaktionen der Patienten erfragt, mit ihnen Lösungsmöglichkeiten erarbeitet und dann im Rollenspiel geübt. Positive Ansätze wurden selektiv verbal verstärkt. Daraus wurden täglich auszuführende »Hausaufgaben« abgeleitet; auf offenen Sozialkontakt und freien Ausdruck von Gefühlen wie Zuneigung oder Verärgerung wurde besonderer Wert gelegt. Bei den Berichten der Patienten über diese Aktivitäten in ihrem normalen Tagesablauf wurden wiederum positive Ansätze selektiv bekräftigt (zum Assertive Training vgl. Ullrich und Ullrich 1976). In seinen Grundzügen ist dieses eine Shaping-Prozedur zum Aufbau adäquaten Sozialverhaltens, so daß bei dieser Patientengruppe neben einer Reaktionskontrolle durch Entspannung und einer Gegenkon-

ditionierung angstauslösender Reize eine Erweiterung des Verhaltensrepertoires angestrebt wurde, die mit einer kognitiven Umstrukturierung einhergeht. Diese Therapieform wurde konsequent aus den eingangs erwähnten persönlichkeitspsychologischen Annahmen abgeleitet.
Von den 29 Therapiepatienten gaben 25 (entsprechend 86%) an, daß sich die Kopfschmerzsymptomatik gebessert habe, während nur 2 der 8 Patienten der Wartegruppe Besserungen erwähnten. Zur Differenzierung der Behandlungserfolge wurden Kovarianzanalysen berechnet, bei denen die Baselinewerte als Kovariate und die Häufigkeit bzw. die Dauer der Migräneanfälle als Kriteriumsvariablen verrechnet wurden. Es zeigte sich, daß beide Kriterien signifikant beeinflußt wurden, die Anzahl der Anfälle sank jedoch deutlicher als ihre Dauer. Dabei hatten die Teilnehmer der kombinierten Therapie größere Abnahmen zu verzeichnen als die der Entspannungs-bzw. der Desensibilisierungsbehandlung. Nur für die kombinierte Behandlung fanden sich gegenüber der Wartegruppe signifikante Unterschiede in der Symptomreduktion.
Man mag darüber spekulieren, ob ein Assertive-Training allein vergleichbare Resultate ergeben hätte. Mitchell und Mitchell (1971) werten den Erfolg der kombinierten Behandlung als wichtiges Indiz dafür, daß man einer komplexen Störung wie der Migräne nur durch einen multimodalen therapeutischen Ansatz gerecht werden kann. In einem solchen Ansatz muß ein individuell entworfenes Programm zur Erweiterung der sozialen Kompetenz berücksichtigt werden.

2.2.2. Spannungskopfschmerz

Obwohl diese Form von chronischen Kopfschmerzen vermutlich ebenso verbreitet ist wie die Migräne, sind Phänomenologie, Ätiologie und klinisch-psychologische Variablen weniger häufiger Gegenstand wissenschaftlicher Forschung gewesen.

Als klinisches Beschwerdebild werden im allgemeinen beidseits im Hinterkopf und/oder im Stirnbereich lokalisierte, persistierende dumpfe Kopfschmerzen geschildert, die sich allmählich steigern und sich auch oft bandförmig über einen Bereich ausdehnen. Letztlich erfolgt die Diagnose meist per Ausschluß der charakteristischen Migränesymptome.

Generell wird die Auffassung vertreten, daß dieser Kopfschmerz durch habituelle oder stressinduzierte Muskelkontraktionen im Bereich der Stirn, der Schläfen, des Nackens oder der Schultern verursacht wird, die mit einer Vasokonstriktion der cranialen Arterien einhergehen (Bakal, 1975). Philips (1977) faßt die Resultate eigener EMG-Studien dahingehend zusammen, daß bei klinisch diagnostizierten Spannungskopfschmerz-Patienten in symptomfreien Zeiten lediglich die Stirnmuskulatur (M. frontalis) im Vergleich zu gesunden Probanden verspannt ist – dies hatten auch Sainsbury und Gibson (1954) gefunden –, und daß das Ausmaß der Verspannung unter dem von Migränepatienten bzw. von

Patienten mit Mischformen der beiden hauptsächlichen Kopfschmerzarten liegt. Nur für die Stirn- und Schläfenmuskulatur wurden vermehrte Kontraktionen als Reaktion auf Stress verzeichnet. Das Ausmaß der Reaktion war allerdings unabhängig von der Ruhespannung. Schließlich bestanden auch nur geringe Zusammenhänge zwischen dem Spannungsniveau und der berichteten Kopfschmerzintensität bzw. dem Schmerzmittelgebrauch.

Eine vielzitierte Pionierarbeit über die Wirksamkeit von EMG-Feedback des M. frontalis legten Budzynski u. a. (1973) vor. Sie ist auch in deutscher Übersetzung zugänglich (1975) und soll hier nur gestreift werden. 18 Patienten mit langjährigen intensiven Spannungskopfschmerzen wurden per Zufall einer Wartelistenkontrollgruppe, einer Pseudo-Feedback-Gruppe und einer EMG-Feedback-Gruppe zugeordnet. Die Patienten der Therapiegruppen wurden eindringlich auf die Bedeutung der eigenen Mitarbeit und der täglichen Entspannung auch zu Hause aufmerksam gemacht. Für die Gruppe mit echtem Feedback ergaben sich signifikante, noch nach drei Monaten stabile Abnahmen der Muskelaktivität, die weit über denen der Pseudo-Feedback-Gruppe lagen. Bei diesen können sie als Habituation an die experimentelle Situation und als mögliches Ergebnis der Entspannungsbemühungen aufgefaßt werden. Hinsichtlich der Kopfschmerzaktivität waren nur bei der Biofeedbackgruppe deutliche. zeitstabile Besserungen zu beobachten, auch reduzierten nur diese Patienten den Medikamentenverbrauch erheblich.

Diese Studie wurde aus zwei Gründen kritisiert: Wegen der gewählten Pseudofeedback-Bedingung, die allerdings in der Biofeedbackforschung noch generell ein methodisch ungelöstes Problem ist (Shapiro und Surwit, 1976), und wegen der Vermischung von Entspannung und EMG-Training (z. B. Blanchard und Young, 1974). Wie bei Budzynski u. a. (1973) wurden allerdings in mehreren anderen Untersuchungen Tonbandaufnahmen erfolgreicher EMG-Sitzungen mit abnehmender Klickfrequenz als Pseudofeedback verwendet. Sie kamen zu vergleichbaren Resultaten, so daß hier nur zwei Arbeiten als Beispiele zitiert werden sollen.

Kondo und Canter (1977) ermittelten bei 20 Patienten die Kopfschmerzhäufigkeit über einen Zeitraum von 14 Tagen und verteilten die Patienten dann per Zufall auf die beiden Untersuchungsbedingungen. Die Baseline-Häufigkeit war für beide Gruppen annähernd gleich und über den Beobachtungszeitraum stabil. In zehn Sitzungen zu je 20 Minuten, bei denen keine direkten Entspannungsinstruktionen gegeben wurden, konnten die Patienten mit echtem Feedback die Aktivität des M. frontalis erheblich reduzieren. Dies war sowohl innerhalb eines jeden Termins als auch von Sitzung zu Sitzung zu beobachten. Die Kopfschmerzhäufigkeit nahm im Verlauf des Trainings signifikant ab (Von im Mittel 5,4 auf 1,0 Episoden für jeweils 5 Tage); auch nach einem Jahr hielt diese Besserung noch an. In der Kontrollgruppe nahm die Muskelspannung ebenfalls ab, jedoch in weit geringerem Ausmaß. Nach den Angaben dieser Patienten traten auch bei ihnen signifikant seltener Kopfschmerzen auf (statt 5,4 zu Beginn noch 3,5 Episoden am Ende des Trainings), doch waren nach einem Jahr Verschlechterungen aufgetreten. Der relative Erfolg der Kontrollgruppe läßt sich nach Meinung der Autoren durch die an das Experiment geknüpften Erwartungen der Patienten erklären.

Philips (1977) kam für echtes EMG-Feedback ohne Entspannungstraining zu ebenfalls überzeugenden Resultaten. Für die Untersuchung wurde der Muskel bestimmt, der am meisten verspannt war, entweder der M. frontalis oder der M. temporalis. Am Anfang einer jeden von 15 Sitzungen wurden die Patienten aufgefordert, diesen Muskel willkürlich zu entspannen. Eine solche Fähigkeit ist ja die eigentliche Kriteriumsvariable für psychophysiologisch orientierte Therapiestudien. Unter echtem Feedback (N = 8) gelang dies von Sitzung zu Sitzung besser, nicht aber bei Pseudofeedback (N = 7). Allerdings verringerten sich die Unterschiede zwischen beiden Gruppen bei einer Untersuchung nach etwa acht Wochen wieder. Auffällig war, daß die EMG-Spannung während der eigentlichen Trainingsabschnitte innerhalb der Sitzungen höher lag als die willkürliche Anfangsentspannung, d. h., daß die gestellte Aufgabe zu einer relativen Aktivierung führte.

Bei den weiteren Kriterien für einen Behandlungserfolg stellte sich heraus, daß die berichtete Häufigkeit der Kopfschmerzen – im Gegensatz zu den Ergebnissen anderer Studien – nur geringfügig abnahm, daß aber die angegebene Intensität und der Medikamentenverbrauch nur für die Gruppe mit echtem Feedback zurückging. Dieser Effekt trat erst mit zeitlicher Verzögerung auf, nämlich zwischen Therapieabschluß und Nachkontrolle. Angaben über einen längeren Nachbeobachtungszeitraum, die für die Beurteilung dieses Aspektes ausschlaggebend sein könnten, fehlen leider.

An der Untersuchung nahmen auch einige Patienten teil, bei denen neben Spannungskopfschmerz auch Migränesymptome aufgetreten waren. Diese profitierten vom EMG-Feedback kaum. Ohne sie sind die Unterschiede zwischen beiden Behandlungsbedingungen noch deutlicher. Philips plädiert deshalb für eine detaillierte diagnostische Abklärung der Kopfschmerzform.

Für eine aus Alpha-Feedback und verschiedenen Entspannungstechniken kombinierte Behandlung berichten McKenzie u. a. (1974) eine Reduktion der Stundenzahl mit Kopfschmerzen um 80% nach durchschnittlich acht Sitzungen. Bei dieser Methode ließ auch die EMG-Aktivität des M. frontalis, obwohl sie nicht zurückgemeldet wurde, deutlich nach. Das Verfahren erwies sich gegenüber einer Kontrollgruppe nur mit Entspannungstraining als wirkungsvoller. In dem Bericht fehlen genaue Daten und statistische Analysen, so daß eine Wertung nicht möglich ist.

2.2.3. Kopfschmerzen als operant bedingtes Schmerzverhalten

Unabhänging von der Art des Kopfschmerzes kann bei vielen Patienten das Schmerzverhalten – Klagen über Symptome, Einnehmen von Medikamenten, Ruhebedürfnis und Rückzug usw. – durch positive oder negative Verstärkung aufrechterhalten werden. Diese auch unter der Bezeichnung »sekundärer Krankheitsgewinn« bekannte Auffassung darf allerdings nicht in dem Sinne mißverstanden werden, daß der Kranke bewußt, gleichsam vorsätzlich Symptome produziere, oder daß der Schmerz nicht real erlitten würde.

Fowler (1975) hat mehrere Entwicklungslinien, die zur Chronifizierung von Kopfschmerzen führen können, anschaulich beschrieben. Schmerzverhalten wird positiv verstärkt, wenn z. B. Familienmitglieder auf Kopfschmerzattacken mit emotionaler Zuwendung reagieren. Schmerzverhalten wird negativ verstärkt, wenn z. B. vom Arzt Medikamente verschrieben werden mit der Anweisung, immer nur dann eine Tablette zu nehmen, wenn die Kopfschmerzen unerträglich werden. Handelt es sich um ein effektives Medikament, so wird die Einnahme mit der Befreiung heftiger Schmerzen assoziiert und die Wahrscheinlichkeit einer neuen Einnahme vergrößert. Ein ähnlicher Verstärkungsprozeß ist anzunehmen, wenn körperliche oder emotionale Belastungen zu starken Schmerzen führen und ein Patient sich daraufhin ausruht und Anforderungen vermeidet.

Fowler (1975) hat für eine Rehabilitationsklinik auf der Grundlage dieser Annahmen ein Behandlungsprogramm aus drei Komponenten entworfen. Es wird bei Patienten angewendet, bei denen organische Ursachen ausgeschlossen werden konnten und bei denen die hier nur angedeuteten Verstärkungsprozesse identifiziert werden konnten. Die Patienten werden über die Verfahren und deren Begründung detailliert informiert. Familienmitglieder werden in die Behandlung einbezogen, um die Übertragung auf den häuslichen Bereich zu gewährleisten.

Die erste Komponente besteht aus Zuwendung für alternative, für den Patienten und seine Umgebung akzeptable Verhaltensweisen. Schmerzverhaltensweisen werden übergangen, also nicht etwa bestraft. Es wird darauf geachtet, daß sich sowohl das speziell ausgebildete Personal als auch die wichtigen Bezugspersonen intensiv um die Patienten kümmern, aber eben nicht wie sonst kontingent auf Schmerzverhalten.

Medikamente werden zunächst in der dem Patienten gewohnten Dosierung verabreicht, allerdings zu festen Tageszeiten unabhängig vom geäußerten Schmerz, und gelöst in süßem Fruchtsirup. Die Dosierung wird dann allmählich verringert, bis schließlich keine wirksame Substanz mehr im Sirup enthalten ist und dieser ganz abgesetzt werden kann.

Die dritte Komponente schließlich ist ein Programm zur Aktivierung. Die Patienten müssen ein festgesetztes Pensum individueller Aufgaben bewältigen, wobei die Anforderungen jeweils unter dem Grenzwert für den Beginn von Schmerzen liegen. Danach ist eine Ruheperiode eingeschaltet, so daß Rückzug nicht unmittelbar auf Überforderung, sondern auf eine absolvierte Leistung folgt.

Die Daten in dem Untersuchungsbericht basieren auf der Behandlung von Patienten mit Rückenschmerzen, doch hält Fowler die Behandlungsprinzipien für übertragbar auf die meisten chronischen Schmerzsymptome. Bei der etwa achtwöchigen Behandlung stellen sich eindrucksvolle Resultate ein. Der Medikamentenverbrauch wird reduziert, die Aktivität und Belastbarkeit gesteigert, die Schmerzhäufigkeit verringert sich.

Wesentlich an diesem Behandlungsansatz ist die Einbeziehung der sozialen Umgebung, die Sicherung des Therapieerfolges auch nach Entlassung aus der Klinik, die Information des Patienten über die Bedingungen seiner Schmerzsymptomatik, wodurch dem Patienten eine neue Interpretation des Krankheitsgeschehens ermöglicht wird. Bei den Studien, in denen durch experimentelle Variation die Wirksamkeit einzelner Behandlungselemente überprüft werden soll, werden solche Aspekte oft in grober Weise vernachlässigt.
Die hier referierten Verfahren zur Beeinflussung chronischer Kopfschmerzen sind nur schwer gegeneinander vergleichend zu werten, nicht nur wegen der Unterschiedlichkeit der Behandlungsmethoden, sondern vor allem wegen der unterschiedlichen Operationalisierung der Kopfschmerzaktivität. Eine einheitliche, verbindliche operationale Definition dieser Variablen wäre für die Forschung förderlich. Trotz dieses Vorbehaltes ist den Arbeiten zu entnehmen, daß es echte Alternativen gibt zur aussschließlich medikamentösen Therapie durch Analgetika oder Tranquilizer, deren Wirkungen limitiert sind, durch die organische Schäden entstehen können und die die Gefahr einer Abhängigkeit bergen. Für die oft geforderten »Psychotherapeutischen Maßnahmen« sind konkrete, erfolgversprechende Ansätze erkennbar. Sie setzen eine sorgfältige Ausschlußdiagnostik und eine genaue differentialdiagnostische Abklärung der engeren Schmerzsymptomatik voraus, an die sich eine verhaltenstheoretische Bedingungsanalyse anschließen sollte.

2.3. Störungen des Skelett-Muskel-Systems

Die Verhaltenstherapie hat sich bei Störungen des Skelett-Muskel-Systems bisher auf solche Symptome konzentriert, die auf einen gesteigerten Spannungszustand der Skelett-Muskulatur zurückzuführen sind. Hierzu gehören der Spannungskopfschmerz, der spastische Schiefhals (Torticollis spasticus), der Schreibkrampf sowie das myofaziale Schmerzsyndrom (Verkrampfung der Kaumuskulatur). Ein erhöhter Muskeltonus, der als sekundäres Phänomen bei der rheumatoiden Arthritis oder bei Schädigungen im Bereich der Wirbelsäule auftritt, ist bisher kaum mit verhaltenstherapeutischen Methoden angegangen worden. Da auf den Spannungskopfschmerz bereits in Kapitel 2.2.2. eingegangen wurde, wollen wir uns hier auf Methoden zur Behandlung des Schiefhalses, des Schreibkrampfes und des Krampfes der Kaumuskulatur beschränken.

2.3.1. Torticollis spasticus

Als Torticollis spasticus wird ein tonischer oder klonischtonischer, einseitiger, schmerzhafter Krampf des Sternokleidomastoideus bezeichnet; das ist der Muskel, der Brustbein und Schlüsselbein mit dem Warzenfortsatz hinter der Ohrmuschel verbindet. Die tonische Verkrampfung bewirkt eine Neigung des Kopfes in Richtung auf die Schulter, wobei sich das Kinn der Schulter nähert. Bei der klonischen Form erfolgen zusätzlich ruckhafte, ticartige Bewegungen des Kopfes zur Schulter hin. Die Verkrampfung hat langfristig eine Hypertrophie des belasteten Muskels zur Folge, wobei die Muskulatur der gegenüberliegenden Schulter athrophisch wird. Den Patienten ist es nicht möglich, ihre Schultermuskulatur willkürlich zu kontrollieren, was von vielen als sehr ängstigend erlebt wird. Spontane Remissionen treten nach Meares (1973a) etwa bei einem Viertel der Fälle nach kurzer Krankheitsdauer auf. Je länger die Erkrankung bereits andauert, desto unwahrscheinlicher wird die Spontanremission. Als Ursachen werden minimale Hirnschädigungen wie auch pathologische Persönlichkeitsveränderungen und situative Belastungen angenommen. Letztlich ist die Ursache des Muskelspasmus ungeklärt.

Über Einzelfallstudien hinaus liegen zur Zeit kaum kontrollierte Studien vor, in denen verhaltenstherapeutische Methoden zur Behandlung des Schiefhalses eingesetzt wurden. Behandlungsversuche wurden unternommen mit Hilfe der Verhaltensformung, der negativen Übung, der systematischen Desensibilisierung sowie des EMG-Feedbacks, das in einer der Untersuchungen durch aversive Techniken unterstützt wurde.

Ericksen und Huber (1975) beschreiben die Behandlung eines 29jährigen Patienten, der bereits längere Zeit hospitalisiert war, mit Hilfe der Verhaltensformung (shaping). Der Kopf des Patienten war seit acht Monaten in einer Linksdrehung fixiert und konnte nicht willkürlich in die Mittellage oder nach rechts bewegt werden. Die Symptomatik war aufgetreten, nachdem der Patient seinen Arbeitsplatz verloren hatte und seine Tochter in einen Autounfall verwickelt worden war. Bisherige psychotherapeutische Versuche sowie eine Behandlung mit Valium waren erfolglos verlaufen. Während der verhaltenstherapeutischen Behandlung saß der Patient auf einem Stuhl in seinem Zimmer und fixierte zunächst, während sich sein Kopf in der tonischen Position befand, eine Markierung an der Wand. Rechts neben dieser Markierung wurde dann im Winkel von 5° zur Blickrichtung eine weitere Markierung angebracht, und zum Takt eines Metronoms (40 Schläge pro Minute) mußte der Patient seinen Blick zwischen diesen beiden Markierungen hin- und herbewegen, was bald eine leichte Mitbewegung des Kopfes bewirkte. Jeden Tag wurde diese Übung zweimal für jeweils 10 Minuten durchgeführt, wobei der Winkel alle zwei Tage vergrößert wurde. Der Patient wurde angewiesen, die Übung für fünf Minuten zu unterbrechen, falls heftige Spasmen oder Schmerzen auftreten sollten. Bereits nach acht Trainingssitzungen konnte der Patient seinen Kopf in einem Winkel von 180° bewegen und hatte die willkürliche Kontrolle über die Halsmuskulatur zurückgewonnen. Bei einer Nachuntersuchung nach neun Monaten war der Patient immer noch symptomfrei.

Negative Übung wurde mit unterschiedlichem Erfolg angewendet. Turner u. a. (1974) setzten diese Methode bei einem 45jährigen Mann ein, der seit anderthalb Jahren an Torticollis litt und der zuvor erfolglos mit EMG-Biofeedback, chiropraktischen Methoden und einer Pharmatherapie (Haloperidol und Diazepam) behandelt worden war. Der Kopf dieses Patienten war krampfhaft nach unten gebeugt mit ruckhaften Bewegungen zur rechten Schulter. In der Behandlungsphase mußte der Patient dreimal täglich 10 Minuten lang die ruckhaften Bewegungen zur Schulter bis zu 400mal willkürlich wiederholen. Zur Therapiekontrolle wurde das Verhalten des Patienten jeden Tag während eines 10minütigen Gesprächs über neutrale Themen mit Videoband aufgezeichnet und die Häufigkeit der klonischen Spasmen von verschiedenen Beobachtern getrennt ausgezählt. Während die Häufigkeit der Spasmen in den Aufzeichnungen vor Therapiebeginn anstieg, fiel sie mit Einsatz der Therapie ab. Ein weiterer Abfall konnte nach Verabreichung von Meprobamat zusätzlich zur negativen Übung erreicht werden. Als das Medikament abgesetzt wurde, nahm die Häufigkeit der Spasmen weiterhin ab. In der Reversal-Phase, in der die Behandlungsmethode ausgesetzt wurde, zeigte sich ein erneuter Anstieg; mit abermaligem Einsetzen der Methode wurde das zuvor bereits erzielte niedrige Niveau wieder erreicht, ohne daß die Verkrampfungen aber völlig aufhörten. Die durchschnittliche Rate der unwillkürllichen Bewegungen des Kopfes sank innerhalb von 24 Therapiesitzungen von 28 pro Minute auf 8 pro Minute. Über eine Nachkontrolle wird nichts berichtet.

Agras und Marshall (1965) wendeten negative Übung in zwei Fällen an. Eine 38jährige Patientin mit tonischer Torticollis, die zuvor erfolglos mit Hypnose behandelt worden war, wurde instruiert, jeden Tag bis zu 400mal die Verkrampfung willkürlich zu forcieren. Das Einhalten der Übung wurde zunächst vom Therapeuten überwacht, anschließend von der Patientin allein zu Hause durchgeführt. Nach 14 Tagen zeigte sich bereits eine Verbesserung des Zustandes, nach sieben Monaten war die Patientin symptomfrei, was auch zwei Jahre später beobachtet werden konnte. Bei einer 59jährigen Patientin hingegen konnte keine Verbesserung des Zustandes erzielt werden.

Meares (1973b) berichtet, daß bei der Anwendung dieser Methode in acht Fällen nur in einem Fall ein Behandlungserfolg erreicht werden konnte. Aufgrund folgender Überlegungen hält er eine systematische Desensibilisierung für besser geeignet: Da die Spasmen als sehr schmerzhaft erlebt werden, entwickeln die Patienten Angst, diese Angst fördert die Verkrampfung. In einem Circulus vitiosus schaukeln sich Angst und Spasmen gegenseitig auf. Gerade bei bereits langandauernden Erkran-

kungen könnte daher der Abbau der Angst vor den Spasmen eine Besserung bewirken. Er sieht diese Hypothese dadurch gestützt, daß sich bei einer Patientin mit einer Erkrankungsdauer von sieben Jahren nur dann der Hautwiderstand senkte, wenn deren Kopf, auch ohne daß ein Spasmus auftrat, passiv in Richtung der spastischen Haltung geführt wurde, nicht aber, wenn der Kopf zur anderen Seite gedreht wurde, wobei die Senkung des Hautwiderstandes als Indikator für Angst interpretiert wurde. In der Behandlungsphase lernte die Patientin zunächst die progressive Muskelrelaxation, dann wurden drei Angsthierarchien erstellt. Hierarchie 1 bezog sich auf mögliche Positionen des eigenen Kopfes irgendwann in der Zukunft, Hierarchie 2 auf mögliche Positionen in der Gegenwart. In Hierarchie 3, die abgehandelt wurde, als die ersten beiden angstfrei in der Vorstellung bewältigt werden konnten, wurde der Kopf zunächst durch den Therapeuten und dann durch die Patientin selbst in diese Positionen gebracht, wobei während der Übungen sorgfältig darauf geachtet wurde, daß weder Ängste noch Spasmen auftraten. Nach 28 Sitzungen wurde der Zustand als wesentlich gebessert beurteilt: Die Patientin, die zuvor nicht eine Minute – außer während des Schlafes – frei von Spasmen war, hatte jetzt über mehrere Stunden am Tag keinerlei Beschwerden.
Eine vergleichbare Vorgehensweise wurde von Butler und Salamy (1975) gewählt. Ein 28jähriger Mann, der allerdings nicht das typische Bild einer Torticollis zeigte, litt an chronischen schmerzhaften Spasmen der cervikalen Muskulatur, die mit einer Neigung des Kopfes nach vorn zunahmen und von einem Tremor begleitet wurden. Da die progressive Muskelrelaxation nicht ausreichte, um die Spannung im Genick abzubauen, wurde die Entspannung durch einen Vibrator unterstützt. Während der Behandlung saß der Patient zunächst mit aufrechtem Kopf und stellte sich dann vor, er würde den Kopf leicht neigen, was sofort brennende Schmerzen im Genick hervorrief. Gleichzeitig mit der Vorstellung wurde die Muskulatur mit einem Vibrator entspannt. Als er den Kopf in der Vorstellung schmerzfrei senken konnte, wurde diese Prozedur in vivo wiederholt. Nach fünf Sitzungen wurde von einer deutlichen Besserung berichtet. Bei einer Nachuntersuchung nach sechs Monaten gab der Patient an, er habe nur noch sehr selten (1% der Zeit) Beschwerden.

EMG-Feedback wurde von Brudny u. a. (1974) mit recht gutem Erfolg bei neun Patienten (sieben Männern und zwei Frauen) eingesetzt, deren Torticollis zwischen 9 Monaten und 15 Jahren bestand. Als Ziel der Therapie wurde eine willkürliche Entspannung des hypertrophierten und eine willkürliche Anspannung des atrophierten Sternokleidomastoideus angesehen. Die therapeutischen Sitzungen, in denen der Spannungszustand der Schultermuskulatur durch optische und akustische Signale rückgemeldet wurde, dauerten zwischen 30 und 60 Minuten; sie fanden drei bis fünfmal pro Woche über durchschnittlich 10 Wochen statt, wobei

die Sitzungen mit zunehmender Beherrschung der Muskulatur weniger häufig wurden. Die Behandlung wurde ergänzt durch ein Training des atrophierten Muskels, das die Patienten zu Hause absolvierten. Sieben der neun Patienten lernten in dieser Zeit eine willkürliche Kontrolle der Muskulatur, die auch bei Nachuntersuchungen in Abständen von mehreren Monaten noch beobachtet werden konnte.
Cleeland (1973) ergänzte das EMG-Feedback durch kutane Elektroschocks, die verabreicht wurden, wenn der Spannungszustand des Sternokleidomastoideus anstieg. Die Therapie dauerte zwischen 6 und 16 Sitzungen, wobei der Therapieeffekt bei 7 der untersuchten 10 Patienten sich bei der Kombination von EMG-Feedback und Elektroschocks dem EMG-Feedback allein gegenüber als günstiger erwies. Obwohl neun Patienten von der Therapie profitierten, konnte langfristig (Nachkontrolle nach durchschnittlich anderthalb Jahren) nur der Zustand von sechs Patienten als wesentlich gebessert angesehen werden. Die Gründe für die erneute Verschlechterung bei drei Patienten konnten nicht ausfindig gemacht werden.
Es drängt sich der Eindruck auf, daß die Effekte verhaltenstherapeutischer Methoden bei der Behandlung der Torticollis spasticus bisher noch wenig erforscht sind. Es ist nicht auszuschließen, daß Behandlungserfolge letztlich durch Spontanremissionen zu erklären sind. Aufgrund der bisher geschilderten Ergebnisse wird sich der beste Behandlungserfolg wahrscheinlich dann einstellen, wenn die willkürliche Kontrolle des Sternokleidomastoideus aktiv geübt wird. Dem Patienten muß eine Entspannung des hypertrophierten und eine Anspannung des atrophierten Muskels möglich werden. Hierzu sollten Entspannungstechniken eingesetzt werden, die durch technische Hilfsmittel (EMG, Vibrator) unterstützt werden können. Wichtig scheint es zu sein, dem Patienten die Angst vor dem Spasmus zu nehmen.

2.3.2. Schreibkrampf

Schreibkrämpfe treten in dreierlei Formen auf: als Spasmus, als Tremor oder als Paralyse der beim Schreiben beteiligten Muskelgruppen. Die Paralyse behindert das Schreiben völlig, Spasmus und Tremor führen zu einer unleserlichen Schrift, wobei das Schreiben als schmerzhaft erlebt wird. Die Krämpfe sind spezifisch für das Schreiben und treten bei anderen Aktivitäten im Regelfall nicht auf. Gefährdet sind in erster Linie Männer zwischen 20 und 40 Jahren.
Die umfangreichste Untersuchungen des Schreibkrampfes, in der verhaltenstherapeutische Methoden eingesetzt wurden, wurde bereits im Jahre 1955 von Liversedge und Sylvester publiziert. Im Jahre 1960 schloß sich die Publikation der Ergebnisse der Nachkontrolle an (Sylvester und Liversedge 1960). Die Autoren behandelten 39 Patienten mit aversiven Techniken und erzielten bei 29 eine Heilung. Die fünf Jahre später fol-

gende Nachuntersuchung deckte bei 5 Patienten allerdings einen Rückfall auf. Um Tremor und Spasmen zu verringern, wandten die Autoren folgende Methoden an: die Patienten wurden aufgefordert, einen Metallgriffel in Löcher einer Metallplatte zu halten, deren Durchmesser allmählich reduziert wurde. Platte und Griffel waren miteinander verbunden, so daß die Patienten einen schmerzhaften elektrischen Schlag erhielten, wenn der Griffel den Lochrand berührte. Schon nach wenigen Sitzungen hatte sich der Tremor so stark verringert, daß die Patienten den Griffel ruhig halten konnten. Dann wurden Igelitstreifen über eine Metallplatte geklebt und der Patient mußte mit dem Griffel über sie hinfahren. Er erhielt ebenfalls einen Schlag, wenn er den Streifen verließ und das Metall berührte. Schließlich wurde ein Füllfederhalter mit einem Federkontakt ausgestattet, so daß der Patient immer dann einen elektrischen Schlag bekam, wenn er den Halter infolge einer Verkrampfung der Fingermuskulatur zu fest umgriff. Die Patienten, die von diesem Programm profitieren konnten, werden als relativ angstfrei geschildert.
In nachfolgenden Untersuchungen konnten die Erfolge, die Liversedge und Sylvester mit dieser Methode erzielt hatten, allerdings nicht reproduziert werden (Beech 1960, Gibson 1972). Beech (1960) war in Einzelfällen mit den Verfahren der negativen Übung, der progressiven Relaxation und der systematischen Desensibilisierung erfolgreich. Eysenck und Rachman (1973) bringen die Hypothese vor, der Erfolg der eingesetzten Methoden sei abhängig vom Angstniveau des Patienten. Während ängstliche Patienten eher mit Entspannungstechniken behandelt werden sollten, seien bei Patienten mit niedrigem Angstniveau aversive Techniken erfolgreicher. Gibson (1972) kritisiert die Auffassung Liversedge und Sylvesters, für ihren Erfolg seien die aversiven Techniken verantwortlich zu machen. Er hält es nicht für möglich, durch einen schmerzhaften elektrischen Schock Entspannung und Ruhe zu erzielen, was aber als Voraussetzung für eine ausgeglichene Handschrift angesehen werden muß. Er meint, die Bestrafungsmethode sei nur bei denjenigen Patienten wirksam gewesen, die den elektrischen Reiz nicht als Bestrafung, sondern als Feedback für unerwünschtes Verhalten interpretiert hätten. Folgerichtig werden von Reavley (1975) Methoden des Biofeedback zur Behandlung des Schreibkrampfes in einer Einzelfallstudie eingesetzt. Der Patient Reavleys war Anfang Dreißig und wird als sehr ordentlich, gewissenhaft und präzise geschildert. Je mehr er sich um eine saubere Handschrift bemühte, desto unordentlicher wurde sie und bestand schließlich nur noch in einem unleserlichen Gekritzel, wobei der Druck auf Füller und Schreibunterlage stark erhöht war. Besonders schlimm wurde es, wenn ihm wenig Platz zur Verfügung stand, wenn Genauigkeit oder Schnelligkeit erforderlich und Autoritätspersonen anwesend waren. Von Ängsten berichtete der Patient nicht. Durch Rückmeldung des Hautwiderstandes, der als Indikator für Angst anzusehen ist, wurde dem Patienten jedoch schnell bewußt, daß alle Gedanken und Tätigkeiten, die mit dem Schreiben asso-

ziiert waren, heftige Ängste hervorriefen. Da durch eine Studie von Reis (1954) bekannt war, daß bei Scheibkrämpfen die Muskelspannung innerhalb des gesamten Armes erhöht ist, wurde an verschiedenen Muskeln des Armes ein EMG abgeleitet und die Muskelspannung rückgemeldet. Auf diese Weise wurde der Patient darin trainiert, eine entspannte Haltung während des Schreibvorgangs einzunehmen. Schließlich wurde das Schreiben selbst erneut eingeübt: zunächst auf Papier mit vier Führungslinien, wie es in der Grundschule verwendet wird, wobei der Abstand der Linien zunehmend verkleinert und damit auch die Schrift kleiner wurde. Das Schreibtraining wurde wiederum durch EMG- und GSR-Rückmeldung unterstützt. Die Rückmeldung des Hautwiderstandes wurde insbesondere eingesetzt, wenn eine neue Schwierigkeitsstufe überwunden werden mußte, z. B. beim Wechsel von einem weichen Bleistift zum Füller oder beim Wechsel zu normalem Schreibpapier. Insgesamt fanden 17 Sitzungen statt, die durch häusliche Übungen ergänzt wurden. In dieser Zeit normalisierte sich die Handschrift, die schmerzhaften Krämpfe verschwanden. Bei einer Nachkontrolle nach acht Monaten war der Zustand unverändert gut.
Entscheidend für den Erfolg einer Behandlung scheint es zu sein, Techniken einzusetzen, die zu einer Entspannung der verkrampften Muskulatur führen und anschließend den Schreibvorgang erneut systematisch zu trainieren.

2.3.3. Das myofaziale Schmerzsyndrom

Mit dem myofazialen Schmerzsyndrom wird der Zahnarzt relativ häufig konfrontiert. Die Patienten klagen über Schmerzen in der Region des temperomandibularen Gelenkes und der beim Kauen beteiligten Muskulatur. Diese Schmerzen können in das Ohr, in die Schläfe, den Unterkiefer oder das Genick ausstrahlen. Im Regelfall sind sie nur in einer Gesichtshälfte vorhanden. Knackende Geräusche bei der Bewegung des Unterkiefers, Schwierigkeiten beim Öffnen des Mundes oder Spasmen des Masseters (Kaumuskels) gehen den Schmerzen voraus oder begleiten sie. Frauen werden vier- bis fünfmal häufiger von diesen Symptomen befallen als Männer. Bevorzugt treten sie im Alter zwischen 15 und 30 Jahren auf. Eine organische Schädigung des mandibularen Gelenkes oder der Kaumuskulatur sowie mögliche andere organische Ursachen müssen vor einer psychologischen Behandlung ausgeschlossen werden (Brooke u. a. 1977).

Nach Brooke u. a. (1977) kann durch Palpation des Masseters bei weit über 90% der Patienten bereits eine gesteigerte Muskelspannung festgestellt werden, die für das Auftreten der Schmerzen verantwortlich gemacht wird und die sekundär, z. B. durch nächtliches Zähneknirschen, zu ernsthaften Zahnschädigungen führen kann. Verhaltenstherapeutische Methoden zielen darauf hin, diese pathologisch gesteigerte Muskelspannung zu reduzieren. In den vorliegenden Untersuchungen erhielten die Patienten fast ausschließlich ein Entspannungstraining, das durch Biofeedback-Verfahren unterstützt wurde.

Reading und Raw (1976) unterwiesen vier Patienten in der progressiven Muskelentspannung, nachdem sie zuvor über die Zusammenhänge von Spasmen und Schmerz aufgeklärt worden waren. Über 3 Wochen verteilt fanden vier 15minütige Trainingssitzungen statt, und die Patienten wurden aufgefordert, die Übungen täglich zu Hause zu wiederholen. Während der Behandlung nahmen sowohl die Anzahl als auch die Dauer der Schmerzanfälle signifikant ab. Bei einer Befragung drei Monate später hatten 2 Patienten keine Schmerzen mehr, die beiden anderen berichteten noch über gelegentliche Anfälle (ein- bis zweimal pro Woche von etwa einer Stunde Dauer).
Gross (1975) unterstützte das Entspannungstraining durch Rückmeldung des Hautwiderstandes. Bei allen 20 behandelten Patientinnen konnten wesentliche Besserungen ihres Zustandes erzielt werden. EMG-Biofeedback wurde von Carlsson u. a. (1975) sowie Carlsson und Gale (1977) ebenfalls mit gutem Erfolg eingesetzt, wobei die Spannung des Masseters kontinuierlich rückgemeldet wurde. 11 Patienten (sechs Männer und fünf Frauen), die mindestens seit 3 Jahren an den Symptomen litten und bereits verschiedene andere konservative Verfahren ohne Erfolg erprobt hatten, erhielten ein Entspannungstraining, das in vier Phasen untergliedert war. In Phase 1 wurden die Patienten über die Zusammenhänge von Schmerz und Muskelspannung aufgeklärt, und es wurden Lebenssituationen eruiert, in denen eine gesteigerte Muskelspannung vorhanden war. In Phase 2 wurden die Patienten mit dem EMG-Gerät vertraut gemacht und sie lernten, die Spannung des Masseters willkürlich zu variieren und den augenblicklichen Spannungszustand einzuschätzen. In Phase 3 begann das Entspannungstraining des Masseters, wobei jeder Erfolg von dem Therapeuten gelobt wurde. In Phase 4 wurde der Patient aufgefordert, an zwei Tagen in der Woche stündlich die Masseter-Spannung in seiner natürlichen Umgebung ohne Biofeedback einzuschätzen und zu reduzieren. Insgesamt fanden zwischen 6 und 18 Biofeedback-Sitzungen statt. Bei einer Nachuntersuchung nach einem Jahr waren 8 Patienten symptomfrei, der Zustand des einen war leicht verbessert, bei zweien war der Zustand unverändert.
Gessel (1975) versuchte, Zusammenhänge zwischen Therapieerfolg und Persönlichkeitsmerkmalen aufzuzeigen. Von 23 Patienten (22 Frauen, 1 Mann), die wöchtentlich 30 Minuten lang mit Hilfe von EMG-Feedback trainiert wurden, die Masseter-Spannung zu reduzieren, zeigten 15 einen guten Therapieerfolg. Die Erfolglosen waren vor der Therapie übereinstimmend als stärker depressiv eingeschätzt worden als die Erfolgreichen. Gessel verabreichte ihnen daher ein Antidepressivum und konnte durch diese Maßnahme bei weiteren vier Patienten eine befriedigende Remission der Symptomatik erzielen. Der Autor fordert dazu auf, die gesteigerte Depressivität, die bei Patienten mit einem myofazialen Schmerzsyndrom vorhanden sein soll, in der Therapie zu berücksichtigen.
In einer Untersuchung von Clarke und Kardachi (1977) wurde die Span-

nung des Masseters und des Temporalis den Patienten mit Hilfe des EMG nachts während des Schlafes über ein akustisches Signal rückgemeldet, dessen Intensität parallel mit der Muskelspannung variierte, ohne daß die Patienten dadurch aus dem Schlaf erwachten. Bereits nach weniger als einer Woche war bei sechs Patienten eine Heilung bzw. wesentliche Besserung des Zustandes erzielt worden. Eine Patientin weigerte sich, nachdem nach anfänglicher Besserung ein Rückfall eingetreten war, sich weiterhin dieser Prozedur auszusetzen.

Obwohl in allen Untersuchungen von Therapieerfolgen berichtet wird, wird nicht deutlich, ob diese Erfolge allein auf die beschriebenen Methoden zurückzuführen sind und ob die gleichen Erfolge nicht auch durch andere Methoden erzielt worden wären. Verantwortlich hierfür sind unsere fehlenden Kenntnisse über die Rate der Spontanremissionen und die fehlende methodische Exaktheit der Untersuchungen, in denen völlig auf Kontrollgruppen verzichtet wurde. Aus der Tatsache, daß auch mit konservativen Behandlungsverfahren gute Erfolge erzielt wurden (Greene und Laskin 1974, Brooke u. a., 1977), ist eher zu schließen, daß eine Überlegenheit verhaltenstherapeutischer Methoden bei der Behandlung des myofazialen Schmerzsyndroms bisher noch nicht nachgewiesen werden konnte.

2.4. Asthma bronchiale

Das Bronchialasthma besteht in kurzdauernden Anfällen starker Atemnot mit intensiven Angstzuständen. Dabei ist insbesondere das Ausatmen erschwert. Die Anfälle werden herbeigeführt durch eine spastische Kontraktion der feinen Bronchialäste und durch Schleimhautschwellungen, die verbunden sind mit der Absonderung eines zähen Schleims aus den Bronchialdrüsen. Bei Asthmatikern findet sich eine gesteigerte Sensitivität der Bronchialschleimhäute und der Bronchialmuskulatur gegenüber Reizen, die eine Bronchokonstriktion bewirken können. Hierfür werden sowohl Gewebeschädigungen aufgrund einer vorausgegangenen chronischen Bronchitis als auch neuropathische Faktoren, wie eine abnorme Erregbarkeitssteigerung des Nervus vagus und schließlich auch eine Überempfindlichkeit gegenüber Allergenen (z. B. Staub, Tierhaare, Federn, Medikamente, Klimabedingungen) verantwortlich gemacht. Auch Nicht-Asthmatiker reagieren auf verschiedene physikalische oder chemische Substanzen mit einer Bronchokonstriktion; diese Reaktion ist allerdings bei Asthmatikern übersteigert. Die Ätiologie der Überempfindlichkeit ist letztlich unbekannt.

Die zunächst nicht erlernten asthmatischen Reaktionen werden in der Folge durch Lernprozesse überlagert. Nach dem Lernparadigma kann Asthma auf der Basis einer organischen Vorschädigung der Atemwege durch Prozesse der klassischen Konditionierung entstehen. Lernen im

klassischen Sinn ist fast immer verschränkt mit operanten Lernprozessen (Turnbull, 1962). Ebenso finden sich häufig in der sozialen Umwelt der Asthmatiker Verhaltensvorbilder, so daß auch Modellernen als Einflußfaktor angenommen werden kann. Daß auch kognitive Prozesse eine Rolle spielen, zeigt eine Untersuchung von Philipp u. a. (1972). Die Patienten reagierten auf ein gasförmiges Allergen, Mecholyl, wesentlich geringer, wenn es von ihnen als normale Atemluft interpretiert wurde.
Da verschiedenartige Lernprozesse für die Störung verantwortlich gemacht werden können, kommen in Abhängigkeit von den diagnostischen Ergebnissen unterschiedliche therapeutische Verfahren zur Anwendung.

Entspannung und systematische Desensibilisierung

Eine methodisch gute Untersuchung, in der die Effektivität der verbalen systematischen Desensibilisierung bei der Behandlung asthmatischer Reaktionen nachgewiesen werden konnte, soll exemplarisch geschildert werden. In einem ausgewogenen unvollständigen Blockdesign, in dem jeder Patient sich selbst als Kontrollproband diente, überprüfte Moore (1975) an 12 Patienten (6 Erwachsene, 6 Kinder) die Wirksamkeit der Methode der systematischen Desensibilisierung (Bedingung 3) im Vergleich zu einem Entspannungstraining (Bedingung 1) sowie einem Entspannungstraining plus Suggestion (Bedingung 2). Zur Entspannung wurde eine Kombination der Methoden von Schultz und Jacobson verwendet. Unter der Bedingung 2 erhielten die Patienten während der Entspannung zusätzlich die Suggestion, der Zustand werde sich in der nächsten Woche wesentlich bessern. Unter der Bedingung 3 wurden für jeden Patienten 3 Asthma-Hierarchien aus jeweils 10 Situationen erstellt, die Beziehung hatten zum asthmatischen Verhalten. In entspanntem Zustand stellten sich die Patienten diese Situation solange vor, bis im Zusammenhang mit der Vorstellung keine Steigerung der psychophysiologischen Aktiviertheit mehr zu beobachten war. Mit Vorgabe der Hierarchie 1, die sich auf einen Asthmaanfall bezieht, wird das Ziel verfolgt, die Handlungskette, die assoziativ abläuft, wenn sich erste Anzeichen eines Anfalls zeigen, zu durchbrechen. Auf die ersten Anzeichen des Anfalls soll – so ist das Lernziel – nicht mit gesteigerter Aktiviertheit und Angst, sondern mit Entspannung reagiert werden. Diese Hierarchie wurde allen Patienten in der gleichen Form vorgegeben.

1. ganz leichtes Keuchen
2. nur ein bißchen stärkeres Keuchen
3. keuchend, unbehaglich im Liegen
4. stark keuchen, muß sich aufsetzen
5. ziemlich stark keuchen, auch beim Aufsetzen im Bett
6. sehr stark keuchend, auch im Sitzen
7. schwierig, Atem zu bekommen

8. Gefühl, nicht atmen zu können
9. ringen um Luft
10. nicht mehr nach Luft ringen können, Gefühl, zu ersticken.

Hierarchie 2, mit deren Vorgabe begonnen wurde, als die Hierarchie 1 beendet war, bezieht sich auf infektiöse oder allergische Faktoren und wurde für jeden Patienten einzeln aufgestellt. Eine 19jährige Patientin z. B. erlitt jedesmal einen Anfall, wenn sie Zigarettenrauch einatmete, besonders in einem heißen geschlossenem Raum. Die für sie relevanten Situationen variierten von einem heißen Tag in einem Wohnwagen auf der Ferieninsel Canvey bis hin zu einem besetzten Lift mit viel Zigarettenrauch.

Die Hierarchie 3 schließlich bezieht sich noch stärker auf die Analyse der Lernprozesse. Bei einem 13jährigen Jungen konnte ein Prozeß des Modellernens angenommen werden, weil das Asthma nach wiederholten Trennungen von seiner Mutter begann, die krebskrank war und wiederkehrende Phantasien um ihren Tod hatte, wobei ein schweres Keuchen auftrat. Situationen dieser Hierarchie sind z. B., daß die Mutter wegen eines Einkaufs das Haus verläßt oder daß die Mutter schwerkrank in der Klinik liegt.

Die Behandlungen fanden während einer Zeitspanne von 2 Monaten in wöchentlich halbstündigen Sitzungen statt. Als Ergebnis zeigte sich, daß alle 3 Behandlungsmethoden aus der Sicht der Patienten zu subjektiven Verbesserungen ihres Zustandes geführt hatten. Unter dem Einfluß der Desensibilisierung änderte sich zwar die durchschnittliche Häufigkeit asthmatischer Attacken am stärksten (von 3 auf 0,5 pro Woche), die Unterschiede dieses Effektes zu den anderen beiden Behandlungsmethoden erwiesen sich allerdings als nicht signifikant. Signifikante Unterschiede gab es allerdings hinsichtlich der Lungenfunktionswerte. Auch hier kam es zwar unter allen 3 Behandlungsbedingungen zu Verbesserungen, die systematische Desensibilisierung hatte jedoch den größten, deutlich von den anderen Methoden unterscheidbaren Einfluß auf die durchschnittliche Steigerung der maximalen Atemgeschwindigkeit.

Yorkston u. a. (1974) konnten ebenfalls eine Überlegenheit der systematischen Desensibilisierung gegenüber einem reinen Entspannungstraining nachweisen. Obwohl beide Versuchsgruppen nach Beendigung der Behandlung von einer subjektiv erlebten Verbesserung berichteten, konnte nur bei den desensibilisierten Personen eine Verbesserung der Lungenfunktionswerte festgestellt werden. Auch bei einer Nachuntersuchung nach 2 Jahren hatte die desensibilisierte Gruppe ihren Konsum an Medikamenten wesentlich stärker reduziert als die Gruppe, die allein Entspannung erlernt hatte.

Alexander u. a. (1972) berichten zwar, daß auch ein Entspannungstraining allein im Vergleich zu einem einfachen Training im Stillsitzen bei Kindern bereits die Lungenfunktionswerte beeinflußt; nach den Ergebnissen bisher vorliegender Studien muß die Methode der systematischen

Desensibilisierung jedoch der Entspannung allein als überlegen angesehen werden. Obwohl Miklich (1973) auch durch andere operante Verfahren (Nichtbeachtung bei unerwünschtem und Zuwendung bei erwünschtem Verhalten) eine zunehmende Entspannung bei einem 6jährigen hyperkinetischen asthmatischen Jungen herbeiführen konnte, scheinen Kinder noch stärker als Erwachsene auf unmittelbare physiologische Rückmeldung angewiesen zu sein, wenn sie den Spannungszustand ihrer Muskulatur kontrollieren sollen. Untersuchungen hierzu wurde von Davis u. a. (1973), Scherr u. a. (1975) sowie Kotses u. a. (1978) durchgeführt. Die günstigsten Therapieerfolge bei Asthmatikern zeigten sich, wenn eine EMG-Rückmeldung des Spannungszustandes der Frontalis-(Stirn) Muskulatur vorgenommen wurde. Hierfür werden zwei Gründe angeführt: Zum einen konnte von Budzynski u. a. (1970) nachgewiesen werden, daß der Spannungszustand der Frontalismuskulatur der reliabelste Indikator für den allgemeinen muskulären Spannungszustand darstellt, zum anderen scheint die Entspannung der Frontalis-Muskulatur leichter als die anderer Muskelgruppen mit Hilfe von EMG-Feedback erlernbar zu sein. So fanden z. B. Kotses u. a. (1978), daß asthmatische Kinder in relativ kurzer Zeit (pro Woche drei zehnminütige Sitzungen über drei Wochen) mit Hilfe des Frontalis-Feedback die Entspannung gut erlernten, während ein EMG-Feedback der Brachioradialis-(Oberarm-)Muskulatur die Entspannung nicht förderte. In dieser Untersuchung konnte außerdem mit Hilfe von Joch-Kontrollen (s. S. 27) nachgewiesen werden, daß das EMG-Feedback der Frontalis-Spannung zu einer Verbesserung der Lungenfunktionswerte führt. Kinder der Versuchsgruppe erhielten ein reaktionskontingentes Frontalis-Feedback, während die Kinder der Joch-Kontrollgruppe zwar auch die EMG-Elektroden angelegt bekamen, aber keine Rückmeldung über ihren eigenen Spannungszustand, sondern den eines entsprechend zugeordneten Kindes der Versuchsgruppe erhielten. Erwartungsgemäß führte diese Prozedur dazu, daß nur die Kinder der Versuchsgruppe, nicht aber die der Kontrollgruppe die Muskelentspannung lernten. Mit der Beherrschung der Muskelspannung in der Versuchsgruppe ging eine signifikante Steigerung des maximalen Atemstoßes und somit eine Senkung des Atmungswiderstandes einher, während sich die Lungenfunktionswerte in der Kontrollgruppe nicht veränderten.

Auch in der Untersuchung von Scherr u. a. (1975) konnten die positiven Effekte eines EMG-Feedbacks aufgezeigt werden. Die Kinder der Versuchsgruppe unterschieden sich von denen einer nicht mit Biofeedback behandelten Kontrollgruppe sowohl hinsichtlich ihrer Lungenfunktionswerte als auch hinsichtlich der Häufigkeit der Asthmaanfälle, der Besuche in der Klinik und des Gebrauchs von Steroiden. Die Autoren interpretieren diese Ergebnisse allerdings mit Vorsicht, da die Erkrankung der Kinder der Konrollgruppe aufgrund der Einschätzung des medizinischen Personals, die nach Beginn der Untersuchung stattfand, häufiger als ernsthaft angesehen wurde, als die der Kinder der Versuchsgruppe. Die unterschiedlichen Effekte in Versuchs- und Kontrollgruppe könnten daher mitbedingt sein durch den unterschiedlichen Schweregrad der Erkrankung.

Eine sorgfältigere Kontrolle des Schweregrades der Erkrankung wurde von Davis u. a. (1973) vorgenommen, wobei als Kriterium für schweres Asthma der ständige Gebrauch von Steroiden angesehen wurde. Insgesamt wurden 24 Kinder in die Untersuchung einbezogen, von denen die Hälfte an schwerem Asthma litt. Diese Kinder wurden auf drei Gruppen verteilt: die Experimentalgruppe I erhielt ein Entspannungstraining nach Jacobson, unterstützt durch ein EMG-Frontalis-Feedback; die Experimentalgruppe II erhielt allein das Entspannungstraining ohne Biofeedback; die Kontrollgruppe wurde aufgefordert, sich zu entspannen, ohne eine entsprechende Anleitung zu erhalten. Insgesamt fanden fünf Sitzungen über 30 Minuten innerhalb einer Woche statt, in denen die Anleitung zur Entspannung vom Tonband vorgespielt wurde. Die Effekte der Behandlung wurden wiederum mit Hilfe des maximalen Atemstoßes überprüft, der mehrmals täglich gemessen wurde. Als wesentliches Ergebnis wurde in dieser Untersuchung gefunden, daß der Erfolg der Therapie sich als abhängig erweist von dem Schweregrad der Erkrankung. Nur bei den leichteren Erkrankungen war die Verbesserung der Lungenfunktion signifikant, wobei ein zusätzliches Biofeedback-Training auch zu zusätzlichen Erfolgen führte. Bei den Kindern, die unter einer Steroid-Medikation standen, konnte mit Hilfe der psychologischen Behandlungsmethoden keine signifikante Verbesserung ihres Zustandes erzielt werden.

In einer von Hock u. a. (1977) durchgeführten Untersuchung wurden die Effekte eines Entspannungstrainings nach Jakobson mit denen eines Selbstsicherheitstrainings verglichen. Die Autoren vermuten, daß ein Selbstsicherheitstraining deshalb indiziert sei, weil aufgrund ihrer eigenen Erfahrungen und Literaturberichten zufolge bei Asthmatikern häufig ein Defizit an sozialen Kompetenzen zu beobachten ist. Sie lehrten die Kinder der Experimentalgruppe I im Rollenspiel, mit Autoritäten umzugehen, ihre Bedürfnisse zu artikulieren, ihre Gefühle auszudrücken und Gespräche zu führen. Die Kinder der Experimentalgruppe II erlernten progressive Muskelentspannung nach Jacobson ohne Biofeedback-Unterstützung. Als Lungenfunktionswert wurde die Sekundenkapazität gemessen, das ist die Luftmenge, die in der ersten Sekunde des forcierten Ausatmens herausgeblasen werden kann. Die Therapie fand über acht Wochen statt, einen Monat darauf wurde eine Nachuntersuchung durchgeführt. Hierbei zeigte sich, daß sich im Vergleich zur Ausgangslage die Lungenfunktion der Kinder, die ein Selbstsicherheitstraining erhalten hatten, sogar leicht – wenn auch nicht signifikant – verschlechtert hatte. Eine Verbesserung der Lungenfunktion war allerdings wieder bei den Kindern zu beobachten, die die Entspannung gelernt hatten. Deren Lungenfunktionswerte konnten jetzt als normal angesehen werden. Für den Mißerfolg des Selbstsicherheitstrainings bieten die Autoren zwei Interpretationen an: Zum einen meinen sie, das Training könne über eine Aktivierung des sympathischen Nervensystems zu einer Bronchokonstriktion geführt haben, zum anderen halten sie es auch für möglich, daß die verbesserte Fähigkeit der Kinder, ihre Bedürfnisse zu artikulieren und durchzusetzen, zu Spannungen und Konflikten in der Familie geführt haben könnte, die dann wiederum zu einer Verschlimmerung der Symptomatik beitrugen. Da die Familie in die Therapie offensichtlich nicht einbezogen wurde, konnte diese Hypothese nicht überprüft werden.

Diese von den Autoren selbst vorgetragenen Gedanken geben Anlaß zu einer Kritik an den bisher geschilderten Untersuchungen an asthmatischen Kindern. In keiner der Studien wurde das soziale Umfeld in die therapeutischen Bemühungen einbezogen, obwohl bekannt ist, daß asthmatisches Verhalten wesentlich durch die Reaktionen der sozialen Umwelt aufrechterhalten, bzw. gefördert wird. Das Bemühen um methodische Exaktheit führt wahrscheinlich zu einem Ausblenden von Variablen, die für den individuellen Therapieerfolg von entscheidender Bedeutung sind. Um die Bedingungen für alle an den Untersuchungen beteiligten Kinder möglichst konstant zu halten, wurden einige Studien, z. B. die von Scherr u. a. (1975) oder die von Kotses u. a. (1978) in Ferienlagern für asthmatische Kinder durchgeführt, also in einer Umgebung, die deutlich von der des Elternhauses unterschieden ist. Es fragt sich, ob die Effekte, die unter diesen Bedingungen erzielt wurden, auch nach der Heimkehr der Kinder in ihre gewohnte Umgebung aufrechterhalten werden. Langfristige Kontrollmessungen wurden nicht vorgenommen.

Wenn wir die Ergebnisse der bisher geschilderten Untersuchungen unbeachtet der vorgetragenen Kritik zusammenfassen, so darf angenommen werden, daß sich die stärkste Verbesserung der Lungenfunktionswerte zeigen wird, wenn ein durch ein Frontalis EMG-Feedback unterstütztes Entspannungstraining bei Personen ohne Steroid-Therapie vorgenommen wird, dem sich eine systematische Desensibilisierung anschließen sollte.

Wichtig ist es, nach einer Desensibilisierung in der Vorstellung die Entspannung auf Realsituationen zu übertragen. Sirota und Mahoney (1974) unterstützten diesen Prozeß bei einer 41jährigen Patientin dadurch, daß sie ihr eine Uhr mitgaben, die in unregelmäßigen Abständen ein Signal von einigen Minuten Dauer ertönen ließ. In dieser Zeit sollte die Patientin den Grad ihrer Aktiviertheit einschätzen und sich völlig entspannen – unabhängig von der Situation, in der sie sich gerade befand, so daß eine Assoziation zwischen Signal und entspanntem Zustand gefördert wurde. Daraufhin wurde mit der Patientin folgende Vereinbarung getroffen: Jedesmal, wenn sie aufgrund vorhandener Atembeschwerden den Wunsch hatte, ihren Inhalator zu benutzen, sollte sie zuvor das akustische Signal auslösen und sich entspannen und nur, wenn es ihr nicht gelang, die Atmung zu kontrollieren, durfte sie zum Inhalator greifen. Nach 14 Tagen bereits waren Inhalationen nicht mehr notwendig. Nach 2 Monaten hatte die Patientin die Steroid-Therapie abgesetzt und auch andere Medikationen drastisch verringert. Auch langfristig blieben diese Erfolge vorhanden.

Operante Verfahren einschließlich Atmungs-Feedback

Operante Verfahren versuchen, die Konsequenzen asthmatischen Verhaltens zu ändern. Häufig gelingt es dem Asthmatiker, mit Hilfe eines asthmatischen Anfalls seine Umwelt zu manipulieren und Wünsche, die er mit anderen Mitteln nicht durchsetzen kann, auf diese Weise zu befriedigen, ohne daß ihm der instrumentelle Charakter seines asthmatischen Verhaltens bewußt ist. In diesem Fall kommt es darauf an, das Instrument »Asthmaanfall« zur Erreichung angestrebter Ziele untauglich werden zu lassen, dem Asthmatiker aber gleichzeitig andere tauglichere Instrumente in die Hand zu geben.
Neisworth und Moore (1972) berichten von einem 7jährigen Jungen, der bereits im Alter von sechs Monaten erstmals Asthmaanfälle hatte und seitdem häufig wegen seiner Erkrankung hospitalisiert war. Wegen seiner häufigen Anfälle befand er sich ständig in ärztlicher Behandlung, bis schließlich eine psychologische Therapie in Erwägung gezogen wurde. Zu dieser Zeit lag bereits ein familiäres Interaktionsmuster vor, das typisch für Familien mit asthmatischen Kindern ist. Die Mutter war überbesorgt und beobachtete ängstlich jedes Husten des Kindes. Sie achtete darauf, daß der Junge sich nicht anstrengte, bestimmte Nahrungsmittel aß und ständig seine Medizin bekam. Sie kam seinen Wünschen weitgehend nach, weil er sich aufregte, wenn ihm etwas abgeschlagen wurde, Aufregung aber Asthmaanfälle begünstigte. Als besonderes Problem erwies sich das abendliche Einschlafen. Wurde das Kind ins Bett gebracht, trat regelmäßig asthmatische Atmung auf, die dazu führte, daß sich die Mutter dem Kind besonders intensiv zuwendete, ihm Medizin verabreichte und auf alle seine Wünsche einging, damit er sich beruhigte. Da die Anfälle vor dem Einschlafen als besonders heftig und langdauernd geschildert wurden, wurden sie zunächst in den Mittelpunkt der Therapie gestellt. Die Eltern wurden angewiesen, allabendlich ein Diagramm zu führen, in das die Dauer der Anfälle eingetragen wurde. Zunächst wurde 10 Tage lang die Grundrate (baseline) des auffälligen Verhaltens erhoben mit dem Ergebnis, daß die Anfälle im Schnitt 70 Minuten dauerten. Dann wurden auf Anweisung der Therapeuten die Konsequenzen des asthmatischen Verhaltens verändert. Die Eltern verließen das Kind, nachdem sie es ins Bett gebracht hatten, gaben ihm keine Medikamente

mehr und ließen sich auch durch das Keuchen nicht bewegen, sich erneut dem Jungen zuzuwenden. Ihm wurde allerdings versprochen, er würde am nächsten Tag eine für ihn wichtige Belohnung erhalten, wenn er kürzere Zeit keuchte, als am Abend zuvor. Wie zu erwarten war, führte der Entzug des positiven Verstärkers dazu, daß sich die Dauer der Asthmaanfälle zunächst erhöhte. Nachdem die Eltern diese Prozedur sieben Tage konsequent durchgehalten hatten, zeigte sich ein erster Erfolg der Maßnahme. Nach weiteren sieben Tagen dauerten die Anfälle im Schnitt nur noch etwa 10 Minuten. Um zu überprüfen, ob das veränderte Verhalten tatsächlich als Effekt der verhaltenstherapeutischen Maßnahmen interpretiert werden konnte, wurde eine Reversal-Phase eingeschaltet, d. h. die Eltern verhielten sich dem Kind gegenüber wieder so wie vor der Therapie, was erwartungsgemäß zu einer Verlängerung der Anfallsdauer führte. Nach Wiedereinführung der Therapiemaßnahmen sank dann die Anfallsdauer auf weniger als 5 Minuten, ein Effekt der auch nach mehreren Monaten noch erhalten blieb.
Auch Lukeman (1975) berichtet darüber, wie durch Beratung der Mutter situationsspezifische Asthmaanfälle bei einem 4jährigen Mädchen reduziert werden konnten. Nachdem das Kind wegen seiner Erkrankung hospitalisiert gewesen war, hatte es Ängste entwickelt, in seine Spielgruppe im Kindergarten zurückzukehren. Wurde es in diese Gruppe hineingebracht, reagierte es mit einem Asthmaanfall, der erst aufhörte, wenn die Mutter mit dem Kind wieder zu Hause war. Der Mutter, die darauf angewiesen war, das Kind in der Gruppe betreuen zu lassen, wurde geraten, das Personal zu bitten, den Asthmaanfall möglichst nicht zu beachten und das Kind in die Aktivitäten einzubeziehen. Nach 3 Wochen, in denen diese Maßnahmen durchgeführt wurden, traten die situationsspezifischen Anfälle nicht mehr auf.
Creer (1979) berichtet in einer anderen Studie darüber, wie 2 asthmatische Jungen, die ihr Asthma offensichtlich einsetzten, um sich sozialen Anforderungen, wie z. B. dem Schulbesuch zu entziehen, durch operante Verfahren zu einer Reduktion ihrer Atemstörungen veranlaßt wurden. Den Kindern wurden in der Klinik gezielt alle Verstärker entzogen; sie kamen z. B. in Einzelzimmer, durften keinen Besuch empfangen und auch andere Patienten nicht besuchen. Diese Prozedur führte sowohl zu einer drastischen Verringerung der Anzahl der Hospitalisierungen als auch der durchschnittlichen Hospitalisierungsdauer, was als Indikator für einen verbesserten Gesundheitszustand bewertet wird. Der Entzug von Verstärkern für unerwünschtes Verhalten sollte stets einhergehen mit der Verstärkung erwünschten Verhaltens. Durch systematischen Einsatz von Belohnungen erreichten Creer u. a. (1974), die Dauer des Schulbesuches und damit die beschwerdefreie Zeit zu verlängern.
In den letzten Jahren werden zur verhaltenstherapeutischen Behandlung des Asthmas zunehmend Biofeedback-Verfahren eingesetzt, die den Patienten über akustische oder optische Signale Änderungen des Atmungs-

widerstandes direkt rückmelden und auf diese Weise eine Selbstkontrolle der Atemfunktion ermöglichen. Von Khan u. a. (1973) sowie Khan (1977) wurde der Atmungswiderstand mit Hilfe der Sekundenkapazität bestimmt, die wiederholt im Laufe einer Trainingssitzung gemessen wurde. Jede Änderung in Richtung auf eine Bronchodilatation, die ein vorher festgeseztes Maß überschritt, wurde als optisches Signal zurückgemeldet. Die Versuchspläne in den beiden von Khan geschilderten Untersuchungen stimmen fast völlig überein. Gegenüber 20 Versuchspersonen bei der ersten Untersuchung (Khan u. a. 1973) wurde die Anzahl der Versuchspersonen bei der zweiten Untersuchung (Khan 1977) allerdings auf 80 erweitert.
Vor dem Experiment wurden die Versuchspersonen, Kinder im Alter zwischen 8 und 15 Jahren, mit einer Kochsalzlösung konfrontiert und es wurde ihnen gesagt, es handele sich um das Allergen, das bei ihnen für die Asthmaanfälle verantwortlich sei. Die Kinder, deren Sekundenkapazität sich hiernach um mindestens 15% infolge einer Bronchokonstriktion verringerte, wurden als »Reagierende«, die anderen als »Nicht-Reagierende« bezeichnet. Sie wurden dann anteilmäßig auf Versuchs- und Kontrollgruppe verteilt. Auf diese Weise sollte die Suggestibilität, der ein möglicher Einfluß auf den Therapieerfolg zugeschrieben wird, in Versuchs- und Kontrollgruppe in gleichem Ausmaß vertreten sein.
In der ersten Phase des Experimentes lernten die Kinder, mit Hilfe der Rückmeldung des Atemwiderstandes eine zunehmende Bronchodilatation herbeizuführen. Hierzu wurden bis zu 8 Trainingssitzungen durchgeführt, in denen in Abständen von 3 Minuten die Sekundenkapazität bestimmt wurde. Wenn innerhalb von drei Messungen der Widerstand um 2% verringert war, wurde dies als Erfolg zurückgemeldet und das Kind zusätzlich gelobt. Es wurden in einer jeden Sitzung jeweils bis zu 12 Messungen vorgenommen, so daß bei maximalem Erfolg der Atemwiderstand um 6% gegenüber der Ausgangslage verringert wurde. Kinder, die dieses Ziel wiederholt nicht erreichten, erhielten eine Esoproterenol-Inhalation, die eine Bronchodilatation begünstigt. In der Untersuchung von 1977 lernten 68% (27 Kinder) der Versuchsgruppe nach 5 Sitzungen ihren Atemwiderstand um 10 bis 15% zu verringern. Weitere 8 Kinder lernten eine 10% Reduktion nach anfänglichem Gebrauch von Isoproterenol. 5 Kinder lernten keine Kontrolle ihrer Atemfunktion. Die Kontrollgruppe wurde nicht trainiert, bei ihr wurde allerdings wiederholt der Atemwiderstand gemessen.
In der zweiten Versuchsphase wurde dann bei den Kindern mit Hilfe verschiedener Methoden eine leichte Bronchokonstriktion hervorgerufen. Solche Methoden bestanden in der Schilderung vorausgegangener asthmatischer Anfälle, der Vorspiegelung der Inhalation von Allergenen, Hyperventilation, Abspielen des Keuchens eines asthmatischen Kindes vom Tonband bis hin zur Verabreichung von Mecholyl, einem Medikament, das zu Bronchokonstriktionen führt. Die Kinder wurden dann auf-

gefordert, ihre erlernte Technik der Kontrolle der Atemfunktion einzusetzen, wobei wiederum Erfolge rückgemeldet wurden. Wenn das Kind nach 10 Minuten den Atemwiderstand noch nicht um das vorgegebene Maß verringert hatte, wurde der Entspannungsprozeß mit Isoproterenol untersützt, ehe das Training fortgesetzt wurde. Insgesamt fanden in dieser Phase 10 Sitzungen statt. Die Kontrollgruppe wurde in gleicher Häufigkeit einbestellt wie die Experimentalgruppe.
Die Kinder wurden anschließend über ein Jahr beobachtet und es wurden Daten erhoben, über die Anzahl und den Schweregrad der Anfälle, über Hospitalisationen, Notfallbehandlungen und Medikationen.
In der Untersuchung von 1973 hatte die Versuchsgruppe insgesamt einen verbesserten Gesundheitszustand verglichen mit der Kontrollgruppe, was sich sowohl in einer verringerten Anzahl von Anfällen, von Notfallbehandlungen als auch von Medikamenten zeigte. In der Untersuchung von 1977 konnten Unterschiede nur hinsichtlich der Häufigkeit und der Schwere der Anfälle gefunden werden. Wahrscheinlich ist das darauf zurückzuführen, daß sich auch der Gesundheitszustand bei einem Teil der Patienten der Kontrollgruppe verbesserte, was von Khan darauf zurückgeführt wird, daß diese Kinder, obwohl sie nicht behandelt wurden, die häufigen Kontakte als unterstützend und entlastend erlebt haben könnten.
Die von Khan eingesetzte Biofeedback-Methode hat den Nachteil, daß Änderungen des Atemwiderstandes nicht kontinuierlich rückgemeldet werden können. Es wurde daher für die Behandlung von Asthmatikern die Methode der forcierten Oszillation entwickelt, die bei Vachon und Rich (1976) beschrieben ist. Hierbei werden Luftdruckschwankungen von 3 bis 7 Hz in den Luftwegen hervorgerufen, die dann von dem Druck der Atmung überlagert werden. Die durch die normale Atmung hervorgerufenen Veränderungen der normierten Luftdruckschwankungen werden dann über akustische oder optische Signale rückgemeldet. Feldman (1976) konnte in einer Pilot-Studie an vier Kindern die Effektivität dieser Methode zur Verringerung des Atemwiderstandes nachweisen. In einer sorgfältiger geplanten Studie, in die auch Kontrollpersonen einbezogen wurden, konnten auch Vachon und Rich (1976) Erfolge dieser Methode aufzeigen. Wegen der Möglichkeit der kontinuierlichen Rückmeldung des Atemwiderstandes wird dieses Verfahren in der Therapie des Asthma bronchiale wahrscheinlich verstärkt eingesetzt werden – vorausgesetzt, es wird sich in weiteren exeperimentellen Untersuchungen als erfolgreich erweisen. In diesen Untersuchungen müßten auch Langzeiteffekte überprüft werden, über die bisher kaum Aussagen zu machen sind.

2.5. Erkrankungen des gastrointestinalen Bereichs

Bei der Therapie von Störungen der Nahrungsaufnahme und Verdauung haben die Verhaltenstherapeuten sich vor allem auf die funktionellen Störungen wie Colon irritabile, funktionelle Diarrhoe und Erbrechen oder psychogene Oberbauchbeschwerden konzentriert, die als Angst-Reaktionen nach dem Modell des bedingten Reflexes zu interpretieren sind und bei denen der Bezug zum auslösenden Reiz noch deutlich erkennbar ist. In diesen Untersuchungen geht es im wesentlichen um die »Entängstigung« des Patienten, wobei in der Regel eine Form der Gegenkonditionierung bzw. der systematischen Desensibilisierung eingesetzt wird.

Über Verhaltenstherapie bei Ulcus ventriculi oder duodeni oder Colitis ulcerosa existierten bisher praktisch keine Untersuchungen, obwohl ein großer Teil der klassischen lerntheoretischen Versuche sich eben auf diese Störungen bezieht. Wir können hier nicht auf diese Grundlagenversuche eingehen, verweisen aber auf die einführende Arbeit von N. E. Miller (1977).

Das starke Interesse an der Frage der Lernbarkeit autonomer Funktionen hat seinen Niederschlag auch in ersten Untersuchungen über den therapeutischen Einsatz des Biofeedback bei gastrointestinalen Störungen gefunden. Diese Verfahren beziehen sich direkt auf die symptomatischen Reaktionsweisen, ohne einen Bezug zu möglichen auslösenden Situationen herzustellen.

Biofeedback-Verfahren

Furman (1973) trainierte vier Patienten mit schwerer funktioneller Diarrhoe über ein Feedback-Gerät, mit dem die Darmgeräusche aufgenommen und über Lautsprecher verstärkt wiedergegeben wurden. Die Darmgeräusche dienten als Signal für die allgemeine Darmmotilität. Alle Patienten lernten in bemerkenswert kurzer Zeit, eine gewisse Kontrolle über die Geräusche auszuüben. Dieser Lerneffekt war mit einer deutlichen Besserung des Symptoms (Durchfall) verbunden. Quantitative Angaben über den Grad der Besserung und follow-up-Daten werden leider nicht mitgeteilt.

Bueno-Miranda (1976) unternahm einen ähnlichen Versuch mit 21 Patienten mit Reizcolon, nur daß er die Motilität des Darmes direkt über mehrere in den Darm eingeführte Ballons messen und über einen Polygraphen auch für die Patienten sichtbar machen konnte. Von den 21 Patienten lernten immerhin 14, die Darmperistaltik soweit zu kontrollieren, daß das Volumen deutlich erhöht wurde und damit die Symptomatik zurückging. Bei den restlichen sieben Patienten war jedoch nicht nur kein Lerneffekt zu verzeichnen, sondern sogar eine Verschlechterung des Zustandsbildes.

Über einen groß angelegten Versuch zur Therapie zumeist organisch bedingter rektaler Inkontinenz berichten Schuster u. a. (Cerulli u. a. 1976). Sie behandelten 40 Patienten, die durchweg seit mehreren Jahren unter dieser Beeinträchtigung litten. Die Rückmeldung der Rektumspannungen, genauer der Reaktionen des internen und externen Sphincters, wurde mittels eines in das Rektum eingeführten Ballons über einen Polygraphen optisch vermittelt. Die Patienten trainierten die Koordination von Entspannung des internen und Anspannung des externen Sphincters in kleinen Schritten. 28 der 40 Patienten erlernten die erwünschten Reaktionen, und zwar in der erstaunlich kurzen Zeit von maximal 4 Sitzungen. Nachuntersuchungen nach einem halben bis fünf Jahren ergaben, daß von diesen 28 Patienten nur 2 einen Rückfall erlitten hatten, der in einem Nachfolgetraining behoben werden konnte.
Die Frage, warum in den zitierten Untersuchungen zwei Drittel der Patienten positiv auf die Biofeedback-Therapie reagierten, die anderen jedoch gar nicht oder gar mit Verschlechterung, ist in den Untersuchungen selbst offen geblieben. Miller (1977) diskutiert dieses Problem ausführlich und kommt zu folgendem Ergebnis: Wenn gastrointestinale Störungen mit operanten Techniken (Biofeedback) beeinflußt werden können, so ist dies ein starkes Indiz dafür, daß sie als operante Reaktionen gelernt oder doch zumindest als solche aufrecht erhalten werden, also durch bestimmte, für den Patienten positive Konsequenzen verstärkt werden. Es wäre vorstellbar, daß bei einigen Patienten diese sekundäre Verstärkung (Krankheitsgewinn) so stark ist, daß sie einer Symptomtherapie starken Widerstand entgegensetzen, auch wenn das symptomatische Verhalten selbst eine erhebliche Belastung darstellt. Hieraus ist zu schließen, daß die Aussagekraft der dargestellten Untersuchungen also erheblich zunehmen würde, wenn die auslösenden Reizbedingungen mit erfaßt und hierdurch deutlicher würde, warum die Symptome sich bei einigen Patienten ändern, bei anderen nicht.

Systematische Desensibilisierung und kombinierte Verfahren

Cohen und Reed (1968) behandelten vier Fälle langwieriger funktioneller Magen-Darm-Störungen (Erbrechen und Durchfall), bei denen die kritischen auslösenden Situationen relativ gut umschreibbar waren, mit der Methode der systematischen Desensibilisierung. Dabei wurden pro Patient zwei »Hierarchien« angstauslösender Reize gebildet: 1. Die angstauslösenden sozialen Situationen in aufsteigender Schwierigkeit und 2. die körpereigenen Reaktionen, die als sekundäre Signale für einen bevorstehenden Anfall und somit ihrerseits als Angstauslöser wirkten, ebenfalls in der Reihenfolge ihrer Intensität. Durch die Desensibilisierung gelang es den Autoren in einem Zeitraum von 8 Monaten, zwei der Patienten zu heilen und 2 erheblich zu bessern. Eine Nachuntersuchung

nach sechs Monaten ergab eine weitere Besserung und keine Symptomverschiebung. Desensibilisierung setzten auch D'Zurilla (1969) und Katahn (1967) erfolgreich bei der Behandlung von Studenten ein, die bei Verabredungen mit Mädchen bzw. vor Basketballturnieren (Collge-typischen Streß-Situationen!) mit Übelkeit und Erbrechen reagierten. Eine Variante des »Rendezvous-Erbrechens«, bei der das Symptom erst am nächsten Morgen auftrat, therapierte Burgess (1969) erfolgreich mit einer in-vivo-Desensibilisierung. Ähnlich ging Haynes (1976) bei der Therapie einer Studentin mit chronischen Schluckbeschwerden vor.
Youell und McCullough (1975) berichten über eine Patientin mit funktionellen Durchfällen und Adipositas mit dreijähriger Krankheitsdauer. Die Therapie erfolgte in Form einer »kognitiven Umstrukturierung« und durch Verhaltenstraining.
Die Patientin tendierte dazu, in sozialen Situationen allzu leicht das Gefühl zu entwickeln, daß sie zurückgewiesen und mutwillig verletzt worden sei. In solchen Situationen bekam sie krampfartige Bauchschmerzen und Durchfälle. Die Patientin wurde angewiesen, unmittelbar nach einem solchen Anfall die möglichst genaue Beschreibung der Interaktion, ihrer Reaktionen und Gefühle auf einen Minikassettenrecorder zu sprechen. In den Therapiestunden wurden diese Aufzeichnungen sehr genau durchgesprochen. Die Patientin lernte es, die Einseitigkeit und Verzerrung ihrer sozialen Wahrnehmung zu erkennen und abzubauen. Die Therapie konnte nach 18 Sitzungen erfolgreich beendet werden. Die Durchfallattacken traten auch im Laufe einer dreivierteljährlichen Nachuntersuchung nicht mehr auf. Die in der Therapie unbehandelte Adipositas nahm während der Nachuntersuchung kontinuierlich ab.

Eine Kombination von Verhaltenstherapie und Familientherapie verwendeten Liebman, Honig und Berger (1976). Sie behandelten 10 Kinder mit psychogenen Magenschmerzen, die durch das überprotektive, ängstliche und damit symptomverstärkende Verhalten der Eltern aufrecht erhalten wurden. Die Dauer der ambulanten Behandlung betrug 5–11 Monate. Bei allen Kindern war ein deutlicher Rückgang der Symptome und eine Besserung des Allgemeinverhaltens zu verzeichnen. Während der 1- bis 2jährigen follow-up-Periode kam es bei 2 Kindern zu einem Rückfall, der aber durch erneute Behandlung aufgefangen werden konnte. Maclean (1976) schildert ein ähnliches therapeutisches Vorgehen in einem Fall jugendlicher Colitis ulcerosa, ohne jedoch auf die verhaltenstherapeutischen Elemente dieser Therapie expressis verbis hinzuweisen.
Kenny und Solyom (1971) behandelten eine Patientin, die an einem Zwang zum Erbrechen nach den Mahlzeiten, jedoch nicht an Anorexie litt, mit einer Aversionstherapie. Die Reizabfolge, die zum Erbrechen führte (schweres Essen, Völlegefühl . . . Erbrechen) wurde in 8 Szenen unterteilt, die die Patientin sich möglichst lebhaft vorstellen sollte. War

diese Vorstellung erreicht, so wurde sie mit einem leichten Elektroschock an der Hand bestraft. Der Zwang zum Erbrechen nahm unter dieser Therapie kontinuierlich ab, so daß die Patientin nach 22 Therapiesitzungen das Erbrechen ganz abstellen konnte. Die Autoren führen ihren Erfolg darauf zurück, daß der ursprüngliche Zusammenhang zwischen Auslöser und Verhalten (der Konflikt zwischen Freude am guten Essen und Schlankheitswunsch) längst überwunden war und das Symptom sich als bedingter Reflex selbsttätig unterhalten hatte.
Eine interessante therapeutische Vorgehensweise hat Legalos (1977) bei einem 20jährigen Studenten angewendet, der unter chronischen funktionellen Magenschmerzen litt.

Der Patient vermochte trotz einer einjährigen analytischen Behandlung seine emotionalen Schwierigkeiten und den Zusammenhang mit seinen Schmerzen nicht wahrzunehmen. Deshalb wurde jede psychologisierende Behandlung abgebrochen und folgendes Schema eingeführt: Zu Beginn jeder Therapiesitzung gab der Patient zunächst den Grad seiner Magenschmerzen auf einer 20-Punkte-Skala an (Beschwerde-Rating). Dann wurde um seinen Arm eine mit mehreren Reibeisen präparierte Manschette eines Blutdruckapparates angebracht. Die Manschette wurde so weit aufgepumpt, bis – nach Angaben des Patienten – die Schmerzen am Arm der subjektiven Schmerzempfindung im Magenbereich entsprach. Der Patient bekam jedoch keine Rückmeldung über die so mit dem Blutdruckgerät quantitativ bestimmten Schmerz-Äquivalente (mmHg). Unter dieser Behandlung nahm der subjektive Grad der Magenschmerzen (gemessen auf der Rating-Skala) kontinuierlich ab; die Schmerzäquivalente (am Arm) blieben lange Zeit konstant und nahmen dann *zu*, ebenso wie die artikulierte allgemeine Depressivität des Patienten. Es stellte sich heraus, daß der Patient die »Schmerzäquivalente« ganz unbewußt zur Signalisierung seines emotionalen Zustandes und nicht zu Angaben über seine Magenschmerzen benutzt hatte. Nachdem er über die »Schmerzäquivalente« eine Möglichkeit gefunden hatte, seiner emotionalen Befindlichkeit Ausdruck zu geben, konnte die Therapie als kognitive Therapie, die sich direkt mit seinen emotionalen Schwierigkeiten befaßte, erfolgreich fortgesetzt werden. Im Gegensatz zu Legalos selbst erscheint es uns allerdings fraglich, ob in diesem Falle das aversive Element, also die negativen Konsequenzen der Schmerzangaben im Sinne eines operanten Konditionierungsprozesses zur Reduktion der Magenschmerzen geführt haben oder ob nicht vielmehr der Patient mit Hilfe eines »verordneten« Ersatzverhalten (»Schmerzen am Arm«) eine neue Problemlösungsstrategie bzw. Kommunikationsstrategie gelernt hat.

An diesem Fall läßt sich u. E. recht gut ein Vorteil verhaltenstherapeutischer Vorgehensweisen bei der Therapie von Magen-Darm-Störungen allgemein aufzeigen: durch die zunächst symptomzentrierte Vorgehensweise erfährt der Patient – selbst bei aversiven Methoden – eine Entlastung vom unmittelbaren Beschwerdedruck, ohne daß dabei die Beschwerden in Frage gestellt oder als Ausdruck »ganz anderer Probleme« gewertet würden. Dadurch kann er leichter in die Lage versetzt werden, Faktoren, die zur Entstehung oder Aufrechterhaltung von Beschwerden beigetragen haben, wahrzunehmen und in erweiterten Therapieansätzen zu bearbeiten. Wir haben weiter oben bereits darauf hingewiesen, daß diese Möglichkeit in vielen Fällen nicht hinreichend genutzt worden ist.

RET:

Ellis: die wesentlichen irrationalen Ansichten beinhalten:

① das alles umfassende "Bedürfnis" nach überragender Kompetenz und unbedingter Anerkennung der eigenen Leistung durch die Umwelt

② die Forderung nach einer besonderen fairen und freundlichen Behandlung durch andere Personen

③ die Einstellung, dass einem die Umwelt das Erreichen der eigenen Ziele leicht machen müsse

"mußturbatorische" Ideologie → sich selbst mit einem Muß verwirren

"Fürbare" = verwirren

2.6. Funktionelle Sexualstörungen

Ebenso wie andere biologische Funktionen, die unter Kontrolle des autonomen Nervensystems stehen – z. B. die Verdauung, die Atmung und die kardiovaskulären Funktionen – sind auch die sexuellen Reaktionen von Mann und Frau störanfällig gegenüber emotionalen und kognitiven Faktoren, also anfällig für psychosomatische Störungen.
Lange nahm man an, daß nur tiefsitzende neurotische Konflikte und unbewußte Ängste, deren Ursprung in der frühen Kindheit vermutet wurde, zu sexuellen Funktionsstörungen führen würden und entsprechend – nämlich psychoanalytisch – behandelt werden müssen.
Seit den Arbeiten von Masters und Johnson (1970, 1973) und aus den Ergebnissen verschiedener psychophysiologischer und klinisch-psychologischer Untersuchungen (zusammengefaßt bei Kockott, 1977) weiß man, daß der größte Teil der in der klinischen Praxis auftretenden Sexualstörungen auf oberflächliche Verunsicherungen, Versagensangst, Leistungsstreß, mangelhafte Partnerkommunikation und auf unrealistische Erwartungen zurückzuführen ist.
Entsprechend bieten sich für zahlreiche Sexualstörungen zeitsparende und effektive Methoden der Sexualaufklärung und -beratung sowie der übenden und kognitiven Verfahren der Verhaltenstherapie an.
Funktionelle Sexualstörungen definiert Kockott (1977) als Unfähigkeit, aufgrund ungenügender physiologischer oder psychischer Reaktionen auf sexuell übliche Reize zu einem beide Teile einer Partnerschaft befriedigenden Sexualleben zu gelangen.
Beim Mann können Erektions- und Ejakulationsstörungen unterschieden werden.

Bei den Erektionsstörungen sind nur die erektiven, kongestiven Komponenten der sexuellen Reaktion geschwächt; wird eine schwache Erektion erreicht, erschlafft sie wieder, wenn eine Immissio angestrebt wird. Erektionsstörungen sind häufig psychisch bedingt, können aber auch im Zusammenhang mit einem Diabetes mellitus oder peripheren Durchblutungsstörungen auftreten. In diesen Fällen wird oft eine mittlere Stärke der Erektion erreicht und während des (vesuchten) Sexualaktes beibehalten.
Bei den Ejakulationsstörungen, die fast ausschließlich psychisch bedingt sind, können zwei Arten unterschieden werden: die vorzeitige und die verzögerte Ejakulation. Bei der häufiger vorkommenden Ejaculatio praecox kommt es aufgrund unzureichender willentlicher Kontrolle schon vor oder kurz nach Beginn des angestrebten Sexualaktes zu einer Ejakulation. Bei der selteneren verzögerten oder fehlenden Ejakulation kommt der Ejakulationsreflex aufgrund einer unwillkürlichen übermäßigen Kontrolle nur schwer oder gar nicht zur Auslösung.
Erektions- und Ejakulationsstörungen können auch gleichzeitig auftreten. Meist handelt es sich um eine sekundäre Erektionsschwäche als Folge der als Versagen erlebten vorzeitigen Samenergüsse.

Die Einteilung der weiblichen funktionellen Sexualstörungen ist in der Literatur uneinheitlich. Insbesondere der Begriff der »Frigidität« ist von verschiedenen Autoren jeweils sehr unterschiedlich verwendet worden

(vgl. Faulk, 1973; Sotile und Kilmann, 1977), und sollte daher nach Vorschlag von Kaplan (1974a) nicht mehr benutzt werden.
Anstelle des Frigiditätsbegriffs bezeichnet Kaplan (1979) mit »sexueller Unansprechbarkeit« die Unfähigkeit der Frau, auf sexuelle Stimulierung mit Lubrikation und genitaler Vasokongestion zu reagieren.
Über die Definition bzw. Abgrenzung von Störungen wie Vaginismus, Dyspareunie und Orgasmusstörungen herrscht dagegen größere Einigkeit.

Beim Vaginismus handelt es sich immer um eine erworbene, psychophysische Reaktion, bei der sich die den Scheideneingang umgebenden Muskeln verkrampfen, wenn der Penis, ein Finger oder auch ein Tampon eingeführt werden soll. Diese Verkrampfungen sind überwiegend klassisch konditioniert worden und werden begleitet von einer tatsächlich erlebten oder nur kognitiv erwarteten Angst vor Schmerzen.
Bei einer Dyspareunie erlebt die Frau starke Schmerzen beim Koitus. Zur Abklärung der körperlichen Ursachen ist eine exakte gynäkologische Untersuchung dringend notwendig. Psychische Ursachen können etwa Partnerprobleme mit der Folge einer unzureichenden Lubrikation sein.
Bei den ebenfalls meist psychisch bedingten Orgasmusstörungen hat die Frau unterschiedlich große Schwierigkeiten, einen Orgasmus zu erreichen. Wie alle anderen funktionellen Sexualstörungen bei Mann und Frau kann auch eine orgastische Funktionsstörung vollständig sein, d. h. sie kann bei jeder Form des Sexualkontaktes auftreten oder nur unter bestimmten situativen Bedingungen. Treten die Störungen nur bei bestimmten Partnern auf, so nennt man sie partnerbezogen, kommen sie nur beim (Versuch des) Koitus vor, handelt es sich um eine koitale Form. Man nennt Sexualstörungen primär, wenn sie vom ersten Sexualkontakt an bestehen und sekundär, wenn sie nach zunächst ungestörtem Sexualerleben erworben wurden. Sexualstörungen können isoliert vorkommen oder in Zusammenhang mit Krankheiten in anderen Bereichen bestehen.

2.6.1 Allgemeine Richtlinien zur Therapie funktioneller Sexualstörungen

Im folgenden wollen wir zunächst die wesentlichen Richtlinien der verhaltenstherapeutisch orientierten Sexualtherapien zusammenfassen, danach auf die spezifische Behandlung einzelner Störungen näher eingehen.

Behandlung der Partnerschaft

Masters und Johnson (1973) sehen als grundlegende Prämisse die Behandlung der Partnerschaft an: »Sexuelle Funktionsstörungen (sind) immer Probleme einer Partnerschaft und sicher nicht nur Sache einer Frau oder eines Mannes« (S. 4). Sexualität sei immer eine Form mitmenschlicher Interaktion. Der unbehandelte Partner könne den Therapieerfolg blockieren, sei es aus Unsicherheit, weil er nicht weiß, wie er sich verhalten soll, sei es aus Angst, nun selbst den sexuellen Anforderungen nicht mehr genügen zu können. Den Partner isolierende Techniken haben oft »dazu beigetragen, den kleinen Rest an Kommunikation, der in dem un-

zulänglichen Partnerschaftsverhältnis noch bestanden hatte, zu vernichten« (S. 3). Die Richtigkeit dieser Annahmen wurde inzwischen vielfach bestätigt (s. z. B. Chapman, 1968; Caird und Wincze, 1974).
Allerdings kann eine sexuelle Funktionsstörung auch eine wichtige stabilisierende Funktion für eine brüchige Partnerschaft haben. Um das gefundene neurotische Gleichgewicht zu erhalten, weigert sich der Patient, sich neuen sexuellen Erfahrungen auszusetzen, oder der Partner verweigert die Kooperation (Arentewicz et al., 1976). In solchen Fällen sollte überlegt werden, ob eine Therapie überhaupt sinnvoll ist.
Die Probleme der Kooperationsbereitschaft des Partners bzw. der Partnerin sowie das Fehlen eines geeigneten Partners diskutieren Wolpe (1972) und Masters und Johnson (1973).

Behandlung durch ein Therapeutenteam

Strittiger ist die Frage, ob immer ein Therapeutenteam die Behandlung übernehmen sollte. Masters und Johnson (1973), Hartmann und Fithian (1972) und Levkoff (1974) plädieren für ein gemischtgeschlechtliches Therapeutenpaar aus einem Verhaltens-(Sozial-)wissenschaftler und einem Mediziner. Schmidt (1978) fand, daß ein einzelner Therapeut bei Beachtung aller anderen Therapiegrundsätze (Partnertherapie, Anwendung von speziellen Verhaltensanleitungen, usw.) zu gleich guten Ergebnissen kommen kann wie ein Therapeutenpaar.

Als Gründe für ein Therapeutenteam führen Masters und Johnson an, daß Männer niemals voll die sexuellen Reaktionsabläufe der Frau und Frauen niemals die der Männer voll verstehen können. Die Kotherapeuten sind somit gegenseitig füreinander und für das Patientenpaar Beobachter, Übersetzer, Interpret und Vermittler. Einem unvoreingenommenen gleichgeschlechtlichen Therapeuten gegenüber habe man weniger Hemmungen und fühle sich besser verstanden; jeder Patient habe ein wirksames Rollenmodell; die Patienten müssen nicht um die Aufmerksamkeit eines einzelnen Therapeuten buhlen; zwischen den Therapeuten und andersgeschlechtlichen Patienten komme es weniger leicht zu sexuellen Affinitäten.

Ambulante vs. stationäre Behandlung

Strittig ist ebenfalls noch die Frage, ob eine zwei- bis dreiwöchige stationäre Intensivtherapie mit täglichen Sitzungen und Übungen, losgelöst von den alltäglichen Problemen, wie sie Masters und Johnson in St. Louis durchführen, oder ob eine ambulante Therapie mit ein bis zwei wöchentlichen Sitzungen über ca. 3 Monate, wie sie in New York von Levkoff oder in Hamburg in der psychiatrischen Universitätsklinik (Schmidt, 1978) durchgeführt wird, erfolgreicher und ökonomischer ist.

Koitusverbot

Zu Beginn der Behandlung wird meist ein Koitusverbot für die nächsten Tage bzw. Wochen ausgesprochen. Diese direktive Maßnahme soll die Partner vom sexuellen Leistungszwang, den sie häufig gegenseitig ausüben, befreien und damit zumindest einen Teil der Angst nehmen, um die im folgenden beschriebenen sensorischen Übungen in Ruhe und konzentriert durchführen zu können.

Direkte Verhaltensanweisungen und Sensualitätsübungen

Das Kernstück der modernen Sexualtherapien ist die Empfehlung von spezifischen, systematisch strukturierten erotischen Erfahrungen.
Bei den sog. Sensualitätsübungen werden die Partner z. B. angewiesen, sich gegenseitig unter vorläufigem Verzicht auf Geschlechtsverkehr und Orgasmus zu streicheln und zärtlich zu liebkosen, zunächst ohne, später unter Einbeziehung der Genitalien. Um die normalerweise bei sexualgestörten Paaren auftretenden Spannungen zu reduzieren, werden sie zuvor durch Instruktion von der Erwartung befreit, bestimmte Anzeichen von sexueller Erregung produzieren zu müssen, so daß bei diesen Übun-
Derartige Anweisungen stellen für die Patienten ideale Bedingungen dar, ihre Sexualangst zu löschen (Extinktion), schrittweise bisheriges Vermeidungsverhalten abzubauen und durch lustvolle Empfindungen nach und nach erwünschte sexuelle Reaktionsweisen aufzubauen (Verhaltensformung; vgl. S. 39).
Entsprechend häufig sind die positiven Rückmeldungen an den Therapeuten über die genußvoll erlebten sinnlichen Erfahrungen. Oft werden aber auch starke negative emotionale Reaktionen bei einem oder bei beiden Partnern ausgelöst. Diese Erfahrungen sind von großem Wert für die Verhaltensanalyse. Durch sie können am konkreten Beispiel die individuellen sexuellen Reaktions- und Erlebnisweisen und/oder die Störfaktoren in der Interaktion der Partner aufgedeckt und für den weiteren therapeutischen Vorgang nutzbar gemacht werden.

Wird z. B. festgestellt, daß negative Gefühle gegenüber Aussehen, Geruch und Absonderungen der eigenen Geschlechtsorgane und/oder denen des Partners bestehen, so werden diese bisher schamhaft verschwiegenen Dinge in der Therapiesitzung offen erörtert. Damit kann die Kommunikation über sexuelle Themen verbessert und die Sicherheit des Paares in diesem Verhaltensbereich erhöht werden.
Spezielle kommunikationstherapeutische Übungen zum Hautkontakt empfiehlt Mandel (1977).

Die einzelnen Übungen des Sensualitätstrainings sind bei Kaplan (1979) ausführlich beschrieben und gut begründet worden.

Kommunikations- und Partnertherapie

Die meisten Sexualtherapeuten gehen davon aus, daß viele Sexualstörungen auf Beziehungskonflikte zurückzuführen sind. Entsprechend wird neben der Sexualtherapie auch eine Kommunikationstherapie mit dem Ziel durchgeführt, soziale Ängste und Konflikte aufgrund einer verbesserten Wahrnehmung problematischer sozialer Situationen und eines erweiterten Verhaltensrepertoires der Konfliktauseinandersetzung zu verringern und eine optimale, wechselseitige Bedürfnisbefriedigung zu erreichen (Frick, 1977). Die Methoden sind bei Mandel u. a. (1975) beschrieben.

2.6.2. Erektions- und Ejakulationsstörungen

Schon lange vor Masters und Johnson (1973) und Kaplan (1974 b) beschrieben Wolpe und Lazarus (1966) die direkte Verwendung von sexuellen Reaktionen zur Überwindung von sexuellen Ängsten und Hemmungen. Bei 36 Männern mit sexuellen Funktionsstörungen wurde Angst aufgrund unterschiedlichster vorausgegangener Ereignisse als häufigster kausaler Faktor bei psychogenen sexuellen Störungen gefunden. Da Angst zu einem Überwiegen der sympathikusgesteuerten Körperreaktionen führt, die Erektion des Penis aber eine parasympathische Funktion ist, übt die Angst einen hemmenden Einfluß auf die Erektion aus und fördert die sympathikusgesteuerte Ejakulation. Damit besteht die therapeutische Grundstrategie darin, daß nur solche Aktivitäten ausgeführt werden dürfen, die als lustvoll erlebt werden, ohne daß Ängste auftreten.

Der Partner darf hierbei in keiner Weise Druck ausüben. Als Wegpunkte einer in vivo Desensibilisierung beschreiben Wolpe und Lazarus: sich einander ohne genitalen Kontakt gegenüberliegen, Hautkontakt, gegenseitige manuelle oder orale Stimulation der Genitalien, Einführen des Gliedes, zunehmende Bewegungsaktivität beim Koitus. Durch das Fortschreiten in kleinen Schritten nimmt die Angst ab und die sexuelle Erregung zu, welche reziprok die verbleibenden Ängste weiter hemmt.

Mit dieser Methode, jeweils abgestimmt auf die individuellen Erfordernisse der einzelnen Patienten, behandelten die Autoren 31 Patienten mit Erektionsstörungen oder Ejaculatio praecox. Bei 21 (68%) erreichten sie in durchschnittlich 6 Wochen eine völlige Heilung, bei weiteren 6 (19%) bei längerer Therapiedauer eine beschränkte, aber signifikante und von beiden Sexualpartnern akzeptierte Besserung.

Masters und Johnson (1973) behandelten 32 Patienten mit primärer und 213 Patienten mit sekundärer erektiver Impotenz mit einer Kombination von kognitiver Umstrukturierung, sensorischer Fokussierung, einer manuellen und einer koitalen teasing-Technik.

Bei der Einstellungsveränderung kam es darauf an, den verunsicherten Mann zu überzeugen, daß die Erektion wie z. B. das Transpirieren eine natürliche vegetative Reaktion des Körpers sei, die nicht durch Willensanstrengung herbeigeführt werden könne. Beim Sensualitätstraining solle er nicht ständig ängstlich seine Penisreaktionen beobachten, sondern sich ganz den angenehmen Gefühlen des Gestreicheltwerdens hingeben. Nachdem sich dabei mehrmals spontane Erektionen eingestellt haben, erfolgen abwechselnd manuelle Penisstimulationen durch die Frau bis zur Erektion und Entspannungspausen (manuelles teasing), bis eine gewisse Erektionssicherheit vorhanden ist. Erst dann kann die Frau bei Gelegenheit versuchen, in Hockstellung den Penis in die Vagina einzuführen. So werde der Stimulationsvorgang am wenigsten unterbrochen. Auch dies solle mehrere Male geübt werden, wobei sich die Frau langsam auf und ab bewegen kann, aber fordernde Beckenbewegungen unterdrücken soll. Später soll der Mann aktiv Bekkenbewegungen ausführen, ohne dabei Gedanken darauf zu verwenden, wie er seine Partnerin befrieden oder selbst zur Ejakulation kommen könne. Dieses soll sich dann zufällig, unwillentlich, bei passender Gelegenheit ereignen.

Die Erfolgsrate nach zweiwöchiger Intensivtherapie betrug bei Patienten mit primären Erektionsstörungen 59%, bei Patienten mit sekundären Erektionsstörungen 74%. Bei den zunächst erfolgreichen der letzten Gruppe waren nach 5 Jahren 5% rückfällig.

Mit mittelmäßigen Erfolgen von knapp 40% Heilung oder signifikanter Besserung behandelten Cooper (1969) und Kockott, Dittmar und Nusselt (1977) insgesamt 65 Patienten mit Erektionsstörungen. Zu ihren Methoden gehörten Muskelentspannung, optimale sexuelle Stimulation, sexuelle Aufklärung, Koitusverbot, systematische Desensibilisierung. Die Autoren betonen aufgrund der Analyse ihrer Mißerfolge, daß das Verhältnis zur Partnerin und deren Einbeziehung in die Therapie eine vorrangige Rolle spiele. Außer der speziellen Angst vor dem Versagen sollten auch stärker allgemeine Ängste, Selbstunsicherheiten und private wie berufliche Schwierigkeiten in die Therapie mit einbezogen werden.

Die Behandlung sozialer Ängste, allgemeiner Unsicherheit und Schüchternheit gegenüber Frauen stellten Bander u. a. (1975) und Arentewicz, Höflich und Eck (1978) in den Vordergrund ihrer Bemühungen. Es zeigte sich, daß unter verschiedenen Therapiemethoden ein direktes Verhaltenstraining mit Rollenspielen während der Gruppensitzungen und aktives Üben z. B. der verbalen Kontaktaufnahme zu Frauen, auch im Nachtest nach einem Jahr, am erfolgreichsten waren.

Die besten Therapieergebnisse konnte Friedman (1968) bei 10 erektionsgestörten Patienten erzielen, die in durchschnittlich 9 Sitzungen ambulant mit systematischer Desensibilisierung in der Vorstellung behandelt wurden, wobei zusätzlich zur Relaxation Methohexital-Natrium intravenös verabreicht wurde. Alle 8 Patienten, die regelmäßig zur Behandlung kamen, wurden bei Behandlungsende und bei Nachuntersuchungen nach 6 und 12 Monaten als geheilt beurteilt. Von 6 weiteren Patienten mit Ejaculatio praecox, die mit der gleichen Methode behandelt wurden, wurden zunächst 5, nach einem Jahr noch 3 als geheilt beurteilt. Drei Patienten mit Ejaculatio retarda erlebten nach durchschnittlich 29 Therapiesitzungen immerhin mehr Spaß und Vergnügen am Geschlechtsverkehr.

2.6.3. Sexuelle Funktionsstörungen der Frau

Therapie von sexueller Unansprechbarkeit und von Orgasmusstörungen

Die Unterscheidung zwischen sexuell unansprechbaren und anorgastischen Frauen ist nach Kaplan (1979) angebracht, da trotz der großen Ähnlichkeiten beide Störungen unterschiedlich ätiologisch erklärbar und therapierbar sind. Die Literaturübersicht wird hier schwierig, da in der Vergangenheit beide Störungsbilder sowohl unter dem Begriff der Frigidität als auch unter dem der Anorgasmie uneinheitlich beschrieben wurden.

Sexuell unansprechbare Frauen haben oft tiefgreifende Insuffizienzgefühle. Sie glauben nie, daß sie geliebt und akzeptiert werden. Ständig sind sie ängstlich bemüht, ihrem Partner zu gefallen und zu Diensten zu sein. Sie sind gehemmt, sich erotischen Lustempfindungen hinzugeben. Diese Haltung wird von selbstunsicheren Partnern häufig verstärkt, da sie ihnen Vorteile bringt und sie ihre eigenen Ängste weniger erleben läßt.

Die Prognose bei der seltenen vollständigen, primären Unansprechbarkeit ist schlecht. Bevor eine Sexualtherapie begonnen wird, sollten die intrapsychischen und partnerschaftlichen Konflikte psychotherapeutisch beseitigt werden. Wesentlich günstiger ist die Prognose bei den überwiegenden Fällen der situativen, sekundären Unansprechbarkeit.

In einer frühen Arbeit von Lazarus (1963) wird die Behandlung »chronischer Frigidität« von 16 Frauen mittels systematischer Desensibilisierung beschrieben. Neun Patientinnen wurden nach durchschnittlich 29 Therapiesitzungen als »sexuell angepaßt« beurteilt. Die restlichen sieben Fälle beendeten die Therapie meist vorzeitig (vor der 6. Sitzung). Bei ihnen konnten die verursachenden Faktoren weniger präzise analysiert werden als bei den Geheilten.

Kaplan (1979) empfiehlt für diese Störung folgende Verhaltensübungen: das schon beschriebene Sensualitätstraining ohne und später mit Einbeziehung der Genitalien, den nicht-fordernden Koitus, bei dem die Frau über dem auf dem Rücken liegenden Mann kniet und dessen Penis mit dem Ziel in ihre Vagina einführt, ihre vaginalen Empfindungen wahrzunehmen und zu vergrößern, als Ergänzung dafür evtl. Übungen der Bekkenbodenmuskeln (nach Kegel, 1952) bei denen die Frau zweimal täglich mehrmals ihre Pubococcygeal-Muskeln kontrahieren soll und

schließlich den normalen Koitus. Konkrete Ergebnisse teilt sie nicht mit. In zwei Fallbeschreibungen wird das therapeutische Vorgehen von Wincze (1971) und Caird und Wincze (1974) deutlich. Wincze verglich die Effekte einer konventionellen systematischen Desensibilisierung mit der vom Modellernen abgeleiteten Methode der stellvertretenden Löschung bei der Behandlung einer Frau mit starker Angst vor allem Sexuellen und weiteren schweren Phobien, mit Selbstunsicherheit und Depressionsphasen. Es zeigte sich, daß nur nach der Desensibilisierung eine deutliche Verbesserung des Gesamtbefindens der Patientin eintrat.
Eine Patientin mit Ekelreaktionen auf sexuelle Reize und starken Aversionen gegen Geschlechtsverkehr behandelten Caird und Wincze mit einer abgewandelten Form der systematischen Desensibilisierung. Die Szenen der Hierarchie wurden von einem Videorecorder vorgespielt. Der Ehemann war anwesend und bediente den Videorecorder. Umfangreiche Einschätz- und Testdaten bestätigten, daß nach 7 Desensibilisierungs-Sitzungen innerhalb von 2 Wochen ein umfassender Heilerfolg zu verzeichnen war, der sich in den 6 und 9 Monate später erhobenen Nachuntersuchungen bestätigte.
Die Prognose für Frauen mit primärer Anorgasmie ist besser als für Frauen mit sekundärer und situativer Anorgasmie. Das hängt damit zusammen, daß sekundäre orgastische Dysfunktionen oft mit gestörten Partnerbeziehungen einhergehen, was bei den primären Orgasmusstörungen nicht zutrifft (McGovern u. a., 1975).
Da der Orgasmus, wie andere Reflexe auch, unterschiedlich leicht auslösbar ist, ist es nicht leicht zu beurteilen, wann eine behandlungsbedürftige Orgasmusstörung vorliegt. Bekannt ist, daß die Orgasmusfähigkeit von Lernerfahrungen abhängig ist, da sie mit steigender sexueller Erfahrung zunimmt (Eicher, 1977).
Kaplan (1979) fördert bei Frauen mit primärer Anorgasmie zunächst ein realistisches Verständnis des Orgasmus und nimmt ihnen Scham- und Schuldgefühle in bezug auf die Masturbation. Danach sollen ihre Patientinnen durch geeignete Masturbationstechniken zunächst allein lernen, einen Orgasmus zu erreichen. Schließlich soll der Partner die klitorale Stimulierung übernehmen; endlich soll auch beim Geschlechtsverkehr der Orgasmus erlebt werden. Zusätzlich werden erotische Phantasien bei den Sexualhandlungen gefördert und bei Bedarf auch die Benutzung eines Vibrators empfohlen.
Koital anorgastischen Frauen, bei denen die Klitorisstimulierung durch den Gechlechtsverkehr allein nicht ausreicht, wird das sog. »Brücken-Manöver« vorgeschlagen. Dabei stimuliert der Mann oder die Frau beim Koitus in dafür günstigen Stellungen (Seite-an-Seite; Frau oben) die Klitoris zusätzlich manuell bis ein Orgasmus kurz bevorsteht.
Auch Masters und Johnson (1973) verwendeten bei 193 Paaren, bei denen die Frau primär anorgastisch war und bei 149 Paaren, bei denen sie sekundär anorgastisch war, ähnliche direkte Verhaltensanleitungen

und -übungen. Unter den schon genannten Bedingungen erreichten sie Heilungserfolge um 85%, die auch über 5 Jahre mit wenigen Ausnahmen erhalten blieben.

Zur Relativierung aller von Masters und Johnson gefundenen Ergebnisse muß gesagt werden, daß ihre Klienten stark vorselegiert wurden, bevor sie in Behandlung kamen. So entstammten ihre Patienten vorwiegend der sozialen Mittelschicht, hatten einen überdurchschnittlich hohen Ausbildungsstand und sind von einem Fachmann überwiesen worden. Für eine besonders hohe Therapiemotivation der Patienten spricht, daß sie oft von weither anreisten, die Hotel- und Behandlungskosten selbst trugen und zum größten Teil (52%) schon vorher in psychotherapeutischer Behandlung waren.

Mit einem speziellen Masturbationsprogramm und ergänzender Verhaltenstherapie beider Partner behandelten LoPiccolo und Lobitz (1977) 8 Frauen, die niemals einen Orgasmus erlebt hatten. Nach 15 Sitzungen erlebten 6 Frauen bei fast jedem Geschlechtsverkehr einen Orgasmus, die beiden anderen bei durchschnittlich jedem 2. bzw. jedem 4. Koitus. In den 6 Monaten nach Behandlungsabschluß kam es zu einer weiteren Steigerung der sexuellen Erlebnisfähigkeit.

Mit ähnlichen Programmen der angeleiteten Masturbation hatten auch Kohlenberg (1974) und Reisinger (1974) bei je einer anorgastischen Patientin vollen Erfolg.

Die ersten Therapievergleiche bei der Behandlung von sexuellen Funktionsstörungen der Frau liegen von Obler (1973) und von Nemetz, Craig und Reith (1978) vor.

Obler behandelte 22 Frauen mit primärer und sekundärer Anorgasmie mit einer Kombination von systematischer Desensibilisierung und einem kurzen Selbstsicherheits- und Vertrauenstraining in Einzeltherapie. Die Hierarchieszenen wurden auf Filmen und Dias dargeboten. 20 Frauen mit den gleichen Symptomen und vergleichbarem Hintergrund behandelte er mit einer psychoanalytisch orientierten Gruppentherapie und 22 weitere Frauen stellten eine unbehandelte Kontrollgruppe dar. Zur Erfolgskontrolle wurden Interviews mit allen Patientinnen und deren Partnern über sexuelle Einstellungen und Verhaltensweisen geführt, sowie diverse Testdaten und physiologische Meßwerte erhoben. Gute Erfolge konnten nach fünfzehn 45-Minuten-Sitzungen nur die Patientinnen der Verhaltenstherapie-Gruppe aufweisen, während die psychoanalytisch behandelten Gruppen nach zehn 90-Minuten-Sitzungen ebensowenig Erfolge aufwiesen wie die nicht behandelten Kontrollpatienten.

Nemetz u. a. behandelten die Sexualängste von 16 Patientinnen mit primärer oder sekundärer Anorgasmie mit Hilfe eines Relexationstrainings und eines Verfahrens, das theoretisch vom symbolischen Modellernen abgeleitet wurde. 45 Filmszenen mit sexuellen Verhaltensweisen wurden vorgeführt. Bei der Hälfte der Patientinnen wurde die Therapie einzeln durchgeführt, bei der anderen Hälfte als Gruppentherapie. Sechs weitere Patientinnen dienten als unbehandelte Kontrollgruppe. Positive Veränderungen wurden nach 5 Sitzungen bei allen behandelten Patientinnen im Einstellungs-, im Verhaltens- und im Angstbereich registriert, die auch nach 1 Jahr noch stabil waren. Die in der Gruppe behandelten Patientinnen schnitten dabei tendenzmäßig etwas besser ab.

Therapie des Vaginismus und der Dyspareunie

Die lerntheoretischen Erklärungen für den Vaginismus und die Dyspareunie sind recht einfach. Schon 1909 beschrieb Waldhard (nach Eicher, 1977) den Vaginismus als einen psychischen Reflex, als eine durch eine Phobie ausgelöste funktionale Abwehrkombination. Die Verkrampfung der den Scheideneingang umgebenden Muskeln bzw. die heftigen Schmerzempfindungen beim oder nach dem Koitus sind klassisch konditionierte Reaktionen (CR) auf traumatische Erfahrungen beim Eindringen des Penis. Als unkonditionierte Reize (UCS) können häufig festgestellt werden: schmerzhafte Erlebnisse im Unterleib, wie z. B. unangenehme rektale Einläufe und Suppositorien und traumatische sexuelle Erlebnisse oder genitale Mißempfindungen. Alarmierende Phantasien bezüglich der Genitalregion oder des Geschlechtsverkehrs und bewußte oder unbewußte Angst- und Schuldgefühle können die Störung aufrechterhalten.
Entsprechend erfordert die Verhaltenstherapie meist eine Kombination von einer systematischen Desensibilisierung gegen die Phobie vor dem Geschlechtsverkehr und einer direkten Dekonditionierung der bedingten Vaginalreaktionen durch das Einführen allmählich größer werdender Gegenstände in die Vagina.
Nur mit konventioneller systematischer Desensibilisierung behandelte Holroyd (1970) eine Patientin mit Vaginismus und Ince (1973) eine Patientin mit Dyspareunie in sieben bzw. in einer Sitzung erfolgreich. Nicht nur die Symptome verschwanden vollständig, es wurde auch über viel mehr Spaß an den sexuellen Beziehungen nach der Therapie berichtet.
In mehreren älteren Untersuchungen wurden von Elgosin (1951), Dawkins und Taylor (1961) und von Cooper (1969) systematische Desensibilisierungen in vivo unter Verwendung von Glasstäben, Wachskerzen oder den eigenen Fingern zur Behandlung vaginistischer Frauen verwendet. Von den insgesamt 47 behandelten Fällen wurden in wenigen Sitzungen 43 von ihren Symptomen befreit.
Fuchs u. a. (1973) verglichen die Effekte von systematischer Desensibilisierung in der Vorstellung bei neun und von systematischer Desensibilisierung in vivo unter Verwendung von Glasstäben bei 34 Frauen mit Vaginismus. In beiden Gruppen wurde zur Desensibilisierung die Hypnose benutzt. Bei 6 Frauen (entsprechend 67%) der ersten und bei 31 Frauen (entsprechend 91%) der zweiten Gruppe verschwanden die Verkrampfungen der Vagina nach kurzer Zeit. In Nachuntersuchungen nach 1 bis

5 Jahren waren alle geheilten Patientinnen weiterhin frei von Beschwerden und berichteten von großer Zufriedenheit bei sexuellen Betätigungen. Symptomverschiebungen konnten nicht festgestellt werden.

2.7. Störungen des Eßverhaltens

2.7.1 Anorexia nervosa

Die Anorexia nervosa ist eine relativ seltene, in ihrer Erscheinungsform und ihren möglichen Konsequenzen ausgesprochen dramatische psychosomatische Erkrankung, die ganz überwiegend bei jungen Mädchen auftritt.

Das Hauptsymptom besteht in einer konsequenten, bewußten Essensverweigerung bzw. Essenseinschränkung und einer damit verbundenen Gewichtsreduktion, die nicht selten zu einer lebensbedrohlichen Abmagerung führt. Im Gegensatz zu echten Hungersyndromen sind die Patientinnen auch im fortgeschrittenen Stadium der Gewichtsreduktion oft noch hyperaktiv. In der Regel geht die Anorexie mit einer sekundären, seltener primären Amenorrhoe einher, die zumeist vor oder mit Beginn der eigentlichen Hungerphase einsetzt. Bei einem großen Teil der Anorektikerinnen fällt ihre Überangepaßtheit auf. Die Stimmungslage und die Angepaßtheit stehen in einem manchmal schwer verständlichen Gegensatz zu der Härte und Widerstandskraft, mit der die Patientinnen sich selbst und ihrer Umwelt gegenüber konsequent an ihrem Hungerregime festhalten.

Die bisher überzeugendsten lerntheoretischen Überlegungen zur Anorexia nervosa sind in der deutschsprachigen Literatur erschienen, und zwar von Schuetze (1973), Schaefer und Schwarz (1974) und Schröder (1977). Sie gehen davon aus, daß der Entwicklung zu einer Anorexie zwei Lernmodelle zugrunde liegen können, die *Angstreduktion* und die *soziale Durchsetzung*. Im ersten Modell stehen die phobischen Elemente, nämlich die Angst vor dem Erwachsenwerden im Vordergrund, im zweiten Modell wird das Hungern der Patientin unter dem Aspekt eines sozialen (operanten) Verhaltens betrachtet, das in der Beziehung zur unmittelbaren Umgebung eine erhebliche Durchschlagskraft entwickeln kann. Ein weiterer wesentlicher Mechanismus der zur Entstehung der Anorexia nervosa beiträgt, nämlich die Verzerrung des Körperschemas, ist in den letzten Jahren von Garfinkel u. a. (1977) experimentell untersucht worden.

Die Theorie der Anorexia nervosa aus verhaltenstherapeutischer Sicht ist an anderer Stelle von uns ausführlich diskutiert worden (Otte u. a. 1978).

In unserer Darstellung unterteilen wir die verhaltenstherapeutischen Ansätze in solche, die sich ausschließlich oder ganz überwiegend auf das

Essens- und Gewichtsverhalten konzentriert haben (engere Ansätze) und solche, die außerdem die psychosoziale Problematik explizit mit in die Therapie einbezogen haben (kombinierte Ansätze).

Engere Ansätze

Die Verhaltenstherapie setzt zur Behandlung der Anorexia nervosa im wesentlichen die Methode des operanten Konditionierens ein.

Das Procedere läuft dabei in der Regel wie folgt: Die Patientin wird normalerweise stationär behandelt. In den ersten Tagen werden die notwendigen medizinischen Untersuchungen durchgeführt, die Anamneseerhebungen, die systematische Beobachtung des Problemverhaltens und eine erste Zusammenstellung von Verstärkern. Dann tritt – nach einem meist ausführlichen Gespräch mit der Patientin und ihren Eltern – der eigentliche Therapieplan in Kraft. Es wird festgelegt, welches Verhalten verstärkt werden soll (Gewichtszunahme, Essensmenge, Dauer der Essenszeit) und in welchen Schritten (tägliche und/oder wöchentliche Gewichtszunahme, Kalorienmengen). Es werden Teilziele der Gewichtszunahme und manchmal auch bereits das Entlassungsgewicht festgelegt. Eines der schwierigsten Probleme bei der Festlegung des Therapieplanes ist die Fixierung geeigneter Verstärker. Normalerweise werden solche Verstärker eingesetzt, die sich leicht aus dem stationären Alltag ergeben, das heißt, Zugang zu Büchern, Fernsehen, geselligen Veranstaltungen auf der Station und dergleichen; aber auch solche, die direkt die sozialen Beziehungen der Patientin tangieren, wie z. B. Besuch der Angehörigen. Voraussetzung dafür ist jedoch die »zwangsweise« Beschränkung dieser Möglichkeiten für die Patientin bei Beginn der Therapie, was oft einer intensiven Überzeugungsarbeit des Therapeuten bei Patientin und Angehörigen bedarf. Generell werden die täglichen oder wöchentlichen Wiegezeiten festgelegt; manche Therapeuten ziehen jedoch überraschende Wiegetermine vor, um möglichen Manipulationen vorzubeugen. Der Patientin wird mitgeteilt, daß sie das Tempo bzw. den Umfang der Gewichtszunahme im Rahmen des festgelegten Planes selbst bestimmen könne. Eine sehr klare und genaue Beschreibung eines solchen Therapieplanes findet sich bei Agras und Werne (1977).

Brady und Rieger (1974) berichten über die Behandlung von 16 sehr schweren Fällen von Anorexia nervosa nach einem operanten Schema, in dem vor allem die freie Bewegungsmöglichkeit der Patientin außerhalb der Station als Verstärker eingesetzt wurde. Einige ihrer Fälle sind bereits von Blinder u. a. (1970) und Stunkard (1972) veröffentlicht worden. Die durchschnittliche Behandlungsdauer betrug 6 Wochen, in dieser Zeit haben alle Patienten in befriedigendem Maße zugenommen. Viele Patientinnen zeigten auch eine Erholung in anderen Bereichen. Ein follow-up nach durchschnittlich 2 Jahren ergab jedoch, daß es nur $^1/_3$ der Patientinnen gut ging, $^1/_3$ ein annähernd normales Gewicht hielten, aber in anderen Bereichen Schwierigkeiten hatten, und $^1/_3$ einen völligen Rückfall erlitten hatten.
In Deutschland haben Schäfer und Schwarz (1974) und Kehrer (1975) über erste Versuche mit der Anwendung operanter Verfahren bei der Anorexia nervosa berichtet; Schaefer und Schwarz behandelten ihre Fälle

nach einem relativ rigorosen operanten Plan auf einer psychiatrischen Station, die insgesamt nach verhaltenstherapeutischen Prinzipien geführt wurde. Die Patientinnen hatten nach durchschnittlich 10 Wochen im Mittel 9,6 Kilogramm zugenommen. Für 7 der 8 Patientinnen konnten nach einem Jahr katamnestische Daten erhoben werden: 2 Fälle hatten ein Rezidiv erlitten, 5 Fälle waren in diesem Jahr ohne weitere Symptomatik geblieben.
Vergleichbare Arbeiten mit ähnlichen Ergebnissen stammen von Moldofski und Garfinkel (1974), Bhanji (1975) und Halmi u. a. (1975). Halmi's Untersuchung ist vor allem deshalb bemerkenswert, als bei der Entlassung der Patienten ein neuer Verstärkerplan in Kraft gesetzt wurde, mit dem die Gewichtszunahme bzw. der Gewichtserhalt belohnt wurden; in einem Zeitraum von 7 Monaten war bei keiner der 8 Patientinnen einer erneute Einweisung nötig, das Gewicht hielt sich im Rahmen von 85 bis über 100% des Sollgewichts.
Agras u. a. (1974) haben in verschiedenen Einzelfallexperimenten die Einflüsse verschiedener Behandlungsfaktoren systematisch variiert. Ihre Befunde lassen sich folgendermaßen zusammenfassen: Die größte Effizienz entfaltet die verhaltenstherapeutische Methode, wenn folgende drei Faktoren kombiniert eingesetzt werden: ein Verstärkerplan mit eindeutig kontingenten Verstärkern, eine schnelle Rückmeldung der verzehrten Essensmenge und der Gewichtszunahme und ein Angebot überproportinal großer Mahlzeiten.

Kombinierte Ansätze

Die kombinierten Ansätze bedienen sich der operanten Methoden, um aus der unmittelbaren »Gefahrenzone« herauszukommen, bemühen sich jedoch gleichzeitig, das Verhalten bzw. die Verhaltenslücken bei der Patientin im sozialen Bereich sowie zumeist auch die familiäre Konfliktsituation durch den Einsatz psychotherapeutischer oder anderer verhaltenstherapeutischer Maßnahmen zu modifizieren. Schuetze (1973) verwendete bei jugendlichen Anorexien eine Kombination aus verhaltenstherapeutischen und psychoanalytischen Behandlungsansätzen. Die verhaltenstherapeutischen Maßnahmen waren relativ »milde«, die analytischen Gespräche schlossen intensive Elterngespräche vor allem am Anfang mit ein. Unsystematische follow-up-Daten für längstens ein Jahr, während dessen die lockere ambulante Behandlung weiterlief, liegen für 7 Patientinnen vor: Es gab einen Rückfall, einen sehr labil angepaßten Fall und fünf relativ stabile Fälle.
Garfinkel u. a. (1973) behandelten 5 sehr schwere Fälle im Alter von 13 bis 18 Jahren mit einer zweiphasigen Therapie: Einer stationären Verhaltenstherapie und einer ambulanten individuellen Psychotherapie und Familientherapie. Während der 6- bis 8wöchigen stationären Phase er-

reichten sie durchweg eine sehr gute Gewichtszunahme. In drei der fünf behandelten Fälle blieb das Gewicht unter der ambulanten Therapie über 9 Monate konstant gut, ein Fall mußte erneut stationär aufgenommen werden, über einen Fall lagen noch keine katamnestischen Daten vor.

Ähnliche Ergebnisse berichten auch Parker u. a. (1973) und Steele (1976/77).

Eine sehr überzeugende Fallschilderung über den Einsatz verhaltenstherapeutischer Methoden nicht nur bei Gewichtstherapie, sondern auch der Therapie der sozial-emotionalen Störungen haben Perkin und Surtees (1976) vorgelegt. Es handelte sich um eine 18jährige Patientin mit einem Gewichtsverlust von 38%, erheblicher Selbstunsicherheit und der üblichen Familienproblematik.

Sie arbeiteten mit einem 3-Phasen-Plan: Phase 1 lief über 30 Tage und sah eine relativ enge Kontrolle der Gewichtszunahme sowie die üblichen Verstärker vor. Die zweite Phase erlaubte der Patientin ein wenig mehr Flexibilität (3-Tages-Zeiträume) und in Phase 3 wurde nur noch die Erhaltung des Gewichts belohnt. Parallel zu der Gewichtstherapie wurden während der stationären Therapie die Selbstwertproblematik der Patientin, ihre Unsicherheit im sozialen Bereich und ihre Unfähigkeit, Gefühle direkt anzusprechen, behandelt und zwar nach der rational-emotiven Therapie nach Ellis (1977) und mit einem Selbstsicherheitstraining. Selbst- und Idealbild wurden mehrere Male während des Therapieverlaufs mit einem Polaritätsprofil gemessen und zeigten eine kontinuierliche Annäherung. Die Patientin wurde nach 130 Tagen mit gutem Gewicht entlassen. Der Verstärkerplan wurde ambulant locker fortgesetzt: Nach 18 Monaten betrug ihr Gewicht 59 Kilogramm.

Ein Gesamtkonzept der Anorexia-nervosa-Therapie als »strukturierte Familientherapie« haben Minuchin, Liebman und Mitarbeiter entwickelt (Liebman u. a. 1974). In der ersten Therapiephase (stationär) arbeiten sie patienten- bzw. gewichtsorientiert, in der zweiten ambulanten Phase familienorientiert, wobei nicht nur die Beziehungen zwischen der Patientin und ihren Eltern bzw. Geschwistern, sondern auch die der Familienmitglieder untereinander analysiert und z. T. nach operanten Plänen modifiziert werden. Auch während dieser ambulanten Phase bleibt ein spezifischer Verstärkerplan für das Gewichtsverhalten der Patientin in Kraft.

Insgesamt wurden 10 Patientinnen im Alter von 10 bis 18 Jahren behandelt; die Krankheitsdauer war relativ kurz, die Dauer der stationären Therapie betrug maximal 20 Tage, danach trat der ambulante Plan in Kraft. Schon während der stationären Phase verbesserte sich die Stimmung der Patientinnen ganz erheblich. Die ambulante Phase variierte von 4 bis 10 Monaten mit einem Schnitt von 7 Monaten. 9 der 10 Patientinnen konnten ihr Gewicht nach Beendigung der gesamten Therapie halten (die Dauer des eigentlichen follow-up-Zeitraumes wird nicht angegeben), bei einer Patientin war eine erneute Behandlung erforderlich.

Pertschuk (1977) berichtet über eine follow-up-Untersuchung bei 27 Patienten, die in demselben klinischen Setting wie die Patienten von Brady und Rieger (s. o. S. 96) behandelt worden waren, allerdings mit einem erweiterten Ansatz, der nach den nur mittelmäßigen follow-up-Ergebnissen von Brady und Rieger eingeführt worden war. Im Anschluß an eine weitgehend verhaltenstherapeutisch orientierte stationäre Phase schloß sich eine ambulante psycho- oder familientherapeutische Phase an. Die Art und Dauer der ambulanten Therapie hing von den örtlichen therapeutischen Möglichkeiten ab, wurde also nicht systematisch kontrolliert. Der follow-up-Zeitraum variierte von 1 bis 15 Jahren, eine mittlere Dauer wird leider nicht angegeben. Von den 27 Patienten hatten 18 (66%) ein ausreichendes Gewicht. Die allgemeine Anpassung wurde bei 12 Patienten mit »gut«, bei 9 mit »ausreichend« und bei 6 mit »problematisch« angegeben.

Um einen Überblick über die Ergebnisse von Verhaltenstherapie bei Anorexa nervosa Patienten zu gewinnen, haben wir die uns zugänglichen follow-up-Daten der engeren und der kombinierten Ansätze gegenübergestellt, ohne dabei methodische Einwände wie mangelnde Vergleichbarkeit der Patienten, der follow-up-Zeiträume oder ähnliches zu berücksichtigen. Wir haben die Klassifizierung übernommen, die die Autoren selbst angegeben haben.

In der Gruppe der »operanten Ansätze im engeren Sinne« befinden sich 55 Fälle, in der der »kombinierten Ansätze« 64 Fälle. Der mittlere follow-up-Zeitraum betrug in der ersten Gruppe ca. 1 Jahr, in der zweiten knapp 2 Jahre.

Bei den »operanten Ansätzen im engeren Sinne« war bei 44% ein guter, bei 22% ein mittelmäßiger und bei 34% kein Erfolg zu verzeichnen; bei den »kombinierten Ansätzen« war bei 55% ein guter, bei 28% ein mittelmäßiger und bei 17% kein Erfolg zu verzeichnen. Diese Zahlen sprechen relativ deutlich für den kombinierten Ansatz, wobei man allerdings berücksichtigen muß, daß die kombinierten Ansätze gleichzeitig diejenigen sind, bei denen in der Regel eine ambulante Nachbehandlung stattgefunden hat. Diese scheint sich in jedem Falle, unabhängig von den verwendeten Methoden, als notwendig bzw. nützlich erwiesen zu haben. Verglichen mit den Daten, die von anderen, aufwendigeren Therapieformen bekannt sind, erscheinen diese Ergebnisse befriedigend, aber keineswegs überwältigend; Thomae (1967) verzeichnete nach analytischer Behandlung bei ca. 50% eine deutliche Besserung oder Heilung; Bruch (1973) bei der Nachuntersuchung von 40 Patientinnen, die mit ihrer tiefenpsychologischen Therapiemethode behandelt worden waren, bei 60% eine deutliche Besserung bzw. Heilung. Allerdings sind die follow-up-Zeiträume der beiden letztgenannten Untersuchungen erheblich länger (bis zu 14 Jahren).

Garfinkel, Moldofsky und Garner (1977) haben den Versuch eines direkten Therapievergleichs unternommen, in denen sie die Langfristergebnisse von 17 Patienten, die unter anderen *auch* mit Verhaltenstherapie behandelt worden waren, mit denen von 25 Patientinnen verglichen haben, die »nur« Psycho- oder Pharmarkotherapie erhalten hatten. Sie kommen zu dem Ergebnis, daß die Verhaltenstherapie keinen zusätzlichen Nutzen bringt, aber auch nichts schadet, wie Bruch (1974) behauptet hatte. Unseres Erachtens basiert dieser Schluß jedoch auf einer problematischen statistischen Analyse. Von der Verhaltenstherapiegruppe waren 10 erheblich gebessert, 5 leicht gebessert und 2 unverändert problematisch; in der »Nicht Verhaltenstherapie-Gruppe« waren 11 erheblich gebessert, 8 leicht gebessert und 6 problematisch. Ein X^2-Test dieser Daten ergibt einen signifikanten Unterschied zugunsten der »Verhaltenstherapiegruppe«. Ein echter Therapievergleich steht also noch aus. Zusammenfassend läßt sich zu den verhaltenstherapeutischen Methoden bei der Behandlung der Anorexia nervosa folgendes sagen:

(1) Die operanten Methoden der Verhaltenstherapie sind geeignet, bei der Behandlung der Anorexia nervosa schnelle Gewichtszunahmen zu erreichen. Wesentliche Voraussetzungen dafür ist ein klarer, konsequent durchgeführter Verstärkerplan, bei dem die *Gewichtszunahme* und nicht nur das Erreichen bestimmter absoluter Gewichtsgrenzen belohnt wird. Die Patientin muß über den Plan und die Verstärkerkontingenzen informiert sein.

(2) Geeignete Verstärker für den operanten Plan finden sich in der Regel nur bei Einschränkung der sozialen und körperlichen Aktivitäten. Eine totale Isolierung über längere Zeiträume dürfte jedoch nur in den wenigsten Fällen notwendig sein.

(3) Im Gegensatz zu einer oft geäußerten Kritik (Bruch 1974) scheinen sich operante Programme zur Modifizierung des Gewichts und psycho- oder verhaltenstherapeutische Maßnahmen zur Modifizierung des sozialen und emotionalen Verhaltens der Patienten nicht zu behindern, sondern sogar relativ gut zu ergänzen. Die Stimmungslage der Patientinnen wird durch die operanten Programme nicht verschlechtert; einige Autoren weisen ausdrücklich auf die – nach anfänglichem Widerstand – deutlich verbesserte Stimmung hin. Unter Umständen wird allein durch die Tatsache, daß der Therapeut der Patientin durch sein »Programm« Stabilität und Kontrolle bis zu einem gewissen Grade ermöglicht, ohne sie mit einem zu hohen Maß an Eigenverantwortlichkeit zu belasten, auch in der Patientin Angst reduziert und Hoffnung auf einen positiven Ausweg geweckt.

(4) Langfristige Erfolge scheinen bei einem engeren Procedere nur bei einem Teil der Patienten zu erzielen zu sein. Der Wert zusätzlicher psycho- oder verhaltenstherapeutischer Maßnahmen im *psychosozialen Bereich* ist nach den beschriebenen Untersuchungen sehr

wahrscheinlich, läßt sich aber kaum trennen von dem Wert zusätzlicher ambulanter Maßnahmen, unabhängig von deren Zielrichtung. Der Trend der Verhaltenstherapie bei der Anorexia nervosa geht eindeutig in die Richtung kombinierter Ansätze, in denen Gewichts- und psychosoziale Problematik in einer zweiphasigen stationären und ambulanten Therapie angegangen werden.

2.7.2 Adipositas

Nachdem Ferster, Nurnberger und Levitt (1962) die theoretischen Grundlagen für eine Beeinflussung des Eßverhaltens durch verhaltenstherapeutische Verfahren ausführlich dargelegt und therapeutische Techniken vorgeschlagen hatten, und nachdem Stuart (1967) ihre Anregungen aufnommen und überwältigende Erfolge erzielt hatte, wurde dieser vielversprechende therapeutische Ansatz zur Bekämpfung einer »Volksseuche« (Holtmeier, 1973) im letzten Jahrzehnt differenziert ausgestaltet, und die Bedingungen seiner Wirksamkeit wurden in vielfältigen experimentellen Studien untersucht (Übersichten bei Basler und Schwoon, 1973, 1977).
Obwohl im Prinzip die Verhaltenstherapie bei Adipositas eine ebenso detaillierte, individuelle Verhaltensanalyse voraussetzt wie die Therapie anderer psychosomatischer Störungen, bestehen im Eßverhalten Adipöser in Abhebung zu normalgewichtigen Personen so weitgehende, vielen gemeinsame Auffälligkeiten, daß daraus allgemeine Behandlungsprinzipien abgeleitet werden konnten. Die Behandlung konnte so durch in Gruppen durchzuführende Programme ökonomisiert werden.
Die wesentliche Gemeinsamkeit besteht darin, daß bei Adipösen die Nahrungsaufnahme in weit höherem Maße von Umfeldbedingungen (auslösenden äußeren Reizen) gesteuert ist als von inneren physiologischen Bedingungen (Stunkard, 1968; Schachter, 1971): Die Uhrzeit, die Menge der unmittelbar erreichbaren Nahrung, Wohlgeschmack und attraktive Zubereitung verleiten sie dazu, mehr zu essen, als dem Bedarf entspricht, zudem stellt sich bei ihnen kein eindeutiges Sättigungsgefühl ein als Hinweis, die Mahlzeit zu beenden.
Die therapeutischen Programme bestehen daher zunächst darin, diese auslösenden Reize zu erkennen. Danach muß erfaßt werden, welche Eßverhaltensweisen durch sie in Gang gesetzt werden und welche Konsequenzen schließlich folgen, d. h. es wird eine Verhaltensanalyse durchgeführt, um eine Verhaltensgleichung im Sinne Kanfer's aufstellen zu können.
Manche Autoren sehen den wesentlichen Inhalt einer Therapie in der Veränderung von Eßgewohnheiten und beschränken die Verhaltensanalyse auf die dem Essen vorangehende Situation und Befindlichkeit, auf den Vorgang des Essens als solchen und auf die nachfolgenden Ereignisse, emotionalen Zustände usw., während andere darüber hinaus auch

auf die Umstellung der Ernährungsgewohnheiten abzielen. Diese versuchen, auch Angaben über den Kaloriengehalt der Nahrung und die Ausgewogenheit der Anteile von Fett, Kohlehydrat und Eiweiß zu gewinnen. Für beide Ansätze gibt es differenzierte Protokollbogen und Checklisten (Pudel, 1974), die von den Klienten in einer der eigentlichen Behandlung vorangehenden Phase von ein bis zwei Wochen sorgfältig ausgefüllt werden müssen. Hierbei werden häufig bemerkenswerte Anfangserfolge von etwa 1 kg pro Woche erzielt: Da die Aufmerksamkeit auf den Eßvorgang gerichtet ist, werden quasi automatisch ablaufende Verhaltensketten bewußt, viele Klienten können vorübergehend eine solche Kette unterbrechen und essen weniger. Die z. T. auch auf physiologische Aspekte wie eine Anfangsentwässerung zurückgehende Gewichtsreduktion stärkt das Vertrauen in die Therapie und motiviert zur weiteren Teilnahme.

Das eigentliche Behandlungsprogramm besteht dann bei einem multimodalen Ansatz, wie z. B. dem von Stuart und Davis (1972) oder von Ferstl, Jokusch und Brengelmann (1975) aus den folgenden Teilen:

(1) Abschluß eines Therapievertrages. Bis zu 60% der anfänglichen Teilnehmer an Therapiestudien brechen die Behandlung vorzeitig ab. Insbesondere zur Nachkontrolle, die einige Monate nach Abschluß der Therapie durchgeführt werden sollte, um den tatsächlichen Erfolg zuverlässig einschätzen zu können, kommen oft noch wenige der anfangs mit meist großer Begeisterung erscheinenden Patienten. Diese Begeisterung weicht häufig schon bald der Erkenntnis, daß es weder Wundermittel noch Wunderheilung für Adipositas gibt, sondern daß man nur allmählich und mit großem eigenen Einsatz abnehmen kann. Da die Abnahme oft rasant beginnt, dann aber langsamer verläuft und oft auch Phasen eintreten, in denen der einzelne nicht mehr weiterkommt, werden die Patienten entmutigt. Um eine kontinuierliche Teilnahme zu erreichen, verlangt man zu Beginn der Therapie eine Kaution, von der bei regelmäßiger Teilnahme bei jeder Sitzung ein Teil zurückgezahlt wird. Mann (1972) und Jeffrey (1975) konnten nachweisen, daß ein solcher »Kontingenzkontrakt« den Therapieverlauf günstig beeinflußen kann.

(2) Gruppendiskussionen, Vorträge und Lektüre zur Information über die Grundnährstoffe Eiweiß, Fett, Kohlehydrat sowie über Austauschmöglichkeiten kalorienreicher Nahrungsmittel gegen diätetisch wertvolle Nahrungsmittel, über Alkohol als Kalorienträger und über gesundheitliche Folgen des Übergewichts.

(3) Aufbau der Kalorienregulation durch Training der Kalorienberechnung und durch Vorgabe individueller Kalorienrichtwerte. Diese sollten nur wenig unter dem normalen Kalorienbedarf liegen, damit abgenommen werden kann, ohne hungern zu müssen. Hungergefühle erhöhen die Gefahr eines Rückfalls, mit dem Gefühle der Vergeblichkeit aller Bemühungen einhergehen und bei dem das Essen nega-

tiv verstärkt wird (Aussetzen eines negativen Zustandes als belohnende Konsequenz für an sich unerwünschtes Verhalten).

(4) Anleitung zur Führung von Gewichtskurven. Auf einem Kurvenblatt wird die Ideallinie zwischen Anfangs- und individuell festgelegtem Zielgewicht mit einer Abnahme von etwa einem halben Kilogramm pro Woche vorgegeben. Die tatsächliche Abnahme wird wöchentlich eingetragen, so daß für jeden Teilnehmer an der Therapie der bisherige Erfolg relativ zum Therapieziel dokumentiert wird.
Nach dem Prinzip, daß erwünschtes Verhalten am ehesten durch positive Verstärkung erworben wird, unerwünschtes Verhalten jedoch durch Nichtbeachtung am ehesten aufgegeben wird, beachtet der Therapeut das Einhalten bzw. Unterschreiten der Ideallinie und stellt in der Gruppe die erfolgreichen Teilnehmer besonders heraus. So befragt er sie danach, wie sie es so gut geschafft haben, und versucht damit, für die weniger erfolgreichen Teilnehmer Verhaltensmodelle vorzustellen.

(5) Aufbau von Reizkontrolle. Es werden Verhaltensregeln vorgegeben und eingeübt, die es den Patienten erleichtern, nicht wahllos, sondern nur unter bestimmten Bedingungen zu essen. Solche Regeln enthalten z. B. die Aufforderung, zu Hause nur an einem ganz bestimmten Platz zu essen, alle Nebentäft haben, während des Essens zu unterlassen, Nahrungsmittel nur an einem Ort in der Wohnung und verdeckt aufzubewahren, nur solche Nahrungsmittel zu kaufen, die erst einer Zubereitung bedürfen u. ä.

(6) Modifikation des Eßvorganges. Dazu dienen Verhaltensregeln, die die Nahrungsaufnahme als solche steuern, um so zu erreichen, daß nur so viel verzehrt wird, wie man tatsächlich wünscht, und um die Wahrnehmung eines Sättigungsgefühles zu erleichtern. Es wird dazu aufgefordert, vor der Mahlzeit unter Berücksichtigung von Kaloriengehalt und Ausgewogenheit der Nahrungsmittel zu entscheiden, was und wieviel man essen will, und sich dieses auf einen Teller zu tun. Während der Mahlzeit darf man dann nichts mehr nachnehmen. Es sollen nur kleine Bissen in den Mund genommen werden und diese langsam und sorgfältig gekaut werden. Während der Mahlzeiten sind mehrere kleine Pausen zu machen, in denen das Besteck abgelegt wird. Bei jeder Mahlzeit ist ein kleiner Rest auf dem Teller übrig zu lassen. Direkt nach dem Essen soll man aufstehen, den Tisch abräumen und alle Nahrungsreste sofort beseitigen. Außerdem wird empfohlen, fünf Mahlzeiten über den Tag verteilt festzulegen und nur zu diesen Zeiten zu essen. Diese Verteilung ist ernährungsphysiologisch günstig, es entstehen seltener Hungergefühle, so daß eine negative Verstärkung des Eßvorgangs durch Beendigung des Hungergefühls weniger häufig auftreten kann.
Derartige Regeln werden nach und nach in die Therapie eingeführt, so daß erst die eine durch Üben internalisiert ist, bevor die nächste

beachtet werden muß. Zu keinem Zeitpunkt der Therapie dürfen die Patienten durch zu komplexe Verhaltensanweisungen überfordert werden.

(7) Aufbau eines Bewegungsprogrammes. Gwinup (1974) berichtet, daß Teilnehmer an Abmagerungstherapien sich schon im allgemeinen weniger körperlich betätigen, daß sie dann aber während der Therapie ihre Aktivitäten auch noch zusätzlich einschränken und so die Energiebalance entgegen der therapeutischen Absicht ausgleichen. Als allgemeine präventive Maßnahme und zur Unterstützung der Therapie ist es also wünschenswert, daß der Energieverbrauch durch Bewegung nach individuellem Trainingsplan gefördert wird.

(8) Einsetzen von Alternativreaktionen. Wenn der Eßvorgang durch bestimmte Signalreize ausgelöst wird, so kann es nützlich sein, auf solche Reize mit Verhaltensweisen zu reagieren, die entweder die Reize ausschalten oder die mit dem Essen unvereinbar sind. Ein Ablehnungstraining etwa durch Einsatz von Rollenspielen ist z. B. dann sinnvoll, wenn ein Übergewichtiger Angebote zum Essen nicht ablehnen kann; ein Entspannungstraining dann, wenn ein Patient mehr ißt, sobald er Stress, Kummer, Angst u. ä. erlebt. Der Erfolg solcher Maßnahmen ist noch nicht hinreichend erforscht (Hautzinger und Kemmerer, 1978).

(9) Verstärkung erwünschten Verhaltens durch unmittelbare Belohnung. Ein gültiges Prinzip für Lernvorgänge ist, daß ein Verhalten am stärksten durch die unmittelbaren kurzfristigen Konsequenzen, weniger aber durch erst später auftretende Folgen beeinflußt ist. Das wünschenswerte Verhalten, d. h. Teilnahme an der Therapie, Verzicht auf Nahrung, Einhalten der genannten Regeln, Einsetzen von Alternativreaktionen, Aufbau des Bewegungsprogrammes ... all dieses muß direkt von positiven Konsequenzen gefolgt sein. In der Anfangsphase einer Therapie können Anerkennung und Lob durch den Therapeuten und die anderen Gruppenmitglieder wirksame Verstärker sein. Wichtig ist es aber auch, daß die Patienten lernen, sich selbst zu belohnen, wenn sie ihr Gewicht auch nach dem letzten therapeutischen Kontakt halten oder gar noch weiter abnehmen möchten (Jeffrey, 1975). Hierzu haben sich »Belohnungslisten« bewährt, in die die Patienten selbst Punkte eintragen, wenn sie sich wie für das Therapieziel erforderlich verhalten haben (Basler und Schwoon, 1977). Eine zuvor festgelegte Anzahl von Punkten ist dann gegen eine »Belohnung« wie etwa einen Wochenendausflug, eine Schallplatte u. ä. einzutauschen. Verstärkend wirkt selbstverständlich der sichtbare Erfolg auf der Badezimmerwaage und auf der Abnahmekurve und die Tatsache, daß Kleider eine bis einige Nummern kleiner eingekauft werden können, daß Treppen ohne die vorherige Atemnot bestiegen werden können usw. Wesentlich ist, daß

die Patienten lernen, ihre Aufmerksamkeit auf diese Dinge zu lenken und sich selbst zu bestätigen, wie erfolgreich sie sind.

In vergleichenden Therapiestudien konnte belegt werden, daß mit an verhaltenstherapeutischen Prinzipien orientierten Übergewichtsbehandlungen gute Resultate erzielt werden können, z. B. eine Reduktion des mittleren prozentualen Übergewichtes von 30,7% auf 17,6% entsprechend einer mittleren Gewichtsreduktion um 8,4 kg (von 84,2 auf 75,8 kg) nach einer Behandlungszeit von 12 Wochen (Ferstl, Jokusch, Brengelmann, 1975). Nach 5 Wochen ohne Therapie zeigte sich allerdings wieder ein Anstieg auf im Mittel 76,6 kg.

Mehrere Studien, die von Stunkard (1974) zusammengefaßt wurden, ergaben, daß bei derartigen Programmen größere Gewichtsreduktionen erreicht wurden als bei Kontrollgruppen nur mit regelmäßiger Gewichtsmessung, mit unspezifischer einsichtsorientierter, stützender Therapie. Der Erfolg hing auch nicht von der Erfahrung des jeweiligen Therapeuten ab, nicht einmal von seiner Person: Gruppen, die lediglich in brieflichem Kontakt mit einem Therapeutenteam stehen (»Biblio-Therapie«), erzielen vergleichbare Resultate wie solche, die sich regelmäßig unter Anleitung eines Therapeuten treffen (Hagen, 1969, Ferstl, Jokusch, Brengelmann, 1975).

Einen Hinweis darauf, wie schwierig bei aller methodischen Differenziertheit die Identifizierung von Einflußfaktoren auf die Adipositas-Therapie sein kann, fand Stunkard (1974), als er bei zwei weitestgehend vergleichbaren Arbeiten recht deutliche Unterschiede in der absoluten Gewichtsreduktion fand: nach Rücksprache mit den Autoren stellte sich heraus, daß die erfolgreichere Therapie im Frühjahr, die andere im Herbst begonnen war. Offenbar waren die Adipösen, die anläßlich von Familientreffen zum Thanksgiving-Day, zu Weihnachten und zu Neujahr opulente Festmahle vor sich hatten, nicht so deutlich zum Abnehmen motiviert wie die, die während der Badesaison eine gute Figur machen wollten, vielleicht erlebten die letzteren auch weniger sie verführende Situationen.

Die Hypothese, daß durch Verhaltensmodifikation statt der das Übergewicht verursachenden zugrundeliegenden Störungen nur Symptome kuriert würden, scheint unbegründet (Stunkard, 1974). Gerade bei dieser Therapieform verringerten sich in Fragebogen zur allgemeinen und sozialen Angst sowie zu Depressivität u. ä. die auffälligen Scores, so daß eher die Hypothese gestützt wird, daß das durch die erfolgreiche Selbstkontrolle gewonnene Vertrauen in die eigenen Fähigkeiten auf andere Bereiche generalisiert.

Betrachtet man die Anfangserfolge von Stuart (1967) mit denen neuerer Arbeiten (Hautzinger und Kemmerer, 1978), so ist allerdings festzustellen, daß die Resultate weniger beeindruckend geworden sind. Auch ist in den verschiedenen Studien immer wieder ein Gewichtsanstieg zwischen Therapieende und Nachkontrolle verzeichnet worden, so daß die

Dauerhaftigkeit der Erfolge noch nicht hinreichend gesichert ist. Auch ist die Variationsbreite der Erfolge, die durch kumulative Abnahmekurven in den Forschungsberichten verdeckt wird, sehr groß: Während einzelne Patienten so viel abnehmen, wie dies von keiner anderen Therapieform zu erreichen zu sein scheint, bleibt Verhaltenstherapie bei anderen fast wirkungslos (Stunkard, 1974). Lebensalter, Intelligenz, Vorerfahrung mit materiellen und sozialen Verstärkern, Vertrauen in die Wirksamkeit von Modifikationsverfahren und viele andere Faktoren mehr mögen hierfür verantwortlich sein. Es ist bisher jedenfalls noch nicht gelungen, gültige Kriterien für eine effiziente Zuordnung von bestimmten Patienten zu der für sie am besten geeigneten Therapieform zu finden.

3. Anmerkung zum gegenwärtigen Stand der Verhaltenstherapie in der Psychosomatik

Bei einer zusammenfassenden Betrachtung der in diesem Buch zusammengetragenen verhaltenstherapeutischen Ansätze bei psychophysiologischen Störungen und der Resultate empirischer Studien zu diesem Bereich entsteht ein Unbehagen darüber, daß zwischen dem theoretischen Anspruch einer Weiterentwicklung »der Verhaltenstherapie« in Richtung auf eine »Handlungstherapie« einerseits und den Versuchsplänen klinischer Studien auf der anderen Seite eine Lücke klafft, die bestenfalls in einigen Einzelfallberichten ansatzweise gefüllt wird.
In vielen Experimenten wird so verfahren, daß die Patienten per Zufall auf Versuchs- und Kontrollgruppen verteilt werden, ohne daß Kenntnisse über die individuellen Bedingungen des Verhaltens Beachtung finden. Hier ist eine Fehlentwicklung der verhaltenstherapeutischen Orientierung erkennbar, bei der die Interaktion zwischen Therapeut und Patient ausgeklammert wird und Behandlungsprogramme entworfen werden, bei denen gleichsam neutral therapeutische Einzelschritte an den Patienten herangetragen werden – fast in Analogie zur Verabreichung von Medikamenten. Erkenntnisse aus anderen therapeutischen Schulen, z. B. das Prinzip der Übertragung-Gegenübertragung aus der Psychoanalyse, die Wirksamkeit von Therapeutenvariablen, wie sie von Gesprächstherapeuten herausgearbeitet wurden, und andere Konzepte, die durchaus Platz in einer empirisch ausgerichteten therapeutischen Schule wie der Verhaltenstherapie finden können, werden oft ebenso wenig berücksichtigt, wie die Ergebnisse medizinsoziologischer und medizinpsychologischer Untersuchungen über den Handlungszusammenhang in einer jeglichen therapeutischen Situation. Wenn darauf eingegangen wird, so handelt es sich oft um Versuche, die zum therapeutischen Prozeß gehörenden Faktoren als sogenannten Placebo-Effekt auszuschalten oder sie unter dem Begriff »Habituation« vereinfacht zusammenzufassen u. ä. Dabei haben solche Variablen zumindest eine passagere Wirkung auf viele psychophysiologische Krankheitssymptome – besonders in der Anfangsphase einer Therapie, so daß sie u. E. in den Behandlungsplan aufgenommen werden müssen.

Manchen Veröffentlichungen über klinische Einzelfallstudien ist zwischen den Zeilen allerdings zu entnehmen, daß das therapeutische Geschehen doch als komplexes Problem aufgefaßt wird. So wird dann z. B. nebenbei erwähnt, daß außer dem verhaltenstherapeutischen Programm noch Gespräche über sonstige Probleme geführt wurden, daß man Angehörige informierte usw. Da dies zumeist inhaltlich nicht weiter ausgeführt wird, gewinnt man oft den Eindruck, daß ein solches Vorgehen als fehlerhaft, als Abweichung vom lerntheoretisch vorgezeichneten Therapieplan aufgefaßt wird.

Ein besonderes Problem stellt bei psychosomatischen Patienten die Motivationsfrage dar: Sie kommen in der Regel mit erheblichen gesundheitlichen Störungen oder Schmerzen und oft mit großer Angst vor nicht erkannten organischen Erkrankungen. Außerdem haben sie in ihrer meist mehrjährigen Patientenkarriere erfahren, daß ihre Beschwerden nicht recht ernst genommen werden. Sie stehen unter Leistungsdruck, sie müssen beweisen, daß sie doch »eine richtige Krankheit« haben. Damit verknüpft ist die Erwartung einer direktiven Therapie. Gerade weil die Verhaltenstherapie zunächst symptomorientiert und sehr strukturiert vorgeht, bietet sie bei diesen Patienten eine besonders gute Möglichkeit des therapeutischen Einstiegs. Doch sind die therapeutischen Schritte, die diesen Einstieg fördern, sowie Patientenvariablen, die ihn fördern oder behindern können, viel zu wenig systematisch untersucht worden. In diesem Zusammenhang wären Veröffentlichungen über therapeutische Mißerfolge und »Drop-outs« sehr wünschenswert, damit der praktisch tätige Therapeut, der sich mit der mangelnden Therapiemotivation von Patienten und Angehörigen herumschlagen muß, nicht durch die Publikationen nur der geglückten Verhaltenstherapien entmutigt wird. Hierdurch erhält er den falschen Eindruck, daß eigene Mißerfolge auf mangelnden theoretischen und therapeutischen Kenntnissen beruhen.

Für die Therapieforschung bedeuten realitätsnähere Ansätze jedoch eine erhebliche Herausforderung, da nicht nur das therapeutische Verfahren selbst (wie z. B. Biofeedback oder Muskelentspannung), sondern auch die Interaktionen zwischen Verfahrens-, Therapeuten- und Patientenvariablen systematisch untersucht werden müssen. Hier würde rasch ein Komplexitätsgrad erreicht, der bei den relativ niedrigen Probandenzahlen therapieorientierter Untersuchungen nicht mehr zu bewältigen wäre. Ein Ausweg aus diesem Dilemma wird in Einzelfallexperimenten gesucht, in denen jeder Patient sich selbst als Kontrollperson dient. Hierbei werden in einer Reversal-Phase die bisher angewendeten therapeutischen Verfahren ausgesetzt. Es wird angenommen, daß eine Verschlechterung der Symptomatik unter diesen Bedingungen eine Aussage über den Zusammenhang von veränderter Symptomatik und angewandter therapeutischer Methode ermöglicht. Hiergegen ist einzuwenden, daß der Patient, nachdem er einmal behandelt wurde, nicht in den Ausgangszustand zurückversetzt werden kann. Durch die Behandlung – insbesondere wenn sie erfolgreich war – ist beim Patienten bereits ein Lernprozeß eingeleitet worden, der auch in der Reversal-Phase seine Wirkungen zeigen wird. Eine Kontrollperson im Sinne der experimentellen Methodik sollte diesen Lernprozeß aber gerade nicht durchlaufen haben.

Trotz der hier nur angerissenen Kritik sind wir überzeugt, daß durch die verhaltensmodifikatorischen Behandlungsansätze schon jetzt sehr gute, empirisch begründete Möglichkeiten bestehen, Patienten mit psychophysiologischen Störungen zu helfen. Zu erwarten ist, daß diese Möglichkeiten noch besser werden, wenn mehr Kenntnisse über die den Therapieprozeß beeinflussenden Faktoren vorliegen, bzw. berücksichtigt werden, z. B. über

- institutionelle und organisatorische Bedingungen, wie etwa psychotherapeutische Einzelpraxis oder multiprofessionelle Teams, ambulante oder stationäre, Einzel- oder Gruppenbehandlung, Verwendung von Geräten und Pharmaka, usw.
- Variablen auf Seiten des Therapeuten, wie etwa direktives oder nondirektives Vorgehen, therapeutischer Optimismus, Einbeziehung des Patienten und relevanter Beziehungspersonen in Planung und Durchführung der Therapie, Distanz oder Vertrautheit, akademische Grade des Therapeuten, usw.
- Variablen auf Seiten des Patienten, wie etwa Vorstellungen bezüglich der Entstehung der Symptome und der Veränderungsmöglichkeiten, passive Heilungserwartungen oder Bereitschaft zur aktiven Mitarbeit, intellektuelle Voraussetzungen und kreative Fähigkeiten, Suggestibilität, usw.

Es ist zu wünschen, daß optimale therapeutische Rahmenbedingungen identifiziert werden können, die per se eine motivationssteigernde und symptomreduzierende Wirkung entfalten. Die spezifischen Behandlungsmethoden könnten dann darauf aufbauend in experimentellen Versuchsplänen auf ihren jeweiligen Beitrag zur Linderung oder Heilung von psychophysiologischen Beschwerden hin empirisch überprüft werden.

Einschneidende Fortschritte in der Therapieforschung werden allerdings nur zu erzielen sein, wenn die im Aufgabenfeld der Psychosomatik tätigen Therapeuten eingehende Kenntnisse der Forschungsmethodik aufweisen. Ein erhöhter Wissensstand auf diesem Gebiet könnte sowohl durch eine verbesserte Ausbildung der Ärzte in Methodenfragen als auch durch eine verstärkte Einbeziehung bereits durch ihr Studium methodisch versierter Psychologen in psychosomatische Kliniken angestrebt werden. Da es bisher nur wenige Ärzte gibt, die verhaltenstherapeutische Kenntnisse aufweisen, erscheint uns der Fortschritt der verhaltenstherapeutisch-psychosomatischen Therapieforschung am ehesten gewährleistet, wenn Psychologen in zunehmendem Maße das Aufgabenfeld der Behandlung psychosomatisch Kranker erschlossen wird.

4. Fallberichte

4.1. Die verhaltenstherapeutische Behandlung einer Patientin mit Asthma bronchiale

Verhaltensanalyse

Frau A. ist zum Zeitpunkt des Erstgesprächs im Januar 1976 36 Jahre alt, verheiratet und hat zwei Töchter im Alter von 11 und 9 Jahren. Sie selbst besitzt Mittelschulabschluß, ihr Mann hat eine Fachschule besucht. Die Familie lebt ein einem Zweifamilienhaus am Stadtrand Hannovers zusammen mit den Eltern des Ehemannes. Die jüngere Tochter leidet an Diabetes mellitus, wodurch tägliche Insulinspritzen notwendig werden. Der Ehemann war mehrere Male wegen ulceröser Magenbeschwerden in ärztlicher Behandlung. Die ältere Tochter wird gesundheitlich als unauffällig geschildert.
Der Anlaß der Kontaktaufnahme, die durch den Stationsarzt hergestellt wurde, ist ein stationärer Aufenthalt in der Medizinischen Hochschule, der nach einem schweren Status asthmaticus eine Woche vorher notwendig wurde.
Frau A. berichtet, daß sie schon als Säugling häufiger erkältet gewesen sei als andere Kinder. In ihrer ganzen Kindheit verging kein Winter, in dem sie nicht zumindest einmal Bronchitis gehabt habe. Ihr Vater, der ebenfalls an einer asthmatischen Erkrankung leidet, sei ebensooft erkältet gewesen wie sie. Mit 22 Jahren hatte sie eine Lungenentzündung. Noch Jahre später empfand sie danach Temperaturschwankungen der Atemluft als äußerst unangenehm. Zu ersten asthmatischen Beschwerden kam es im Winter 1969 im 29. Lebensjahr. Sie war mit dem Auto zur Heißmangel gefahren und konnte, als sie die Heißmangel verließ, den Wagen wegen der großen Kälte nicht wieder starten. Das versetzte sie in große Aufregung und Angst, da sie rechtzeitig zu Hause sein mußte, um die diabetische Tochter zu versorgen, die auf regelmäßige Nahrungszufuhr angewiesen war. Sie lief in großer Hast durch die kalte Luft nach Hause, wobei ihre Angst, der Tochter sei bereits etwas zugestoßen, ständig anstieg. Das Atmen wurde ihr immer schwerer, bis sie meinte, keine Luft mehr zu bekommen. Trotzdem zwang sie sich, weiter zu laufen und erreichte unter Keuchen mit bereits heftiger Atemnot die Wohnung. Nachdem sie der Tochter etwas zu essen gegeben hatte, klang die Atemnot langsam ab.
Drei Jahre später bekam sie eine erneute Lungenentzündung. Danach hatte sie stets solche Atemnot, daß sie keine Treppen mehr steigen und kaum noch sprechen konnte. Es seien erneut asthmatische Reaktionen aufgetreten, die immer im Zusammenhang mit Erkältungen entstanden.

Allergietests, die zu diesem Zeitpunkt durchgeführt wurden, fielen negativ aus.
Im Januar 1975 hatte sie erstmals einen asthmatischen Status verbunden mit Bewustlosigkeit, der zu einer stationären Aufnahme führte. Der Gesundheitszustand verschlechterte sich zusehends. Vier weitere stationäre Aufnahmen wurden in diesem Jahr notwendig. In den letzten vier Monaten vor Beginn der psychologischen Therapie seien etwa 5–6 leichtere Asthmaanfälle pro Monat aufgetreten, die ambulant durch den Hausarzt behandelt werden konnten.
Die medizinische Untersuchung ergab keinerlei auffällige Befunde. Auch die Lungenfunktionswerte lagen im unteren Normbereich (Vitalkapazität 2950 ml, Sekundenkapazität 2650 ml). Während des gesamten vergangenen Jahres wurde in akuten Krankheitsstadien eine Steroid-Therapie durchgeführt.
Der letzte schwere Anfall ereignete sich, nachdem die diabeteskranke Tochter in einem Preisausschreiben einen Rundflug über Niedersachsen gewonnen hatte. Frau A. bekam heftige Angst, der Tochter könnte während der Trennung von ihr etwas zustoßen. Ihr Mann überredete sie allerdings, der Tochter die Freude des Flugs zu gewähren. Die gesamte Familie begleitete die Tochter zum Flugplatz. Als die Maschine abgehoben hatte, wurde die Angst immer größer. Die Patientin schildert, sie habe die Angst körperlich »als eine Faust in der Brust« erlebt. Nach wenigen Minuten trat der erste Hustenreiz auf, der sehr schnell zu einem Hustenanfall führte, der sich ständig steigernd in einen asthmatischen Anfall überging. Frau A. harrte am Flughafen aus. Als die Maschine den erwarteten Ankunftstermin jedoch nicht einhielt, wurden die Beschwerden so stark, daß die Patientin in die Notaufnahme der Medizinischen Hochschule gebracht werden mußte.
Die Patientin berichtet, sie habe während ihrer Angst daran gedacht, daß ihrer Tochter etwas zustoßen könnte, was zu einer Amputation der Gliedmaßen führen könne. Diese Angst verläßt sie nur selten, nachdem ihre Tochter im zweiten Lebensjahr in einem diabetischen Schockzustand ins Krankenhaus gebracht werden mußte. Damals war eine Kousine der Patientin, der bereits ein Bein abgenommen worden war, an Diabetes gestorben. Diese Ängste, ihrer Tochter werde es genauso ergehen, seien noch dadurch verstärkt worden, daß Frau A. bei ihrem ersten Aufenthalt in der Medizinischen Hochschule mit einer Bäuerin das Zimmer geteilt hatte, der ebenfalls gerade wegen eines Diabetes ein Bein amputiert worden war.
Ein weiterer Anfall, der zur stationären Aufnahme geführt hatte, trat am Vorabend der Rückkehr ihrer Schwiegereltern aus dem Urlaub auf.
Der Schwiegermutter gegenüber fühlt sich Frau A. sehr unwohl, weil diese ihr ständig Vorwürfe macht und sich in alle Angelegenheiten der Patientin einmischt. Die Schwiegermutter hat ständig Zutritt zu der Wohnung, da eine abschließbare Tür fehlt. Frau A. hat zwar den

Wunsch, gegen die Schwiegermutter räumlich abgeschirmt zu sein, wagt es aber nicht, diesen Wunsch zu äußern, weil sie dann Auseinandersetzungen fürchtet. Außerdem sei sie ja wegen ihrer häufigen Krankheiten auch auf die Hilfe der Schwiegermutter bei der Versorgung ihres Haushaltes angewiesen. Die Schwiegermutter behandelt die Patientin wie ein unmündiges Kind, bestimmt z. B. was sie anziehen soll oder welche Nahrungsmittel gut für die Kinder sind.

Vor ihrer Eheschließung hörte die Patientin gerne Musik, spielte Gitarre und sang im Oratorienchor. Sie ging regelmäßig ins Theater, in die Oper und besuchte Tanzveranstaltungen. Ihr Ehemann interessiert sich nicht für diese musischen Aktivitäten. Außerdem ist er Nichttänzer. Da er auf andere Männer äußerst eifersüchtig ist, hat sie »freiwillig« auf das Tanzvergnügen verzichtet. Seitdem sie einmal in der Oper einen Asthmaanfall bekommen hat, besucht sie keine öffentlichen Veranstaltungen mehr. Den Interessen ihres Mannes kommt dieses Häuslichkeit sehr entgegen.

Schwierigkeiten mit der Erziehung der Kinder, von denen berichtet wird, sind nicht mehr vorhanden, wenn asthmatische Anfälle auftreten. Die ganze Familie, einschließlich Schwiegermutter, kümmert sich dann rührend um die Patientin.

Lerntheoretisches Erklärungsmodell des asthmatischen Verhaltens

Das asthmatische Verhalten ist durch Prozesse der klassischen Konditionierung erlernt worden und wird durch Prozesse der operanten Konditionierung aufrechterhalten. Auf der Basis einer somatischen Vorschädigung, die auf eine konstitutionelle Schwäche der Atmungsorgane verbunden mit traumatischen Infektionen zurückzuführen ist, trat der erste Anfall auf, als nach dem Besuch der Heißmangel der Wagen nicht ansprang und die Patientin durch die sehr kalte Luft unter großer Angst nach Hause laufen mußte. Unter den gegebenen Organismusbedingungen (die Patientin war gerade leicht erkältet) wirkten die kalte Luft und die durch die Bewegung verursachte Dyspnoe als unkonditionierte Reize für das asthmatische Verhalten, das zunächst eine nicht konditionierte Reaktion darstellt. Der konditionierte Reiz, der mit dem nicht konditionierten in dieser Situation assoziativ verbunden wurde, ist die Angst um die Tochter. Diese Angst wird dann der eigentliche auslösende Reiz für das gestörte Verhalten. Der konditionierte Reiz generalisierte soweit, daß alle intensiv angstauslösenden Reize einen Asthmaanfall hervorrufen können. Auf diese Weise ist der Asthmaanfall beim Rundflug der Tochter und bei der Rückkehr der Schwiegermutter zu erklären. Sogar die Angst vor einem Asthmaanfall reicht aus, um einen Asthmaanfall zu provozieren.

Operante Konditionierungsprozesse dienen der Aufrechterhaltung der

Reaktion. Das Denken an die Rückkehr der Schwiegermutter (SD_1) führt als diskrimitiver Reiz zu ängstlichen Reaktionen (R_1), die sich auf die erwartete erneut einsetzende Bevormundung beziehen; die Angst wiederum (SD_2) wirkt als diskriminativer Stimulus für das asthmatische Verhalten(R_2). Dem asthmatischen Verhalten folgt als Konsequenz ein Klinikaufenthalt, durch den die drohende Auseinandersetzung mit der Schwiegermutter vermieden wird (C−). Als positive Konsequenzen, die zu einer Verstärkung des Verhaltens führen, sind weiterhin zu sehen, daß hierdurch eine verstärkte Zuwendung der Kinder, des Ehemannes und der Schwiegermutter hervorgerufen wird (C+). Als negative Konsequenz (C−) kann vordergründig die Einschränkung der sozialen Aktivitäten angesehen werden. Es darf allerdings nicht vergessen werden, daß das asthmatische Verhalten auch dazu geführt hat, daß es jetzt keine Auseinandersetzungen mit dem Ehemann über auswärtige Besuche mehr gibt. Die Ängste, die das Streben nach Selbständigkeit und Unabhängigkeit in ihr auslöst, sind ebenfalls nicht mehr vorhanden, da Selbständigkeitsbestrebungen aufgrund der Erkrankung unmöglich geworden sind.

Ziel der Therapie

Als primäres Therapieziel wird es angesehen, der Patientin eine Selbstkontrolle ihrer Asthmaanfälle zu ermöglichen. Da Asthmaanfälle fast immer auftreten im Zusammenhang mit ängstigenden Situationen, muß eine Kontrolle der Angst angestrebt werden. Hierzu bietet sich die Methode der systematischen Desensibilisierung an.
Die Asthmaanfälle haben dazu geführt, daß der Verhaltensspielraum der Patientin immer enger wurde: gesellige Kontakte mit Freunden und Bekannten wurden weitgehend eingeschränkt, öffentliche Veranstaltungen überhaupt nicht mehr besucht. Da Frau A. das Haus nur noch selten verläßt, wird sie noch stärker als vor der Erkrankung von ihrer Schwiegermutter kontrolliert und hat kaum eine Möglichkeit, eigene Bedürfnisse zu artikulieren und zu erfüllen. Ihr Verhaltensspielraum muß daher systematisch erweitert werden. Das kann dadurch geschehen, daß ihr Techniken der Selbstbehauptung vermittelt werden. Zunächst muß in ihr allerdings erst einmal der Wunsch geweckt werden, sich selbst behaupten zu wollen, sowie eigene Bedürfnisse zu erkennen und zu artikulieren.

Therapieverlauf

Während der gesamten Therapie wird die Steroid-Medikation in akuten Krankheitsphasen fortgesetzt. Außerdem benutzt die Patientin ein Dosier-Aerosol. In den ersten drei Monaten wird die verhaltenstherapeuti-

sche Behandlung ergänzt durch eine physikalische Therapie (Atemgymnastik und Vibrations-Thorax-Massagen).
Nach vier anamnestischen Gesprächen in der Klinik, in denen die Analyse des problematischen Verhaltens im Mittelpunkt steht, und einem Gespräch mit dem Ehemann werden der Patientin die Hypothesen des Therapeuten über die Entstehung bzw. Aufrechterhaltung des asthmatischen Verhaltens erläutert und die Ziele der Therapie mit ihr abgesprochen. Während sie das Therapieziel »Bewältigung der Ängste« akzeptiert, hat sie erhebliche Bedenken dagegen, sich selbst stärker behaupten zu wollen, da der Gedanke an Selbstbehauptung ihr offensichtlich bereits Angst bereitet. Es wird daher als sinnvoll angesehen, zunächst das Therapieziel »Kontrolle der Angst« anzustreben. Es können 3 Bereiche eruiert werden, die besonders stark mit Ängsten besetzt sind:

- jede Erkältung vom leichten Kratzen im Hals bis zur Bronchitis
- jeder asthmatische Anfall
- Gedanken an die diabetische Erkrankung der jüngeren Tochter

Es waren daher drei Angsthierarchien vorgesehen, von denen die Erkältungshierarchie bereits in der fünften Sitzung gemeinsam mit der Patientin erstellt wird. Es zeigt sich, daß die Angst vor einer Erkältung mit Charakteristika der Erkältung und situativen Bedingungen variiert. Durch eine Kombination von Schweregraden der Erkältung und Bedingungen der Situation können insgesamt 30 Items ausformuliert werden, so daß eine starke Differenzierung der Angstskala ermöglicht wird.

Abstufungen der Erkältung	*Abstufungen situativer Bedingungen*
leichtes Kratzen im Hals	in der Klinik
leichter Husten	zu Hause mit Ehemann
lästiger Husten	zu Hause allein
beginnende Enge in der Brust	ohne Medikamente
Bronchen ziehen sich zusammen	bei Freunden
es rasselt wie mit Ketten	im Theater

Am wenigsten Angst (Angsteinstufung 1) verursacht ein leichtes Kratzen im Hals in der Klinik, am stärksten ängstigt, (Angsteinstufung 100) das Gefühl, es rassele in den Bronchen wie mit Ketten und der Ehemann sei nicht zu Hause.
Nachdem die Patientin in der vierten und fünften Sitzung, die wie die folgenden in wöchentlichen Abständen stattfinden, erlernt hat, die progressive Muskelrelaxation nach Jacobson zu beherrschen, wird in der sechsten Sitzung mit der systematischen Desensibilisierung begonnen. Frau A. hat zu dieser Zeit normale Lungenfunktionswerte und ist nicht erkältet. Jedes Item wird in der Vorstellung dreimal vorgegeben (jeweils 5, 10 und 15 sec. lang). Es wird mit dem nächstschwierigeren Item fortgefahren, wenn Frau A. während dieser Vorstellungen keine gesteigerte Aktiviertheit meldet. In dieser Sitzung gelingt die angstfreie Bewältigung von

7 Items bis zu einer Angsteinstufung von 25. Zum Schluß der Sitzung wird die Patientin angehalten, ein Protokoll darüber zu führen, in welchen Situationen sie sich über ihre Schwiegermutter ärgert.

In der sechsten Sitzung schildert sie die in der vergangenen Woche aufgetretenen Konfliktsituationen mit der Schwiegermutter, die sich immer wieder darauf beziehen, daß der Patientin Verhaltensvorschriften gemacht werden, oder aber ihre (allerdings gar nicht geäußerten) Wünsche nicht berücksichtigt werden. Ein schriftliches Protokoll ist allerdings nicht angefertigt worden, da die Schwiegermutter »das evtl. hätte finden können«. Auf Konflikte reagiert die Patientin mit Sprachlosigkeit. Sie meint, daß sie sich darüber nicht ärgert, berichtet aber von einer verschlechterten Atmung, die zeitweise danach aufgetreten sein soll. Sie wird angewiesen, in Zukunft darauf zu achten, ob evtl. auch Ärgerreaktionen die Folge sind. Anschließend wird die Erkältungshierarchie bis zur Angsteinstufung 45 bewältigt. Zur weiteren häuslichen Übung wird die Patientin aufgefordert, die in der vorigen Sitzung angstfrei bewältigten Items täglich einmal zu Hause in entspanntem Zustand durchzugehen und den Therapeuten im Anschluß daran telefonisch zu einer vereinbarten Zeit über den Erfolg zu unterrichten. Der Anruf am nächsten Tag ergibt, daß es der Patientin nur bei den zwei leichtesten Items gelungen ist, die Entspannung aufrecht zu erhalten. Sie wird daher telefonisch instruiert, sich zu entspannen und die Items durchzugehen, was ihr unter diesen veränderten Bedingungen gelingt. Schon am nächsten Tag hat sie mit ihrer selbständigen Übung bessere Erfolge. Auch in Zukunft werden die häuslichen Übungen beibehalten.

In der siebten Sitzung berichtet die Patientin erstmalig über Ärger, den sie gegenüber der Schwiegermutter empfunden hat, als sie ihr Vorwürfe machte, mit dem Auto zu fahren, statt zu Fuß zu gehen. Daraufhin wird diese Situation im Rollenspiel wiederholt, und die Patientin lernt alternative Reaktionen. Insbesondere wird die Verbalisierung von Emotionen geübt. Die Patientin wird aufgefordert, in der nächsten Woche bei allen sich bietenden Gelegenheiten ihre Emotionen nach einem eingeübten Schema den Familienmitgliedern gegenüber zu äußern, und in der nächsten Sitzung dem Therapeuten darüber zu berichten. Weiterhin wird die Erkältungshierarchie bis zur Angsteinstufung 75 bewältigt. Außerdem wird die Patientin angewiesen, ihren Ehemann stets über die augenblicklichen Therapieziele zu unterrichten. Rückfragen des Ehemannes werden vom Therapeuten telefonisch beantwortet.

In der achten Sitzung wird von vielerlei Situationen berichtet, in denen es ihr gelang, sowohl Freude als auch Ärger auszudrücken. Einige dieser Situationen werden im Rollenspiel wiederholt. Die Erkältungshierarchie wird bis zur Angsteinstufung 85 durchgearbeitet und die Patientin aufgefordert, zu Hause in Analogie dazu eine Asthmahierarchie zu erstellen. Es werden, um ihr die Arbeit zu erleichtern, bereits einige Items ausformuliert. Weiterhin wird die Patientin über die Möglichkeit informiert, an

einem Selbstsicherheitstraining in der Gruppe teilzunehmen, das drei Wochen später von anderen Therapeuten geleitet beginnen wird. Die Patientin ist diesem Training gegenüber immer noch ablehnend eingestellt.
Zur neunten Sitzung bringt die Patientin auf Wunsch des Therapeuten den Ehemann mit. Er wird über den bisherigen Verlauf der Therapie informiert. Dann wird den Ehepartnern erneut das Selbstsicherheitstraining vorgeschlagen. Nach ausführlichen Erläuterungen wird dieser Plan durch den Ehemann nach anfänglicher Skepsis unterstützt. Im Beisein des Ehemannes wird daraufhin die zu Hause erstellte Asthmahierarchie durchgesprochen und es wird mit der Erkältungshierarchie fortgefahren. Eine angstfreie Bewältigung der letzten Items gelingt allerdings nicht.
In der zehnten Sitzung ist die Patientin nach einem für sie lange beschwerdefreien Intervall erneut erkältet. Die ersten fünf Situationen der Asthmahierarchie werden abgehandelt. Der Patientin wird der Termin für den Beginn des Selbstsicherheitstrainings genannt. Sie willigt ein, auf Probe daran teilzunehmen. Vier Tage später ruft sie an, um mitzuteilen, daß sie sich wegen eines Asthmaanfalls in ärztliche Behandlung begeben mußte. Sie fühle, daß jetzt ein erneuter Anfall beginne. Sie wird angewiesen, die Entspannungsübungen durchzuführen und dann erneut anzurufen. Offensichtlich ist die Technik von Erfolg. Ein erneuter Anfall tritt nicht ein.
In der nächsten Sitzung wird sie auf Zusammenhänge zwischen dem Beginn der Gruppentherapie und dem Asthmaanfall aufmerksam gemacht. Es wird ihr empfohlen, ihre Ängste durch direkte Konfrontation zu bewältigen. Im Gespräch nach der ersten Gruppensitzung wirkt die Patientin entspannt und erleichtert. Sie berichtet davon, daß sie mit ihrem Mann vereinbart hat, in der nächsten Woche abends Bekannte zu besuchen. Sie habe allerdings Angst, daß dort ein Anfall auftreten werde. Sie wird daraufhin durch die Vorstellung der ängstigenden Situationen in entspanntem Zustand auf das Ereignis vorbereitet. In den folgenden Einzelkontakten, die parallel zu den Gruppensitzungen erfolgen, wird insbesondere Wert auf eine Ausweitung der sozialen Aktivitäten gelegt. Außerdem wird die Asthmahierarchie abgehandelt. Dabei gelingt eine immer bessere Kontrolle der Angstreaktionen.
Nach der 23. Sitzung folgt eine zweimonatige Sommerpause, die von der Patientin für einen Aufenthalt an der Nordsee genutzt wird.
In der 24. Sitzung berichtet die Patientin von einem erneuten Asthmaanfall, der aufgetreten sei, nachdem die Tochter einen Zuckerschock bekommen hatte und stationär behandelt werden mußte. Das wird zum Anlaß genommen, jetzt die dritte Hierarchie, die die Ängste um die Tochter zum Inhalt hat, in Angriff zu nehmen. Als leichtes Item wird z. B. eingestuft: »die Tochter klagt über Schlappheit«; ein Item mit mittlerem Schwierigkeitsniveau ist »sie zuckt in einem Schockzustand mit den Gliedmaßen« ein schwieriges Item ist »sie bekommt Sehstörungen, kann blind werden«. Innerhalb von weiteren vier Sitzungen im Abstand

von 14 Tagen lernt es die Patientin, ihre Ängste um die Zukunft der Tochter weitgehend zu kontrollieren. Parallel dazu berichtet sie von vielerlei Aktivitäten: Sie hat den Kontakt zu einer ehemaligen Freundin wieder aufgenommen, hat eine Messeveranstaltung besucht, lädt Bekannte ein und besucht gemeinsam mit der Freundin Theaterveranstaltungen in einem Abonnement. Sie erwägt, erneut in ihrem ehemaligen Beruf zu arbeiten und eine verschließbare Tür zur Wohnung der Schwiegereltern anbringen zu lassen. Die Schwiegermutter scheint die verstärkte Selbständigkeit der Patientin zu tolerieren. Die 30. und letzte Sitzung findet im Dezember 1976 erneut zusammen mit dem Ehemann statt, der die von der Patientin berichteten Veränderungen bestätigt.
Neben diesen 30 jeweils anderthalbstündigen Einzelkontakten haben insgesamt 20 gruppentherapeutische Sitzungen stattgefunden, in denen ein Selbstsicherheitstrainingsprogramm bestehend aus Rollenspiel- und in vivo -Übungen, durchgeführt wurde.
In der Zeit von August bis Dezember 1976 hatte die Patientin fünf Erkältungsepisoden. Nur in einem Fall sei dabei asthmatische Atmung aufgetreten, während vorher jede Erkältung in einen Asthmaanfall eingemündet sei.

Therapiekontrolle

In den folgenden anderthalb Jahren bis August 1978 wurde die Patientin zweimal stationär wegen eines asthmatischen Zustandes behandelt. In jedem Fall war dem Asthma wiederum eine Bronchitis vorausgegangen. Der erste Anfall im Winter 1976/1977 war ausgelöst worden, als durch den Tod eines Bekannten, der an Lungenkrebs gestorben war und vorher lange Zeit an Asthma gelitten hatte, Ängste um den eigenen Tod aktiviert wurden. Dem zweiten Anfall im Winter 1977/1978 ging voraus, daß die Patientin in einer Zeitschrift diabeteskranke Kinder sah, deren Gliedmaßen amputiert worden waren. In diesen Situationen gelang ihr eine Selbstkontrolle der Angst nicht. Die Patientin berichtet allerdings davon, daß die Anfälle selbst weniger angstbesetzt gewesen wären als vor der Therapie. Sie habe mehrere beginnende Asthmaanfälle durch den Einsatz der Entspannungstechnik kontrollieren können. Sie habe es jedoch nicht gewagt, die Steroid-Medikation völlig abzusetzen. Die von ihr berichtete deutlich verringerte Anzahl stationärer als auch ambulanter Behandlungen kann allerdings als Therapieerfolg bewertet werden. Die Lungenfunktionswerte befanden sich sowohl vor als auch nach der psychologischen Behandlung in beschwerdefreien Intervallen im Normbereich.
Die während der Therapie wieder aufgenommenen Kontakte zu dem vorhandenen Bekanntenkreis bestehen auch heute noch. Theaterveranstaltungen werden gemeinsam mit der Freundin weiterhin im Abonne-

ment besucht. Die Patientin berichtet, daß sie streng darauf achtet, daß die immer noch vorhandenen Ängste vor Asthmaanfällen ihre sozialen Aktivitäten nicht behindern.

4.2. Die verhaltenstherapeutische Behandlung eines Patienten mit einer Herzphobie

Herr S. ist 33 Jahre alt, gelernter Großhandelskaufmann und in einem mittelständischen Betrieb in relativ verantwortlicher Stellung tätig. Er ist seit 9 Jahren verheiratet und hat einen 8jährigen Sohn. Seit 4 Jahren leidet er an starken Herzbeschwerden und darüberhinaus an allgemeiner Unruhe, Nervosität mit Zittern und Schweißausbrüchen.
Die Herzschmerzen habe er eigentlich dauernd, eine Abhängigkeit von bestimmten Situationen habe er nicht festgestellt. Auch die Unruhe sei eigentlich ständig vorhanden, mache sich besonders störend am Arbeitsplatz bemerkbar, trete aber auch zu Hause auf. Aus Angst vor den Herzschmerzen traue er sich praktisch nicht mehr aus dem Haus, außer wenn er zur Arbeit müsse. Er habe große Angst, daß dies seine Frau, die eigentlich sehr gern unter Menschen sei, belasten müsse und daß darunter seine Ehe litte. Außerdem habe er furchtbare Angst davor, als Frührentner nicht mehr für seine Familie sorgen zu können. Ein bißchen Erleichterung bei seinen Unruhezuständen verschaffe ihm das Gespräch mit seiner Frau oder mit einem netten Kollegen. Zu Hause versuche er sich dadurch zu beruhigen, daß er sich häufig in einem abgedunkelten Raum bei guter Belüftung ins Bett lege und in der Wohnung absolute Ruhe sei. Andere Situationen, die ihn aufregen könnten, wie z. B. Wegfahren, Kino oder Gaststättenbesuche vermeide er völlig.
Die ärztlichen Untersuchungen haben keinen Anhaltspunkt für mögliche organische Ursachen der Beschwerden ergeben. Es wurde eine funktionelle Hyperbilirubinämie festgestellt, die nach Aussagen der Internisten gehäuft bei nervösen Patienten festgestellt würde, aber auf keinen Fall im Sinne einer Verursachung der Nervosität zu interpretieren sei. Der Patient war wegen seines Leidens ein Jahr lang in psychotherapeutischer Behandlung, hat verschiedene Kuren gemacht, Trainingskurse in autogenem Training, ist kurzfristig in einem Landeskrankenhaus behandelt worden, war bei diversen Herzspezialisten und zum Schluß bei mindestens 2 Heilpraktikern in Behandlung. Seit mindestens 3 Jahren nimmt er kontinuierlich relativ hohe Dosen von Beruhigungsmitteln.
Der Patient lebt in einem Dorf im Hause seiner Schwiegermutter, er fühle sich in diesem Dorf als Zugezogener etwas als Außenstehender. Die Eltern des Patienten sind geschieden worden, als er 18 Jahre alt war. Beide Eltern haben an psychosomatischen Krankheiten gelitten: Der Vater an einer »Nervenkrise mit Angst, Herzsymptomatik und Suizidgefährdung« im Alter von ca. 33 Jahren; die Mutter angeblich während der

Dauer der gesamten Ehe an Magengeschwüren. Die Ehefrau des Patienten macht einen sehr mütterlichen und ruhigen Eindruck und berichtet, daß sie, so gut es ginge, versuche, ihren Mann zu beruhigen und abzuschirmen, sich aber oftmals frage, ob das das Richtige sei. Der Patient erinnert sich sehr dunkel, daß er zum ersten Mal wegen stärkerer Unruhezustände zum Arzt gegangen sei vor 9 Jahren und zwar ungefähr 4 Wochen vor seiner Hochzeit. Eine Verschlimmerung der Unruhe habe es dann nach der Geburt seines Sohnes gegeben. Herzschmerzen habe er zu der Zeit noch nicht gehabt, er habe auch damals noch nicht ständig Tabletten nehmen müssen. Einen möglichen kausalen Zusammenhang zwischen den Ereignissen in seinem Leben und dem Beginn seiner Beschwerden sieht er nicht.

Zu Beginn der Therapie füllte der Patient einige Fragebögen aus, und zwar die HHM-Beschwerdenliste (v. Zerssen, 1971), den FPI (Halbform A) (Fahrenberg u. a., 1970) und zwei Polaritätsprofile (Hofstätter, 1963) (Selbstbild und Ideal-Selbst). Das Polaritätsprofil wurde außerdem von 2 Krankenschwestern über den Patienten ausgefüllt. In den Fragebögen schildert der Patient sich als extrem psychosomatisch gestört, zeigt aber keine typisch hypochondrischen Überbewertungen oder Fixierungen. In seinem Selbstbild dominieren eindeutig »typisch weibliche« Eigenschaften; außer einem beachtlichen Maß an Gehemmtheit bzw. Gespanntheit weist sein Selbstbild in den psychologischen und sozialen Bereichen eine bemerkenswerte »Normalität« auf, die in der Fremdwahrnehmung keine Entsprechung findet.

Zur Interpretation der Symptomatik dieses Patienten erscheint uns das »Attribuierungsmodell« von Schachter und Singer (vgl. o. S. 13) besonders geeignet zu sein. Vor dem Hintergrund einer bemerkenswerten psychosozialen Normalität scheint der Patient bei Angst- und Unruhezuständen vor allem die physiologische, körperliche Erregung wahrzunehmen, ohne Bezug zu den auslösenden und damit erklärenden Situations- bzw. Persönlichkeitsmerkmalen herstellen zu können. In seinen psychologischen Reaktionen erscheint der Patient wenig differenziert, er nimmt Unterschiede nur auf der Dimension »ruhig/angespannt« wahr. Zur Demonstration seiner Befindlichkeit greift er auf körperliche Merkmale von Anspannung (Zittern, muskuläre Anspannung) zurück. Entsprechend nimmt er auch praktisch kaum eine Variation in der Schwere seiner Symptome wahr.

Auffallend bei der Entstehung der Symptome des Patienten ist der zeitliche Zusammenhang mit der Heirat bzw. der Geburt seines Sohnes. Dieser Zusammenhang scheint uns am leichtesten über die Diskrepanz zwischen Selbstbild und neuer Rollenerwartung erklärbar zu sein. Diese Diskrepanz und die damit verbundene Unruhe und Verunsicherung wurde von dem Patienten »als Krankheit« wahrgenommen, die ärztlicherseits behandelt werden mußte. Auffallend ist darüberhinaus die geringe Rollenflexibilität des Patienten; er geht spontan von der Erwartung aus,

daß sich im Berufsleben die gleichen zwischenmenschlichen Beziehungen ergeben müßten wie in der Familie, nämlich Wärme und Verständnis. Angesichts dieser Erwartung ist er bei rein sachlich oder gar aggressiv gefärbtem Umgang im beruflichen Bereich erheblichen Frustrationen ausgesetzt.
Im Laufe der Zeit dürfte es zu einer Generalisierung der Symptome auf verschiedene Auslöser, die mit »männlich-selbstsicherem« Verhalten kombiniert waren, gekommen sein (respondenter Mechanismus) und über die Krankheitstheorie des Patienten zu einer Vertiefung seiner Selbstunsicherheit, auf die er mit generalisiertem Vermeidensverhalten reagierte, das vor allem durch die Fürsorge seiner Ehefrau verstärkt wurde (operante Mechanismen). Da jedoch auch das Vermeidungsverhalten nur eine kurzfristige Erleichterung brachte, langfristig jedoch ebenfalls zur Verstärkung der Unsicherheit des Patienten beitrug, wurde letztlich ein Teufelskreis geschlossen. Darüberhinaus dürfte das Vorbild der Eltern im Sinne des Modellernens erheblich zur Entstehung und Fixierung der Symptomatik beigetragen haben.
Aus der Verhaltensanalyse ergaben sich konkret drei anzustrebende Therapieziele, die in 2 Phasen angestrebt werden sollten:

1. Die Relativierung des organ-medizinischen Krankheitserlebens des Patienten, sowie Schaffung der Motivation zur Verhaltensänderung.
2. Abbau der Verhaltenslücken im sozialen Bereich durch Training von Sozialverhalten.
3. Abbau der anspruchsvollen Vorstellungen des Patienten von männlichem Rollenverhalten einerseits und gutem Arbeitsklima andererseits.

Therapie

Der Patient wurde stationär aufgenommen, da nur so eine hinreichende Entängstigung möglich war, die ihn zur therapeutischen Mitarbeit befähigte. Hauptschwerpunkt der Therapie war eine verhaltensanalytisch-interaktionell orientierte Gruppentherapie, eine relativ zieloffene Gruppe mit sechs weiteren psychosomatisch gestörten Patienten. Hinzu kamen in Phase I der Therapie Einzelgespräche zur Konkretisierung der Verhaltensanalyse und der Unterstützung der Umorientierungssprozesse und ein Entspannungstraining nach Jacobson (in Florin, 1975) als Grundlage für ein Wahrnehmungstraining (Variabilität der Symptome) und als Voraussetzung für die für später geplante Desensibilisierung gegen Sozialängste. In beiden Phasen wurden Ehepaargespräche zur Analyse und Modifikation des Verstärkerverhaltens der Ehefrau geführt. In Phase II wurde mit dem Patienten eine lockere in-vivo-Desensibilisierung zum Abbau seiner sozialen Ängste unter Selbstkontrolle und mit Hilfe der Ehefrau als Ko-Therapeutin durchgeführt. Der Patient erhielt während der gesamten Therapiedauer keine Psychopharmaka.

Die Therapie verlief erwartungsgemäß in 2 Phasen. Phase I dauerte ungefähr 14 Tage und war gekennzeichnet durch weitgehende Passivität des Patienten, soziale Zurückgezogenheit und ausgeprägte Erwartung an die Therapeuten, von denen er mehr typisch ärztliche Aktivitäten, aber auch mehr Fürsorge hinsichtlich seiner Alltagsprobleme erwartete.
Die Aufforderung, in einem Tagebuch die Intensität der Unruhezustände quantitativ zu registrieren, erfüllte der Patient mit erheblichen inneren Vorbehalten, aber peinlich genau. Nach einer Woche stellte sich heraus, daß er ausschließlich die Schweregrade 7 und 8 (bei insgesamt 10 möglichen) verwendet hatte. Er wurde trotzdem aufgefordert, das Tagebuch fortzuführen. Bei den Entspannungsübungen nahm er keine Entspannung wahr und reagierte darauf sehr enttäuscht. Er wurde aufgefordert, die Übungen fortzusetzen und zwar nicht mit dem Ziel der Entspannung, sondern lediglich zur Wahrnehmung des Unterschieds zwischen aktiver Anspannung und Fortfall der Anspannung. Diese »Wahrnehmung« gelang ihm erst in der 3. Woche. Von Seiten der Schwestern und Therapeuten wurde er für jede Eigenaktivität oder Initiative gelobt, seine Erwartungen an die Aktivität anderer für ihn wurden soweit wie möglich mit ihm besprochen oder freundlich ignoriert. Das Ende von Phase I war gekennzeichnet durch zunehmenden Protest von Herrn S. gegen seine soziale Isolierung in den Gruppengesprächen und gegen die Therapeuten, die sich seiner Meinung nach gegenüber seiner Krankheit zu abwartend verhielten. Ein entscheidendes Gespräch wurde am Ende der 2. Woche gemeinsam mit dem Internisten geführt, nachdem alle internistischen Routineuntersuchungen (ohne Befund) abgeschlossen waren. Herr S. ging in dieses Gespräch in der »Hoffnung« auf einen Organbefund, da ihm der erhöhte Bilirubinwert versehentlich mitgeteilt worden war. Der Internist reagierte mit Unverständnis auf die Enttäuschung von Herrn S. darüber, daß keine organischen Befunde vorlägen. Das anschließende, recht aggressiv geführte Gespräch zwischen Internisten und Herrn S. darüber, wie wünschenswert und erfreulich Organbefunde seien, konnte genutzt werden, um in ein Gespräch über die Krankheitsvorstellungen und Therapieerwartungen des Patienten einzutreten. In diesem Gespräch ließ sich Herr S. zum erstenmal wirklich auf die Vorstellung ein, daß seine Beschwerden primär psychogener Natur seien.
Phase II war gekennzeichnet durch zunehmende Beteiligung von Herrn S. in der Therapiegruppe and anderen sozialen Aktivitäten, für die er sehr viel positives Feedback erhielt.
Bemerkenswerk waren vor allem die sozialen Kompetenzen, die Herr S. dabei entwickelte, z. B. in einem sehr schwierigen Rollenspiel (Umgang mit aggressiven Kunden), aber auch in Diskussionen oder geselligen Abenden, bei denen er als guter Witzeerzähler bald ein gesuchter Partner war. Eine starke Unruhe war dabei nicht zu beobachten. Wenn er jedoch auf diese Kompetenzen angesprochen wurde, reagierte er fast stereotyp mit Hinweisen auf seinen unverändert schlechten körperlichen Zustand.

Die Hypothese, daß bei Herrn S. Verhaltens*lücken* im sozialen Bereich vorliegen, mußten wir nach der 3. Therapiewoche aufgeben. Fortan gingen wir von der Annahme aus, daß im Vordergrund der Therapie der Abbau des sozialen Vermeidungsverhalten stehen müsse, kombiniert mit der Veränderung der stereotypisierten Wahrnehmung und Interpretation seines körperlichen Zustandes.
Am Ende der 3. Therapiewoche konnte die »eigentliche« verhaltensmodifikatorische Therapie einsetzen, indem z. B. die vom Patienten am meisten gefürchtete Situation am Arbeitsplatz genauer analysiert wurde. Voraussetzung dafür war, daß mit dem Patienten sein Problem auf einer psychologischen Ebene ansprechbar geworden war. Es wurde mit ihm eine Hierarchie erarbeitet über »beunruhigende Personen und Situationen«. Zur Verblüffung des Patienten stellt sich dabei heraus, daß er sich am Arbeitsplatz eigentlich recht wohl fühle und daß sich seine Unruhe fast ausschließlich auf seine beiden unmittelbaren Vorgesetzten bezog. Es wurde mit ihm vereinbart, daß er die Hierarchie mit Hilfe seiner Frau, der anderen Patienten, der Schwestern und eines Arztes (der sich als »autoritärer Sparrings-Partner« zur Verfügung stellte) gleich in vivo bearbeiten sollte.
Mit beiden Ehepartnern wurde ein Plan zur Modifizierung des Verstärkerverhaltens der Ehefrau vereinbart. Wesentlich dabei war u. E., daß (a) nie von »sozialer Angst« des Patienten die Rede war, um ihm so eine weitere soziale »Abwertung« zu ersparen und daß (b) seine körperliche Symptomatik nach Art oder Intensität niemals in Frage gestellt wurde.
Im Verlaufe der nächsten vier Wochen kam es zu einer weiteren Konsolidierung des Sozialverhaltens des Patienten und einer Abnahme der Herzbeschwerden. Der Patient berichtete überrascht, daß er zu Hause in Ruhe mehr Herzbeschwerden gehabt habe, als auf der unruhigen Station. In der Bearbeitung der Hierarchie kam er bis zum Entlassungstag bis zum Grad 8 (von insgesamt 10 möglichen), ohne einen Rückfall erlitten zu haben. Die beiden letzten Situationen konnte er aus technischen Gründen erst nach der Entlassung in Angriff nehmen (öffentliches Auftreten bei Elternversammlungen und Meinungsverschiedenheiten mit dem Chef).
Im Abschlußgespräch äußerte er sich recht zuversichtlich hinsichtlich der Zukunft, betonte, daß seine Beschwerden nach wie vor vorhanden, aber doch deutlich zurückgegangen seien, so daß er mit ihnen leben könne.

Erfolgskontrollen

Bei Abschluß der Therapie wurden Herrn S. noch einmal die Polaritätsprofile, der FPI (Form B) und eine Rating-Skala zur Einschätzung der Veränderungen vorgelegt. In der letzteren beschrieb er die körperliche

Symptomatik als deutlich gebessert, die Stimmung als leicht gebessert, die Beziehungen zum Partner und zu anderen Menschen als unverändert, und das Gefühl, mit dem er in die Zukunft sehe, als leicht gebessert. Aus den Selbstbeschreibungen im Polaritätsprofil vor und nach der Therapie ergab sich, daß sich während der Therapie relativ wenig Veränderungen im Selbstbild bzw. Rollenverständnis ergeben hat. Die wenigen Veränderungen zeigten alle in Richtung auf den Zustand bei Beginn der Therapie, also *mehr* psychische Störung. Der Vergleich der FPI-Skalen vor und nach der Therapie bestätigte die Selbstbeschreibung im Polaritätsprofil in Richtung »psychisch stärker gestört«. Lediglich im Bereich der körperlichen Symptomatik und der »Offenheit« hatten sich Veränderungen in Richtung mehr Stabilität bzw. Offenheit ergeben. Die Fremdbeurteilung des Patienten durch 2 Schwestern jeweils auf den Polaritätsprofilen und den Rating-Skalen ergab ein ziemlich einheitliches Beurteilungspattern: Zuverlässige Verbesserungen hinsichtlich Stimmung und Kontaktfähigkeit, kaum Veränderungen hinsichtlich des Problembewußtseins und der körperlichen Symptomatik.

Im Hinblick auf die vier oben formulierten Therapieziele ergab sich folgendes Resümee:

1. Das erste Therapieziel, die Veränderung im Krankheitser*leben* des Patienten ist, zumindest teilweise erreicht worden. Der Patient spürte weniger somatische Beschwerden und registrierte am Ende der Therapie in nahezu überscharfer Weise jede Art psychischer Beeinträchtigung.

2. Das zentrale Ziel, nämlich der Abbau des Vermeidungsverhaltens im sozialen Bereich, ist weitgehend erreicht worden, und zwar gemessen an dem Verhalten des Patienten auf und außerhalb der Station und an der Bearbeitung der sozialen Angsthierarchien. In der Selbstbeschreibung des Patienten spiegeln sich diese Veränderungen jedoch nicht wieder, abgesehen von informellen Auskünften. In der systematischen Selbsteinschätzung beschreibt der Patient sich am Ende der Therapie eher als sozial gehemmt, weniger durchsetzungsfähig, labiler. Auch bei diesem Therapieziel ergeben sich erhebliche Diskrepanzen zwischen Selbst- und Fremdeinschätzung. Nach Ansicht der Schwestern haben sich die Verbalisierungen des Patienten in Bezug auf seine Krankheit kaum verändert, obwohl der Patient deutliche Veränderungen in seiner Krankheit selbst wahrnimmt. Es scheint so, *daß das Selbstbild des Patienten bei Abschluß der Therapie seinen realen Verhaltensmöglichkeiten nicht gerecht wird.* Hinsichtlich dieser Diskrepanz gibt es vier Hypothesen:

a) Bei dem eher negativen Selbstbild handelt es sich um einen Fragebogenartefakt; im Gespräch und auf den einfachen Rating-Skalen gab der Patient seine Stimmung und auch seine Zukunftsaussichten zumindest als leicht gebessert an, während sie in den Fragebögen eher verschlechtert erschienen.

b) Es könnte sich auch um schnelles soziales Lernen von »erwünschten Reaktionen« auf einer psychotherapeutischen Station gehandelt haben, also um eine Anpassung an die vermeintlichen Erwartungen des Therapeuten.

c) Das Selbstbild des Patienten »hinkte« zeitlich hinter den tatsächlich aktualisierten Verhaltensweisen hinterher; die Verhaltensmöglichkeiten wurden im Selbstbild nicht hinreichend schnell rezipiert.

d) Bei der Selbstdarstellung könnte es sich außerdem um eine neue Form der alten Erlebnisweise handeln: »Eigentlich bin ich ein kranker Mann, auch wenn es niemand wahrnimmt.«

Das dritte Therapieziel, die größere Rollenflexibilität und der Abbau überhöhter »Männlichkeitsvorstellungen« bei einer Reduzierung des Bedürfnisses nach »familiärer Atmosphäre« auch im beruflichen Bereich, ist teilweise erreicht worden, gemessen an der größeren Konfliktbereitschaft und Konfliktfähigkeit des Patienten gegen Ende der Therapie. Gemessen am verbalisierten Rollenverständnis des Patienten hat sich, soweit auf den Fragebögen und Ratings ersichtlich, kaum etwas verändert.

In der Gesamtbewertung aller drei Therapieziele fiel die Diskrepanz zwischen Verhalten und Selbsteinschätzung des Patienten auf; diese Diskrepanz erschien als ein Zeichen dafür, daß die Therapie zu früh beendet wurde. Es bestand jedoch keine Möglichkeit, die Therapie stationär oder auch ambulant fortzusetzen; deshalb wurde lediglich versucht, in dem Abschlußgespräch mit dem Patienten diese Diskrepanzen durchzusprechen sowie die realen Möglichkeiten zur weiteren Selbstkontrolle zu erörtern.

Der Patient rief in der 6. und 10. Woche nach der Entlassung bei der Therapeutin an und berichtete, daß es ihm relativ gut gehe, daß er sogar völlig beschwerdefreie Tage habe und daß er mehr unternehme. Beim zweiten Anruf teilte er mit, daß einer der gefürchteten Vorgesetzten aus dem Betrieb ausgeschieden sei und daß er an dessen Stelle getreten sei. Die Arbeit mache ihm viel Freude, Beschwerden habe er zwar noch, aber er könne ganz gut mit ihnen leben.

4.3. Die verhaltenstherapeutische Behandlung einer Patientin mit Ulcus ventriculi

Barbara W. ist 26 Jahre alt, ledig und lebt allein. Seit dem 16. Lebensjahr leidet sie unter Magenbeschwerden, wobei zunächst ein nervöses Magenleiden, später eine chronische Gastritis und schließlich Magengeschwüre diagnostiziert wurden. Die gegenwärtigen Beschwerden schildert sie als beginnend mit einem Druckgefühl am Mageneingang, das allmählich zunimmt und das den gesamten oberen Bauchbereich erfaßt. Es ist ein Gefühl, als habe sie Luft im Bauch, so daß dieser sich nach außen wölbe. Dies kann sich bis zu einem stechenden Schmerz steigern, so daß sie sich auf die Seite hinlegt und die Beine anzieht, um das Spannungsgefühl in der Bauchdecke zu vermindern. Die Symptome treten an manchen Ta-

gen gar nicht auf, an anderen aber durchgehend von morgens an. Sie sind dann unabhängig von der Nahrungsaufnahme. Sie verschlimmern sich jeweils in zwei markanten Situationen: wenn Barbara W. sich gehetzt fühlt und bei kritischen Situationen beim Autofahren. Selten kommen sie vor im Urlaub oder wenn sie wegen einer anderen Erkrankung krankgeschrieben ist.
Bisher wurde insgesamt achtmal ein Magengeschwür diagnostiziert. Die Behandlung bestand aus diversen Rollkuren, Dauermedikation mit Mitteln zur Bindung der Magensäure und zwei mehrwöchigen stationären Behandlungen mit 22 und mit 24 Jahren. Außerdem wurden gelegentlich Tranquilizer verschrieben. Sie selbst war auf die Idee gekommen, autogenes Training zu erlernen, um ein Gegengewicht gegen das ständige Gehetztsein zu haben. Dies war ihr jedoch nicht rasch genug vorangegangen, so daß sie es nach anfangs großem Einsatz nur noch gelegentlich betreibt. Vor drei Monaten gab sie das Rauchen auf und reduzierte den Kaffeekonsum. Danach sei es ihr unmittelbar besser gegangen. Sie kommt in die psychologische Therapie auf Empfehlung ihres Hausarztes, der z. Z. keinen krankhaften somatischen Befund erheben konnte. Sie verspricht sich von der Behandlung, zu einer ruhigeren Lebensweise finden zu kommen.

Zur Entwicklung der Symptomatik

An Magen- oder Darmerkrankungen vor dem 16. Lebensjahr kann Barbara W. sich nicht erinnern, doch hatte sie von den Eltern erfahren, daß sie als Säugling und Kleinkind viele Speisen nicht vertragen und häufig erbrochen habe. Vor allem die Mutter war während der gesamten Kindheit sehr besorgt um sie und bereitete nur gut verträgliche Speisen zu. Essen und Verdauung waren wichtige Themen in der Familie, in der auf regelmäßige und pünktliche Einhaltung von Mahlzeiten und auf eine geregelte Verdauung besonders geachtet wurde.
Die Eltern sind offenbar sehr leistungsorientiert, legen auf Ordentlichkeit und Pünktlichkeit größten Wert und planen alle Unternehmungen und auch den familiären Alltag strikt durch. Abweichungen von solchen Planungen duldeten sie nicht. Spontane Impulse der Kinder wurden unterdrückt, oft durch Schläge oder Stubenarrest. Barbara W. erfuhr, daß sie am ehesten mit den Eltern auskommen konnte, wenn sie Auseinandersetzungen vermied, sich anpaßte und ein liebes Kind war.
Sie hat einen vier Jahre älteren Bruder, der durch besondere schulische Leistungen glänzte, der den elterlichen Leistungserwartungen völlig entsprach und ihr immer als leitendes Vorbild präsentiert wurde. Er ist jetzt als Diplom-Pädagoge wissenschaftlicher Assistent und hat nach Auffassung der Patientin keinerlei emotionale Probleme. Sie selbst hatte in der Schule von Anfang an Schwierigkeiten, den Lernstoff aufzunehmen.

Durch Wohlverhalten, nach außen freundliches, nettes Wesen gelang es ihr, von Lehrern und Mitschülern akzeptiert zu werden, obwohl es ihr oft zum Heulen gewesen sei. Eine solche Schwäche zu zeigen gestattete sie sich weder vor den Eltern noch vor anderen Personen.
Sie begann nach dem Hauptschulabschluß eine Lehre als Bürogehilfin in einem kleinen Betrieb ihres Heimatortes, einer niedersächsischen Kleinstadt. Die Firma befand sich in der Aufbauphase, sie wurde von einem energischen, rechthaberischen Mann geleitet, der sich selbst, aber in gleichem Maße auch den Angestellten hohen Einsatz und Identifikation mit der Firma abverlangte. Bei kleinen Fehlern, die zwangsläufig vorkamen, setzte er sich direkt mit ihren Eltern in Verbindung. Sie selbst war bei solchen Unterredungen, die auch im Elternhaus stattfanden, nie dabei. Die Eltern ergriffen zwar ihre Partei, doch konnte sie dies nicht beruhigen. Sie habe während der gesamten Lehrzeit eigentlich immer innerlich gezittert. Doch versuchte sie, sich nichts anmerken zu lassen, und strengte sich bei der Arbeit noch mehr an und kontrollierte alles doppelt und dreifach. Nach einem Jahr Lehre traten zum ersten Mal Magenbeschwerden auf. Sehr gut erinnerte sie sich an einen Vorfall, bei dem der Chef sich sehr über ihre Verschwendung erregte, als sie einen Brief neu beginnen mußte und die alten Exemplare in den Papierkorb geworfen hatte. Er holte sie unter heftigen Vorwürfen wieder hervor. Während er dies den Eltern vortrug, lag sie verzweifelt in ihrem Zimmer, erlebte sich steigernde Magenschmerzen, die auch in den nächsten Tagen nicht abklangen. Sie wurde krank geschrieben, erholte sich rasch, bemerkte jedoch gegen Ende der Krankschreibungszeit eine erneute Verschlechterung. Trotzdem zwang sie sich dann zur Arbeitsaufnahme.
Die Lehre schloß sie mit einer sehr guten Beurteilung ab. Sie wechselte dann nicht in eine andere Firma, sondern blieb noch 5 Jahre dort, wo sie eigentlich weiterhin als Lehrling galt. Die mit einem Stellenwechsel verbundene Umstellung und Unsicherheit schienen ihr schlechter zu ertragen als der Verbleib an einem schwierigen, jedoch vertrauten und klar strukturierten Arbeitsplatz. Mit 23 Jahren ging sie nach Hannover als Abteilungssekretärin eines großen Industriebetriebes. Wie schwer eine Umstellung ihr fällt, wird daraus ersichtlich, daß sie weiter bei den Eltern wohnte und vier Jahre lang täglich 70 km mit dem Auto zur Arbeitsstelle fuhr. Erst dann nahm sie sich eine eigene Wohnung, in der sie sich jedoch nie heimisch fühlte. Besonders an den Wochenenden fiele ihr die Decke auf den Kopf. Sie fährt dann meist zu den Eltern. Einen eigenen Bekanntenkreis baute sie nie auf, ist aber z. Z. mit einem jungen Mann befreundet, bei dem sie etwa zwei Abende in der Woche verbringt. Diese Beziehung sei sexuell befriedigend, doch wegen seines geringen Verständnisses für ihre psychosomatische Symptomatik auch gefährdet.
Die relative Überforderung bestand auch am neuen Arbeitsplatz und besteht dort bis heute, da der Abteilungsdirektor ganz ähnliche Anforderungen an sie stellt wie der ehemalige Chef und selbst sehr hektisch ist.

Sie wurde immer wieder wegen der Magensymptomatik krankgeschrieben, wohlgefühlt hat sie sich nur in Urlaubszeiten.
Ihren Lebensstil beschreibt sie so, daß sie ständig etwas unternehmen müsse. Sie ist pedantisch und perfektionistisch und hat dadurch immer das Gefühl, daß etwas unerledigt bleibt. Auch nach der Arbeit kann sie nicht ausspannen, macht gehetzt bis Ladenschluß Einkäufe, putzt dann im Haushalt herum und fällt erschöpft ins Bett, ohne aber gleich einschlafen zu können, weil sie innerlich noch wie aufgedreht ist. Ihr Tagesablauf ist vollkommen durchgeplant, es darf ihr nichts dazwischenkommen. Auch ihre Freizeitaktivitäten wählte sie weniger unter Muße – als vielmehr unter Nützlichkeitsaspekten: Sie besucht einen Englischkurs und macht Konditionsgymnastik, beides wieder mit großen Perfektionsansprüchen. Sie scheut Auseinandersetzungen und hat Angst vor Kritik. Sie kann sich dagegen nicht zur Wehr setzen, weil sie sich ihrer Meinung nach schon als Kind angewöhnt hat, um des lieben Friedens willen »alles zu schlucken«. So ist z. B. der Freund recht egoistisch und geht auf ihre Bedürfnisse nur wenig ein. Sie ist einerseits froh, daß er ihr einen festen Halt gibt, andererseits fühlt sie sich oft übergangen. Sie wagt es jedoch nicht, eigene Forderungen oder Meinungen direkt zu äußern, aus Angst, ihn dann verlieren zu können.
Barbara W. wirkte sehr aufgeschlossen, gewandt im Auftreten und im Gespräch, einfallsreich und gut gelaunt. Ihre Angaben über ihren Lebenslauf und ihre Krankheitsgeschichte machte sie wie leichthin, ohne demonstrative oder klagsame Tendenzen. Sie legte Wert auf ein ansprechendes Äußeres, war attraktiv gekleidet und sorgfältig, aber dezent geschminkt. Der Widerspruch zwischen beobachtbarem Verhalten sowie äußerer Erscheinung und dem subjektiven Befinden war ihr selbst deutlich. Er sei typisch für ihr Verhalten in sozialen Situationen.

Bedingungsmodell

Barbara W. hat durch familiäre Verhaltensmodelle sowie durch positive Verstärkung von Leistung und Pedanterie und durch Bestrafung für Spontaneität, Fehler usw. eine perfektionistische Grundhaltung erworben. Durch eigene und fremde überhöhte Ansprüche lebt sie in ständiger Angst, etwas falsch zu machen, für das sie kritisiert werden könnte. Der Gedanke, daß andere sie nicht für lieb und nett und tüchtig halten könnten, schreckt sie so, daß sie durch extreme Anpassung und Zurückstellung eigener Bedürfnisse soziale Anerkennung zu erreichen versucht.
Sie hat – durch die Eltern wesentlich gefördert – erfahren, daß sie ein »Magentyp« sei, jemand, dem jede Aufregung auf den Magen schlägt. Hierfür sind konstitutionelle Faktoren (Erbrechen als Säugling) als mitbedingend zu erwägen. In direkter Konsequenz führen Überaktivierung und Erwartungsangst zu Magenbeschwerden. Diese gestatten es ihr, sich

von Anforderungen in Beruf und Haushalt zurückzuziehen, wodurch sich die leistungs- und konfliktbezogenen Ängste verringern (negative Verstärkung). Da sie jedoch gleichzeitig die Magenschmerzen als sehr unangenehm erlebt, versucht sie, Konflikten – und wenn möglich auch persönlichen Kontakten – mit anderen auszuweichen und durch perfekte Leistungen Kritik zu vermeiden, da sie erfahren hat, daß derartige Situationen wiederum Magenbeschwerden hervorrufen. Dieses Vermeidungsverhalten führt aber über Selbstvorwürfe und Ärger ebenfalls zu Magensymptomen. Sie befindet sich gleichsam in einem Regelkreis mit positiver Rückkoppelung: Was sie auch tut, immer führt es zu Magenbeschwerden.

Vorläufige Therapieplanung

Für die Therapie war an mehreren Stellen anzusetzen: Barbara W. mußte Techniken erwerben, die die Überaktivierung abbauen (z. B. durch ein Entspannungstraining). Sie mußte lernen, ihre perfektionistischen Ansprüche zu reduzieren und in Verbindung damit Kritik zu ertragen (kognitive Umstrukturierung). Sie mußte lernen, eigene Bedürfnisse zu erkennen, zu artikulieren und gegen den Widerstand anderer durchzusetzen (z. B. durch individuelles Selbstsicherheitstraining mit »Hausaufgaben«).

Therapieverlauf

Nach dem ersten Kontakt, der der Exploration und Anamnese diente, wurde Barbara W. ein Beobachtungsbogen mitgegeben, auf dem sie täglich die Anzahl und Dauer von Magenbeschwerden eintragen und deren Stärke auf einer zehnstufigen Skala beurteilen mußte. Zugleich war die begleitende Situation zu schildern, die eigene emotionale Befindlichkeit und ihre darauf folgenden Verhaltensweisen. Zwar mußte befürchtet werden, daß Barbara W. hierbei auf ein perfektes Ergebnis abzielen und hohe Leistungserwartungen damit verbinden würde, doch wurde dieses Vorgehen aus vier Gründen gewählt: Es sollten konkrete auslösende Situationen, die von Ängsten begleitet waren, identifiziert werden, um Aufschluß über die geeignete Strategie zu ihrer Bewältigung zu finden; außerdem sollte Barbara W. auf Intensitätsunterschiede in der Magensymptomatik aufmerksam gemacht werden; ihre Reaktionen auf die Magenschmerzen sollten herausgefunden werden; und schließlich mußte die therapeutische Situation für sie strukturiert werden, da sie für sie völlig neuartig und nicht überschaubar war und daher bedrohlich wirken konnte (und tatsächlich wirkte, wie sie im späteren Therapieverlauf äußerte).
Für die erste Woche waren im Protokollbogen durchschnittlich pro Tag 5,1 Episoden mit einer mittleren Dauer von 3,6 Minuten und einem mitt-

leren Intensitätsgrad von 4,8 (mit Schwankungen zwischen 2 und 9) vermerkt.
Sie hatte in dieser Woche gearbeitet, was vom Therapeuten positiv kommentiert wurde angesichts der doch heftigen Beschwerden. Es wurde eine zweite Beobachtungswoche vorgeschlagen, in der täglich durchschnittlich 4,4 Episoden mit einer mittleren Dauer von 5,2 Minuten und einer mittleren Intensität von 5,3 mit gleicher Schwankungsbreite wie in der ersten Woche vorkamen. Die geringere Zahl kam dadurch zustande, daß an einem Tag keine Beschwerden auftraten. An diesem Tag war der Chef verreist. Am nächsten Morgen traten die Beschwerden anders als sonst schon beim Aufwachen und mit hoher Intensität auf. Barbara W. wußte, daß er von der Dienstreise Protokolldiktate mitbringen würde, die noch am Vormittag zusätzlich zu anderen Arbeiten geschrieben werden sollten.
Sämtliche Episoden während der Arbeitszeit standen im Zusammenhang mit Anforderungen durch den Chef. Außerhalb der Arbeitszeit gab es gelegentlich Magenbeschwerden beim Autofahren. Eine bezeichnende Situation war auch, daß Barbara W. sich von einer Verkäuferin eine Hose hatte aufschwatzen lassen, die ihr eigentlich nicht richtig paßte, deren Farbe nicht gefiel und die ihr zu teuer war. Sie hatte sie trotzdem gekauft, ärgerte sich hinterher maßlos, daß sie nicht einfach das Geschäft verlassen hatte. An den Wochenenden traten die Symptome seltener und mit geringerer Intensität auf.
Wegen der Koppelung zwischen Kontakten mit dem Chef und den Magensymptomen wurde die Möglichkeit erörtert, die Stelle zu wechseln. Da sie äußerst gut bezahlt wurde, die Anstellung in der Firma als attraktiv galt und zu den Kolleginnen gute Beziehungen bestanden, da auf der anderen Seite die mit einem Firmenwechsel verbundenen Umstellungen sie schreckten und sie wohl zu Recht erwartete, daß sich auch in einer neuen Umgebung an ihrem Arbeitsstil nichts ändern würde, lehnte Barbara W. diese Möglichkeit ab. Sie sah ein wesentliches Ziel der Therapie darin, ihre Schwierigkeiten am derzeitigen Arbeitsplatz zu überwinden.

In der dritten Sitzung wurde mit dem Muskelentspannungstraining nach Jacobson begonnen, dem sie wegen des aktiveren Charakters positiver gegenüberstand als dem autogenen Training. Der Fortschritt wurde durch Aufzeichnung des Hautwiderstandes dokumentiert und rückgemeldet. Leistungsorientiert wie sie war, drängte sie auf raschen Erfolg bei dieser zunächst zu einer allgemeinen Beruhigung eingesetzten Methode. Es war anfangs für sie so ungewöhnlich, nach Abschluß der Muskelübungen still sitzen zu bleiben, daß sie keine Anzeichen einer Entspannung erlebte. Daher machter der Therapeut die Übungen bei der vierten Sitzung mit, sprach dabei die Instruktionen auf Tonband und blieb dann ca. 5 Minuten selbst im Entspannungszustand. Das Modell einer »Autoritätsperson« hatte einen verblüffenden Effekt: Sie konnte ebenfalls ruhig blei-

ben und erlernte innerhalb von drei Wochen unter Abhören der Tonbandinstruktionen eine rasche und befriedigend tiefe Entspannung, die durch die von ihr gewählte bildliche Vorstellung einer sommerlichen Strandszene unterstützt wurde.
Neben dem Entspannungstraining wurden in diesen Wochen unter Verwendung der Informationen aus dem Beobachtungsbogen Hierarchien zur Kritikfurcht bzw. Fehlschlagangst aufgestellt, die z. B. von der Situation, daß der Chef einen Tippfehler entdeckte, bis zu der, daß sie einen Vorgang nicht bis zur Zeit des Postausganges bearbeitet hatte und deshalb telefonisch zum Chef gerufen wurde, reichten. Auch wurden Hierarchien aus konfliktträchtigen Situationen mit den Eltern und dem Freund aufgestellt. Für das Autofahren stellte sich heraus, daß sie befürchtete, als typisch schlecht fahrende Frau angesehen zu werden. Sie fuhr einen kleinen Sportwagen und tat dies betont forsch und auch mit riskanten Manövern. Eine besonders angstbesetzte Vorstellung war, daß sie an einer Ampel nicht schnell genug starten würde und ein »Hintermann« hupen würde.
Es wurde verabredet, die ersten therapeutischen Schritte auf das Autofahren zu beziehen. Hier waren am raschesten Erfolge zu erwarten, da die Interaktionspartner anonym waren. In der sechsten Sitzung wurde mit einer kognitiven Umstrukturierung begonnen. Zunächst wurden die Vorteile einer defensiven Fahrweise erörtert, wie z. B. gleichmäßiger Verkehrsfluß, geringerer Benzinverbrauch und geringerer Bremsen- und Reifenverschleiß. Auch die Auffassung, daß sie, da sie ja einen Sportwagen fahre, gar nicht zu demonstrieren brauche, welche Fahrleistungen man damit erreichen könne, konnte sie akzeptieren. Außerdem wurde betont, daß die anderen Autofahrer viel zu sehr mit sich selbst beschäftigt seien und Barbara W. als Person für sie völlig uninteressant sei. Sie wurde aufgefordert, vor dem Starten des Motors sich erst einmal am Steuer zu entspannen und dies am Ende der Fahrt zu wiederholen. Das Ziel war, die Fahrsituation mit Entspannung zu assoziieren und nicht mit Erregung sowie sie jeweils daran zu erinnern, daß man Überlegenheit im Straßenverkehr nicht durch angeblich männlich-riskantes, sondern durch besonnen-ruhiges Fahren demonstriert. Sie war dann überrascht, daß sie für die eigentliche Fahrt zum Arbeitsplatz kaum länger brauchte als vorher. Sie berichtete, daß sie nach wenigen Tagen nur noch selten in kritische Situationen geriet, die sonst die Magensymptome ausgelöst hatten.
Nach diesem Erfolgserlebnis willigte sie – wenn auch noch zögernd – ein, die auf den Arbeitsplatz bezogenen Hierarchien zu bearbeiten. Von einer systematischen Desensibilisierung in der Vorstellung wurde abgesehen, da es weniger darauf ankam, die Belastungen am Arbeitsplatz zu ertragen, als vielmehr darauf, konkrete Schritte in Richtung auf eine Änderung der Arbeitsbedingungen zu unternehmen. Auf jeder Stufe der Hierarchie schilderte sie die von ihr erwarteten Reaktionen ihres Chefs. Gemeinsam wurde überlegt, warum er vermutlich so reagiere und wie sie

sich ihm gegenüber verhalten könne, ohne daß sie selbst Angst bekäme oder sich über Fehler und über ein Zurückstecken ärgern müsse. Dieses Verhalten wurde im Rollenspiel vom Therapeuten vorgespielt, dann mußte sie es mehrfach wiederholen, bis sie sicher war, keine Angst zu verspüren. Diese Übungen fanden von der 8. bis zur 21. Sitzung statt. Für die erste Situation »Tippfehler« kamen wir zu dem Ergebnis, daß der Chef selbst übertrieben pedantisch sei und es nicht ertragen könne, daß aus seiner Abteilung ein fehlerhaftes Schriftstück nach draußen ginge. Als am wenigsten angsterregende Entgegnung erschien ihr: »Oh ja, da habe ich mich vertippt. Geben Sie mal her, das wird gleich korrigiert.« Weitschweifige Entschuldigungen oder Erklärungen, die sie sonst in solchen Situationen anbrachte, wurden ihr nicht gestattet. Als sie dies im Rollenspiel angstfrei bewältigen konnte, wurde sie aufgefordert, täglich zwei Schriftstücke absichtlich mit einem leicht zu übersehenden Tippfehler abzugeben, z. B. ein m für ein n. Sie weigerte sich strikt, diese »Hausaufgabe« zu übernehmen, so daß der Therapeut sich in einem Dilemma befand: Sie setzte sich gegen eine Anforderung durch eine Autoritätsperson zur Wehr, was an sich ein Ziel der Therapie war. Zugleich war es aus therapeutischen Gründen wichtig, das im Rollenspiel geübte Verhalten auf die Realsituation zu übertragen. Dieser Konflikt wurde mit ihr erörtert, aber es wurde an der Notwendigkeit der Hausaufgabe festgehalten, bis sie schließlich widerstrebend einwilligte. Sie wurde darauf hingewiesen, daß die Magensymptome sich vermutlich zunächst verstärkt bemerkbar machen würden. Bei den ersten Anzeichen einer beginnenden Magensymptomatik sollte sie die Entspannungsübungen machen.

Wie sie beim nächsten Mal berichtet, war sie voller Ärger und Spannungen fortgegangen und hatte überlegt, die Therapie abzubrechen. Am nächsten Morgen hatte sie kurz nach dem Aufstehen heftige Magenschmerzen. Sie mußte sich zwingen, überhaupt zur Arbeit zu gehen, hatte jedoch vor, die gestellte Aufgabe nicht zu machen. Sie empfand dann aber die Aussicht, in der nächsten Sitzung über ihr Unvermögen berichten zu müssen, so belastend, daß sie diesen Aversions-Aversions-Konflikt löste, indem sie doch einen Brief mit einem Tippfehler abgab. Zu ihrem Erstaunen hatte der Chef nichts bemerkt, so daß die angsterfüllte Wartezeit mit einem Gefühl der Erleichterung endete. Von zehn der vorsätzlichen Fehler entdeckte er während dieser Woche nur zwei. Sie konnte in der eingeübten Form reagieren, woraufhin er die Angelegenheit nicht weiter kommentierte. Die gezielt eingesetzten Entspannungsübungen trugen zu einer gewissen Gelassenheit bei. Die folgenden Sitzungen dienten der analogen Bearbeitung der weiteren Stufen der Arbeitshierarchie. Überwiegend reagierte der Chef in der vorausgesagten Form, so daß die von ihr eingeübten Verhaltensweisen jeweils zum Erfolg führten. Einige unerwartete Vorfälle wurden im Nachhinein besprochen und im Rollenspiel dargestellt. Barbara W. konnte immer mehr Lösungsmög-

lichkeiten zunächst gedanklich, dann auch in der realen Situation entwikkeln und erwies sich als ausgesprochen einfallsreich.
In der 18. Sitzung erwähnte sie mit allen Zeichen neuerlicher Erwartungsangst, daß in den nächsten drei Wochen wegen einer Produktionsumstellung wieder sehr viel zu tun sein würde. Solche Phasen mit Mehrarbeit kommen etwa drei bis vier Mal im Jahr vor. Den Vorschlag, dann zusätzlich jemanden über eine Arbeitsvermittlung auf Zeit einzustellen, fand sie so außergewöhnlich, daß sie sich nicht vorstellen konnte, ihn dem Chef zu unterbreiten. Dennoch wurde diese Situation mehrfach und mit Variationen im Rollenspiel durchprobiert. Der Vorschlag wurde nach einer längeren Diskussion akzeptiert, bei der sie sich zwar äußerst unwohl fühlte, hernach aber mit ihrem Verhalten zufrieden und durch den Erfolg erleichtert war. Auch der Therapeut war erleichtert, daß dieses schwierige Vorhaben mit dem letztlich nicht sicher kalkulierbaren Entgegenkommen seitens der Firma einen guten Abschluß fand.
Ohne daß dies Inhalt therapeutischer Absprachen war, hatte Barbara W. inzwischen ihre Fähigkeit, Fehler zugeben zu können, eigene Ansprüche anzumelden und auch durchzusetzen, im Kontakt mit den Eltern und dem Freund erprobt. Sie konnte z. B. ihrer Mutter telefonisch mitteilen, daß sie am Wochenende nicht kommen würde. Während die Mutter ihr deshalb Vorwürfe machte, verspürte sie zwar beginnende Symptome, wandte nach dem Gespräch aber mit Erfolg die Entspannungsübungen an und fand dann, daß sie sich absolut richtig verhalten habe. In ähnlicher Weise gelang es ihr z. B., den Freund zum Besuch einer Diskothek zu überreden, obwohl er eigentlich ins Kino wollte.
In der 21. Sitzung war deutlich, daß sie beträchtliche Fortschritte gemacht hatte. Die Magensymptomatik war weniger deutlich; in kritischen Situationen trat sie zwar immer noch auf, dann aber mit verringerter Intensität. Da ihr klarer war, welche Situationen sie auslösten, und da sie weitgehend zur Gegensteuerung in der Lage war, erlebte sie die körperlichen Symptome insgesamt als weniger bedrohlich. Sie sollte dann eine Woche lang noch einmal den Beobachtungsbogen ausfüllen. Es traten durchschnittlich pro Tag noch 1,2 Episoden mit einer mittleren Dauer von 3,0 Minuten und einer mittleren Intensität von 1,9 auf. Alle Intensitätsgrade lagen unter 6. Sie nahm keine Medikamente mehr ein, sondern aß gelegentlich Lakritz-Bonbons, die ihrem Magen gut täten.
Die Problemkreise der Haushaltsführung, der Freizeitgestaltung, des Bekanntenkreises waren zu dieser Zeit noch unbearbeitet. Da durch den anstehenden Urlaub des Therapeuten und einer eigenen Urlaubsreise die Therapie für acht Wochen unterbrochen werden mußte, wurde ihr vorgeschlagen, die Therapie trotzdem jetzt abzuschließen. Sie war zuversichtlich, daß sie die gelernten Strategien an noch nicht bearbeitete Probleme anpassen könnte, rechnete aber realistisch mit Krisen und bat, bei solchen Ereignissen einen Termin erhalten zu können.
Im darauffolgenden Jahr fanden insgesamt fünf weitere Kontakte statt.

Einmal ging es um den Chef, einmal um eine Kollegin und zweimal um die Beziehung zu den Eltern. Durch eingehende Besprechung und Rollenspiele fühlte sie sich jeweils in die Lage versetzt, derartige Situationen durchzustehen. Erleichtert wurde die Bewältigung dadurch, daß sie die Ruhevorstellung »Strandszene« mit dem assoziierten Entspannungszustand in wenigen Sekunden plastisch hervorrufen konnte, was sich bei Kontrollmessungen im veränderten Hautwiderstand zeigte.

Den letzten Kontakt hatte Barbara W. nicht zur Krisenintervention gewünscht, sondern weil sie mitteilen wollte, daß sie seit zwei Monaten keine ernsthaften Magenbeschwerden gehabt habe. Sie hatte nicht immer mit Klagen, sondern auch einmal mit einem positiven Ergebnis kommen wollen. Die letzte Information stammt aus einer telefonischen Anfrage bei ihr noch ein halbes Jahr später. Inzwischen waren gelegentlich wieder Magensymptome aufgetreten, jedoch nie so stark, daß sie Medikamente nehmen mußte, einen Arzt deshalb aufsuchte oder auf die Hilfe des Therapeuten zurückgreifen wollte. Sie war mit ihrer jetzigen Lebensführung weitgehend zufrieden.

Personalia

Heinz-Dieter Basler, geb. 1943, Priv.-Doz., Dr. phil., Dipl.-Psych., Autor der Kap. 1., 2.3., 2.4., und 4.1. sowie Mitautor des Kap. 3. Hochschullehrer an der Abt. Medizinische Psychologie der Medizinischen Hochschule Hannover. Forschungs- und Interessenschwerpunkte: Psychologie des Gesundheitsverhaltens, Modifikation gesundheitsschädigenden Verhaltens, Sozialarbeit im Gesundheitswesen, Epidemiologie psychosomatischer Erkrankungen.

Hilka Otte, geb. 1941, Dr. phil., Dipl.-Psych., Autorin der Kap. 1.3.3., 1.3.4., 2.5., 2.7.1. und 4.2. sowie Mitautor des Kap. 3. Wiss. Assistent an der Abt. Psychosomatik der Medizinischen Hochschule Hannover. Forschungs- und Interessenschwerpunkte: Kommunikationsverhalten und Familiendynamik bei psychosomatisch Kranken, Probleme der stationären Behandlung psychosomatischer Patienten, Sozialarbeit mit psychosomatisch Kranken.

Thomas Schneller, geb. 1947, Dipl.-Psych., Autor des Kap. 2.6. und Mitautor des Kap. 3. Wiss. Assistent an der Abt. Medizinische Psychologie der Medizinischen Hochschule Hannover. Forschungs- und Interessenschwerpunkte: Verhaltenstherapie psychogener Dysphonien, Prävention und Therapie von Zahnbehandlungsängsten, berufliche Sozialisation des Arztes.

Dirk R. Schwoon, geb. 1943, Dr. phil., Dipl.-Psych., Autor der Kap. 2.1., 2.2., 2.7.2. und 4.3. sowie Mitautor des Kap. 3. Wiss. Assistent in der Arbeitsgruppe Klinische Psychologie der Medizinischen Hochschule Hannover, gleichzeitig Leiter einer psychiatrischen Übergangsstation. Forschungs- und Interessenschwerpunkte: verhaltensmodifikatorische Ansätze in der Klinischen Psychologie, psychische und soziale Folgen chronischer Erkrankungen, insbesondere bei Patienten mit Organersatz, psychiatrische Epidemiologie.

Literaturverzeichnis

Agras, S. und C. Marshall: The application of negative practice to spasmodic torticollis. Am. J. Psychiatry, 1965, 122, 579–582

Agras, W. S., Barlow, D. H., Chapin, H. N., Abel, G. G. and H. Leitenberg: Behavior modification of anorexia nervosa. Arch. Gen. Psychiatry, 1974, 30, 279–286

Agras, S. und J. Werne: Behavior modification in Anorexia nervosa: Research foundations, in: Vogersky, R. A. (Ed.): Anorexia nervosa, New York, 1977

Alexander, A. B., Miklich, D. R. and H. Hershkoff: The immediate effects of systematic relaxation training on peak expiratory flow rates in asthmatic children, Psychosom. Med., 1972, 34, 388–394

Alexander, F.: Psychosomatische Medizin. Berlin-New York, 1951

Angermeier, W. F. und M. Peters: Bedingte Reaktionen. Berlin, 1973

Arentewicz, G., Schorch, E. und E.-M. Schorch: Therapieabbrüche bei der Behandlung von Orgasmusstörungen der Frau, Sexualmedizin, 1976, 5, 38–42

Arentewicz, G., Höflich B. und D. Eck: Therapie sozio-sexueller Ängste von Männern. Sexualmedizin 1978, 7, 639–644

Bakal, D. A.: Headache: a biopsychological perspective, Psychol. Bull., 1975, 82, 369–382

Bander, K. W., et al.: Evaluation of three dating-specific treatment approaches for heterosexual dating anxiety, J. Cons. Clin. Psych. 1975, 43, 259–265

Bandura, A.: Social learning theory, In: Spence, J. T., Corson, R. C. and J. W. Thibaut (eds.): Behavioral approaches to therapy, Morristown 1976, 1–46

Bandura, A., N. E. Adams, and J. Beyer: Cognitive processes mediating behavioral change. J. Pers. Soc. Psychol. 1977, 35, 129–139

Basler, H.-D. und D. R. Schwoon: Methoden der Verhaltenstherapie bei Adipösen, Med. Klin. 1973, 68, 1722–1728

Basler, H.-D. und D. R. Schwoon: Verhaltenstherapie und zugrunde liegende Lerntheorie, Klinik der Gegenwart 1977, 11, 664–676

Basler, H.-D., Mayer, B., Schneller, T., Tewes, U. und K. Wildgrube: Medizinische Psychologie II – Sozialwissenschaftliche Aspekte der Medizin. Stuttgart 1978

Beech, H. R.: Symptomatic treatment of writer's cramp. In: Eysenck, H. J. (Ed.): Behaviour therapy and the neuroses, Oxford 1960, 123–150

Benson, H., Shapiro, D., Tursky, B. and G. E. Schwartz: Decreased systolic blood pressure through operant conditioning techniques in patients with essential hypertension, Science 1971, 173, 740

Benson, H., Rosner, B. A., Marsetta, B. R. and H. M. Klemchuk: Decreased blood pressure in pharmacologically treated hypertensive patients who regularly elicited the relaxation response, Lancet 1974, 1, 289

Benson, H., Greenwood, M. A. und H. Klemchuk: The relaxation response: psychophysiologic aspects and clinical applications, Intern. J. of Psychiatry in Medicine 1975, 6, 87–98

Benson, H., Alexander, S. and C. F. Feldmann: Decreased premature ventricular contractions through use of the relaxation response in patients with stable ischaemic heart-disease, Lancet 1975, 8, 380–382

Benson, H. and M. M. Greenwood: Behavioral Modifications of Blood Pressure in Man, In: G. Anesti et al. (eds.): Regulation of blood pressure by the central nervous system, New York, 1976, 119–128

Benson, H., Kotch, J. B., and K. D. Crassweller: The relaxation response: a bridge between psychiatry and medicine, Med. Clin. North Am. 1977, 61, 929–938

Bergold, J.: Lerntheoretische Grundlagen für Theorie und Praxis der Psychiatrie. Psychiatrie der Gegenwart (im Druck)

Bhanji, S.: Operant conditioning in anorexia nervosa, Curr. Psychiat. Ther., 1975, 15, 59–64

Birbaumer, N. (Hrsg.): Psychophysiolgie der Angst, Fortschritte der Klinischen Psychologie, Band 3. München-Wien-Baltimore 1977

Blackwell, B., Hanenson, J. B., Bloomfield, S. B. and H. G. Magenheim: Effects of Transcendental Meditation on blood pressure: a controlled pilot experiment, Psychosomat. Med. 1975, 37, 86

Blanchard, E. B. and C. D. Young: Clinical applications of biofeedback training: a review of evidence, Arch. Gen. Psychiatry 1974, 30, 573–589

Blinder, B. J., Freeman, D. M. and A. J. Stunkard: Behavior therapy of anorexia nervosa: Effectiveness of activity as a reinforcer of weight gain, Am. J. Psychiatry 1970, 126, 1093–1098

Bowers, K. S.: Situationism ind C. D. Young: Clinical applicacritique. Psychol. Rev., 1973, 80, 307–336

Brady. J. V.: Ulcers in »executive« monkeys. Scientific American 1958, 199, 95–104

Brady, J. P. and Rieger: Behavioral treatment of anorexia nervosa, 1. Internat. Sympos. Behav. Modificat, Minneapolis, Okt. 1973, New York 1974

Brady, J. P., Luborsky, L. and R. E. Kron: Blood pressure reduction in patients with essential hypertension through metronome-conditioned relaxation, a preliminary report, Behav. Ther. 1974, 5, 203

Brener, J. and R. A. Kleinman: Learned control of decreases in systolic blood pressure, Nature 1970, 226, 1063

Broke, R. I., Stenn, P. G. and K. J. Mothersill: The diagnosis and conservative treatment of myofascial pain dysfunction syndrome. Oral Surg., 1977, 44, 844–582

Bruch, H.: Eating disorders: anorexia nervosa, obesity and the person within, New York 1973

Bruch, H.: Perils of behavior modification in treatment of anorexia nervosa, Jama 1974, 230, 1419–22

Brudny, J., Grynbaum, B. B. and J. Korein: Spasmodic torticollis: treatment by feedback display of EMG. Arch. Phys. Med. Rehabil., 1974, 55, 403–408

Budzynski, Th. H., Stoyva, J. M. and C. Adler: Feedback-induced muscle relaxation: Application to tension headache. J. Behav. Ther. Exp. Psychiat., 1970, 1, 205–211

Budzynski, Th. H., Stoyva, J. M. Adler, C. S. and D. J. Mullaney: EMG biofeedback and tension headache, a controlled outcome study. Psychosomatic Medicine 1973, 35, 484–496
Deutsch: EMG-Biofeedback und Spannungskopfschmerz: Eine kontrollierte Studie. In: Legewie, H. und Nusselt, L. (Hrsg.): Biofeedback-Therapie München 1975, 144–162

Bueno-Miranda, F., Cerulli, M. und M. M. Schuster, Operant Conditioning of colonic motility in irritable bowel syndrome. Gastroenterology 1976, 70, 867–68 (Abstract)
Burgess, E. P.: Elimination of vomiting behavior, Behav. Res. Therapy, 1969, 7, 173–176

Butler, P. E. and A. Salamy: Eliminating a conditioned muscle spasm by external inhibition by an electric vibrator. J. Behav. Ther. and Exp. Psychiat., 1975, 6, 159–161

Bykow, K. M. und I. T. Kurzin: Kortiko-viszerale Pathologie. Berlin 1966

Caird, W. K., und J. P. Wincze: Videotaped desensitization of frigidity, J. Behav. Ther. and Exp. Psychiat., 1974, 55, 175–178

Carlsson, S. G., Gale, E. N. and A. Öhman: Treatment of temporomandibular joint syndrome with biofeedback training. J. Am. Dent. Assoc., 1975, 91, 602–605

Carlsson, S. G. and E. N. Gale: Biofeedback in the treatment of long term temporomandibular joint pain. Biofeedback Self Reg., 1977, 2, 161–171

Cerulli, M., Nikoomanesh, P. und M. M. Schuster: Progress in biofeedback treatment of fecal incontinence. Gastroenterology, 1976, 70, 869 (Abstract)
Chapman, J. D.: Frigidity: Rapid treatment by reciprocal inhibition, J. of the American Osteopathic Association, 1968, 67, 871–878
Clarke, N. G. and B. M. Kardachi: The treatment of myofascial pain-dysfunction syndrome using the biofeedback principle. J. Periodontol., 1977, 48, 643–645
Cleeland, Ch.: Behavioral technics in the modification of spasmodic torticollis. Neurology, 1973, 23, 1241–1247
Cohen, S. I. and J. L. Reed: The treatment of nervous diarrhea and other conditioned autonomic disorders by desensitization. British J. Psychiat., 1968, 114, 1275–1280
Cooper, A. J.: An innovation in the »behavioral« treatment of a case of non-consummation due to vaginismus. Brit. J. Psychiat., 1969 (b), 115, 721–722
Cooper, A. J.: Disorders of sexual potency in the male: A clinical and statistical study of some factors related to short-term prognosis, Brit. J. Psychiat., 1969 (a), 115, 709–719, Deutsch in: Kockott, G. (Hrsg.), 1977, a.a.O., 159–174
Creer, Th. L.: The use of a time-out from positive reinforcement procedure with asthmatic children. J. Psychosom. Res., 1970, 14, 117–120
Creer, Th. L., Weinberg, Eu. and L. Molk: Managing a hospital behavior problem: malingering. J. Behav. Ther. and Exp. Psychiat., 1974, 5, 259–262
Crowe, M. J.: Conjoint marital therapy: Advice or interpretation, J. Psychosomat. Res. 1973, 17, 309–315
Davis, M. H., Saunders D. R., Creer, Th. L. and J. Chai, Relaxation training facilitated by biofeedback apparatus as a supplemental treatment in bronchial asthma. J. Psychosom. Res., 1973, 17, 121–128
Dawkins, S. and R. Taylor: Non-consummation of marriage. A survey of seventeen cases, Lancet, 1961, 11, 1029–1030
Dekker, E. and J. Groen: Reproducible psychogenic attacks of asthma. J. Psychosom. Res., 1956, 1, 58–67
DiCara, L. V. and N. E. Miller: Instrumental learning of systolic blood pressure reponses by curarized rats: Dissociation of cardiac and vascular changes, Psychosom. Med. 1968, 30, 489
DiCara, L. V. and N. E. Miller: Instrumental learning of vasomotor responces by rats: Learning to respond differentially in the two ears. Science, 1968, 159, 1485
Dmitruk, V. M.: »Experimental neurosis« in cats: fact or artefact? J. Abnorm. Psychol., 1974, 83, 97–105
Edwards, A. E. and L. E. Acker: A demonstration of a long term retention of a conditioned galvanic skin response. Psychosom. Med., 1962, 24, 459–463
Eicher, W.: Die sexuelle Erlebnisfähigkeit und die Sexualstörungen der Frau, Stuttgart 1977[2]
Elder, S. T. and Z. R. Ruiz: Instrumental conditioning of diastolic blood pressure in essential hypertensive patients, J. Appl. Behav. Anal. 1973, 6, 377
Elgosin, R. B.: Premarital counseling and sexual adjustment in marriage. Connecticut State Med. J., 1951, 15, 999–1002
Ellis, A.: Die rational-emotive Therapie, München 1977
Endler, N. S. and D. Magnusson (eds.): Interactional psychology and personality. New York 1976
Engel, B. T. and S. P. Hansen: Operant conditioning of heart rate slowing. Psychophysiol. 1966, 3, 176–187
Engel-Sittenfeld, P.: Biofeedback und die Kontrolle autonomer Funktionen: therapeutische Anwendungen. Med. Klin., 1977, 72, 840–847
Ericksen, R. A. and H. Huber: Elimination of hysterical torticollis through the use of a metronome in an operant conditioning paradigm. Beh. Ther., 1975, 6, 405–406
Eysenck, H. J.: The learning theory model of neurosis – a new approach. Behav. Res. Therap. 1976, 14, 251–267

Eysenck, H. J. und S. Rachmann: Neurosen – Ursachen und Heilmethoden. Berlin 1973
Fahrenberg, J., H. Selg und R. Hampel: Das Freiburger Persönlichkeitsinventar, Göttingen 1970
Faulk, M.: »Frigidity«: A critical review: Archives of Sexual Behavior, 1973, 2, 257–266
Feldman, G. M.: The effect of biofeedback training on respiratory resistance of asthmatic children. Psychosom. Med. 1976, 38, 27–34
Ferster, C. B., S. Nurnberger and E. Levitt: The control of eating, J. of Mathetics 1962, 1, 87–109
Ferstl, R., U. Jokusch and J. C. Brengelmann: Die verhaltenstherapeutische Behandlung des Übergewichts, Intern. J. Gesundheitserziehung 1975, 18, 119–136
Fiedler, P. A.: Zur Theorie und Praxis verhaltenstherapeutischer Gruppen, in: Die Psychologie des XX. Jahrhunderts. Bd. IV. Zeier, H. (Hrsg.): Pawlow und die Folgen, München 1976
Florin, I.: Die Praxis der systematischen Desensibilisierung. Teil III in: Florin, I. und W. Tunner (Hrsg.): Therapie der Angst, München 1975
Florin, I. und W. Tunner (Hrsg.): Therapie der Angst, Fortschritte der Klinischen Psychologie, Band 8. München 1975
Foppa, K.: Lernen, Gedächtnis, Verhalten, Köln 1966
Fowler, R. S.: Operant therapy for headaches, Headache 1975, 15, 63–68
Frazier, T. W.: Avoidance conditioning of heart rate in humans. Psychophysiol., 1966, 3, 188–202
Frick, V.: Kommunikationstherapie der Partnerschaft, Sexualmedizin, 1977, 6, 307–311
Friedman, D.: The treatment of impotence by brietal relaxation therapy, Behav. Res. & Therapy, 1968, 6, 257–262
deutsch in: Kockott, G. (Hrsg.) 1977, a. a. O., 184–189
Fuchs, K. et al.: Hypno-desensitization therapy of vaginismus. I. »In vitro« method. II. »In vivo« method. Intern. J. Clin. Exp. Hypnosis. 1973, 21, 144–156
Furman, S.: Intestinal biofeedback in functional diarrhea. J. Beh. Ther. exper. Psychiatry, 1973, 4, 317–321
Gantt, W. H.: Experimental basis for neurotic behavior. New York 1944
Garfinkel, P. E., S. A. Kline and H. C. Stancer: Treatment of anorexia nervosa using operant conditioning techniques, J. Nerv. Ment. Dis. 1973, 157, 428–433
Garfinkel, P. E., H. Moldofsky and D. M. Garner: Prognosis in Anorexia nervosa as influenced by clinical features, treatment and self-perception. Can. Med. Ass. J., 1977, 117 (9), 1041–1045
Gessel, A. H.: Electromyographic biofeedback and tricyclic antidepressants in myofascial pain dysfunction syndrome: psychological predictors of outcome. J. Am. Dent. Assoc., 1975, 91, 1048–1052
Gibson, H. B.: Writer's cramp: a behavioral approach. Behav. Res. and Therapy, 1972, 10, 371–380
Goldfried, M. R. u. A. P. Goldfried: Kognitive Methoden der Verhaltensänderung, in: Kanfer, F. H. und A. P. Goldstein (eds.): Möglichkeiten der Verhaltensänderung, München 1977
Goldfried, M. R. und R. N. Kent: Herkömmliche gegenüber verhaltenstheoretischer Persönlichkeitsdiagnostik: ein Vergleich methodischer und theoretischer Voraussetzungen. In: Schulte D. (Hrsg.): Diagnostik in der Verhaltenstherapie. Fortschritte der Klinischen Psychologie, Band 5. München 1974, 3–23
Goldfried, M. R. and J. N. Sprafkin: Behavioral personality assessment. In: Spence, J. T., R. C. Carson and J. W. Thibaut (eds.): Behavioral approaches to therapy. Morristown 1976, 295–321
Golemann, D.: Kopfschmerz aus medizinischer Sicht, Psychologie heute, 1977, 2, 18–23

Grawe, K.: Verhaltenstherapeutische Gruppentherapie, in: Handbuch der Psychologie, Bd. 8, 2. Halbband, L. J. Pongratz (Hrsg.): Klinische Psychologie, Göttingen 1978, 2696–2711
Grawe, K. und H. Dziewas: Interaktionelle Verhaltenstherapie. Vortrag auf dem Jahreskongreß der DGVT vom 28. 9.–1.10.1977 in Berlin
Greene, C. S. and Laskin, D. M.: Long term evaluation of conservative treatment for myofacial pain-dysfunction syndrome. J. Am. Dent. Assoc., 1974, 89, 1365–1374
Groen, J. J.: Psychosocial influences in bronchial asthma. In: Levi, L. (ed.): Society, stress, and disease. London-New-York-Toronto 1971, 352–361
Gross, S. N.: Biofeedback technique in treating myofacial pain dysfunction syndrome. J. Jew. Jers. Dent. Assoc., 1975, 46, 26–27
Gwinup, G.: Effects of diet and exercise in the treatment of obesity, in: Bray, G. A. and J. E. Bethune (eds.): Treatment and management of obesity, Hagerstown, 1974, 93–102
Hagen, R. L.: Group therapy versus bibliotherapy in weight reduction, Thesis. Champaign, Ill. 1969
Halmi, K.: Anorexia nervosa, demographic and clinical features in 94 cases. Psychosomat. Med., 1974, 36, 18
Halmi, K. A., Powers and S. Cunningham: Treatment of anorexia nervosa with behavior modification. Effectiveness of formula feeding and isolation, Arch. Gen. Psychiatry, 1975, 32, 93–96
Harré, R. and P. F. Secord: The explanation of social behavior. Oxford 1972
Haynes, S. N.: Electromyographic biofeedback treatment of a woman with chronic dysphagia, Biofeedback Self Regul., 1976, 1, 121–126
Hartmann, W. and M. Fithian: Treatment of sexual dysfunction: A bio-psychosocial approach, Center for Marital and Sexual Studies, Long Beach, Ca., 1972
Hautzinger, M. und L. Kemmerer: Ablehnungstraining und Entspannungstraining kombiniert mit einem Selbstkontrollprogramm von übergewichtigen Patienten in Gruppen. Ein erster Versuch, Mitteilungen der DGVT 1978, 86–97
Headrich, M. W., B. W. Feather and D. T. Wells: Undirectional and large magnitude heart rate changes with augmented sensory feedback, Psychophysiology, 1971, 8, 132–142
Hiroto, D. S. and M. E. P. Seligman: Generality of learned helplessness in man. J. Personal. Soc. Psychol., 1975, 31, 311–327
Hock, R. A., J. Bramble and D. W. Kennard: A comparison between relaxation and assertive training with asthmatic male children. Biol. Psychiat., 1977, 12, 593–596
Hofstätter, P. R.: Einführung in die Sozialpsychologie, Stuttgart 1963[3]
Hokanson, J. and M. Burgess: Effects of physiological arousal level, frustration, and task complexity on performance. J. abnorm. soc. Psychol., 1964, 72, 698–702
Holroyd, J.: Treatment of a married virgin by behavior therapy. Report of a case, Obstetrics and Gynecology, 1970, 36, 469–472
Holtmeier, H. J.: Volksseuche Fettsucht, Deutsches Ärzteblatt, 1973, 39, 2512–2519
Hull, C. L.: Principles of Behavior. New York 1943
Ince, L.: Behavior modification of sexual disorders, Amer. J. Psychother., 1973, 27, 446–451
Jacobson, E.: Progressive relaxation. Chicago 1938
Janich, P., F. Kambartel und J. Mittelstraß: Wissenschaftstheorie als Wissenschaftskritik. Frankfurt 1974
Jeffrey, D. B.: External vs. self-control in the management and maintenance of weight loss. In: Katz, R. C. and S. Zlutnick (eds.): Behavior therapy and health care: Principles and applications. New York 1975, 601–618

Kamiya, J.: Operant control of the EEG alpha rhythm and some of its reported effects on consciousness. In: Tart, C. (ed.): Altered states of consciousness. New York 1969, 519–529

Kanfer, F. H.: Verhaltenstherapie: Ein neues Theorie-Gerüst zur Lösung klinisch-psychologischer Probleme. Psychol. Praxis, 1969, 13, 1–18

Kaplan, H. S.: A new classification of the female sexual dysfunctions, Intern. Congr. f. med. Sexologie, 3.–7. Juli 1974 (a) Paris

Kaplan, H. S.: The new sex therapy. London 1974 (b)

Kaplan, H. S.: Sexualtherapie – ein neuer Weg für die Praxis. Stuttgart 1979

Karoly, P.: Operante Methoden. In: Kanfer, F. H. und A. P. Goldstein (Hrsg.): Möglichkeiten der Verhaltensänderung. München 1977, 220–260

Katahn, M.: Systematic desensitization and counseling for anxiety in an collage basketball player, J. Special Educ., 1967, 1, 309–314

Katkin, E. S.: Instrumental autonomic conditioning. In: Spence, J. T., R. C. Carson and J. W. Thibaut (eds.): Behavioral approaches to therapy. Morristown 1976, 202–226

Katz, R. C. and S. Zlutnick: Behavior therapy and health care: principles and applications, New York 1975

Kegel, A. H.: Sexual functions of the pubococcygeus muscle, West. J. Obstet. Gynec., 1952, 60, 521–524

Kehrer, H. E.: Behandlung der Anorexia nervosa mit Verhaltenstherapie, Med. Klin., 1975, 70, 427–432

Kelley, H. H.: The process of causal attribution. Americ. Psychologist, 1973, 28, 107–128

Kenny, F. T. and L. Solyom: The treatment of compulsive vomiting through faradic disruption of mental images, Can. Med. Ass. J., 1971, 105, 1071–1073

Khan, A. U.: Effecticeness of biofeedback and counter-conditioning in the treatment of bronchial asthma, J. Psychosom Res., 1977, 21, 97–104

Khan, A. U., R. N. Staerk and C. Bonk: Role of counter-conditioning in the treatment of asthma. J. Asthma Res., 1973, 11, 57–62

Kockott, G. (Hrsg.): Sexuelle Störungen. Verhaltensanalyse und -modifikation, Fortschritte der Klinischen Psychologie 10, München 1977

Kockott, G., F. Dittmar und L. Nusselt: Systematische Desensibilisierung bei Erektionsstörungen. Eine kontrollierte Studie, in: Kockott, G. (Hrsg.), 1977, a. a. O., 190–199

Kohlenberg, R.: Directed masturbation and the treatment of primary orgasmic dysfunction, Archives of Sexual Behavior, 1974, 3, 349–356

Kondo, C. and A. Canter: True and false electromyographic feedback: effect on tension headache, J. Abn. Psychol. 1977, 86, 93–95

Kopel, S. u. H. Arkowitz: The role of attribution and selfperception in behavior change: implications for behavior therapy, Genetic psychol. Monogr. 1975, 92, 175–212

Koppmann, J. W., R. D. McDonald and M. G. Kunzel: Voluntary regulation of temporal artery diameter by migraine patients. Headache, 1974, 14, 133–138

Kotses, H., K. D. Glaus, S. K. Bricel, I. E. Edwards, and P. L. Crawford: Operant muscular relexation and peak expiratory flow rate in asthmatic children. J. Psychosom. Res., 1978, 22, 17–23

Krasner, L.: The operant approach in behavior modification. In: Spence, J. T., R. C. Carson and J. W. Thibaut (eds.): Behavioral approaches to therapy. Morristown 1976, 127–168

Krause, R., B. Ebert, E. R. Czeschick und K. Müller: Ein verhaltenstherapeutisches Gruppenkonzept: Behandlung psychosomatischer Störungen, Z. Klin. Psychol. Psychotherap. 1977, 25, 64–79

Kristt, D. A. and B. T. Engel: Learned control of blood pressure in patients with high blood pressure, Circulation 1975, 51, 370–378

Kurtsin, I. T.: Pavlov's concept of experimental neurosis and abnormal behavior

in animals. In: Fox, M. W. (ed.): Abnormal behavior in animals. Philadelphia-London-Toronto 1968, 77–106
Lacey, J. I, and B. C. Lacey: Verification and extension of the principle of autonomic response-stereotypy. Amer. J. Psychol., 1958, 71, 50–73
Lazarus, A. A.: The treatment of chronic frigidity by systematic desensitization. J. Nerv. & Mental Diseases, 1963, 136, 272–278, deutsch in: Kockott, G. (Hrsg.), 1977, a. a. O., 175–183
Lazarus, A. A. (ed.): Clinical behavior therapy, New York 1972
Lazarus, A. A.: Multimodale Verhaltenstherapie, Frankfurt 1978
Legalos, D. N.: Aversive behavior therapy for chronic stomach pain. A case study, Pain 1977, 4 (1), 67–72
Legewie, H. und L. Nusselt (Hrsg.): Biofeedback-Therapie, München 1975
Lehmann, D., W. Lang und P. Debruyne: Kontrolliertes EEG-alpha-Feedback-Training bei Gesunden und Kopfschmerzpatienten, Arch. Psychiat. Nervenkr. 1976, 221, 331–343
Lenk, H. (Hrsg.): Handlungstheorien – interdisziplinär. München 1977
Levkoff, B.: Neuauflage der Partnerschaft, Sexualmedizin, 1974, 3, 620–622
Liberman, R.: Behavioral approaches to family and couple therapy, Am. J. Orthopsychiat. 1970, 40, 106
Liberman, M. A.: Gruppenmethoden. Kap. 13, in: Kanfer, F. H. und A. A. Goldstein (Hrsg.): Möglichkeiten der Verhaltensänderung, München 1977
Liddell, H. S.: The challenge of Pavlovian conditioning and experimental neuroses in animals. In: Wolpe, J., A. Salter, and L. J. Reyna (eds.): The conditioning therapies. New York 1964, 127–148
Liebman, R., S. Honig und H. Berger: An intergrated treatment program for psychogenic pain, Family Procress, 1976, 15, 397–405
Liebman, R., S. Minuchin and L. Baker: An integrated treatment program for anorexia nervosa, Am. J. Psychiatry 1974, 131, 432–436
Liversedge, L. A. and J. D. Sylvester: Conditioning techniques in the treatment of writer's cramp. Lancet, 1955, 7, 1147–1149
LoPiccolo, J. und W. Ch. Lobitz: Die Bedeutung der Masturbation bei Behandlung von Orgasmusstörungen, in: Kockott, G. (Hrsg.), 1977, a. a. O. 245–253
Lukeman, D.: Conditioning methods of treating childhood asthma. J. Child Psychol. Psychiat., 1975, 16, 165–168
Lutz, R. und J. J. Windheuser: Therapiebegleitende Diagnostik. In: Schulte, D. (Hrsg.): Diagnostik in der Verhaltenstherapie. Fortschritte der Klinischen Psychologie, Band 5. München 1974, 196–218
Maclean, G.: An approach to the treatment of an adolescent with ulcerative colitis. Conjoint therapy of the parents, Can. Psychiatr. Ass. J. 1976, 21, 287–93
Mandel, K. H.: Kommunikationstherapeutische Übung zum Hautkontakt – ein Baustein in der Behandlung sexueller Erlebnisstörungen, in: Kockott, G. (Hrsg.), 1977, a. a. O., 236–244
Mandel, K. H., A. Mandel und H. Rosenthal: Einübung der Liebesfähigkeit, Reihe Leben lernen, Band 12, München 1975
Mandel, A., K. H. Mandel, E. Stadter und D. Zimmer: Einübung in Partnerschaft durch Kommunikationstherapie und Verhaltenstherapie, Leben lernen 1, München 1975[8]
Mann, R. A.: The behavior-therapeutic use of contingency contracting to control an adult behavior problem: weight control, J. Appl. Behav. Analysis 1972, 5, 99–109
Masserman, J. H.: An experimental psychoanalytic approach to psychobiologic principles. Chicago 1943
Masserman, J. H. and C. Pechtel: Neurosis in monkeys: a preliminary report of experimental observations. Ann. N.Y. Acad. Sci., 1953, 56, 253–265
Masters, W. H. und V. E. Johnson: Die sexuelle Reaktion. Hamburg 1970
Masters, W. H. und V. E. Johnson: Anorgasmie und Impotenz. Frankfurt 1973

McGovern, K. B., R. C. Stewart and J. LoPiccolo: Secondary orgasmic dysfunction: I. Analysis and strategies for treatment. Archives of Sexual Behavior, 1975, 4, 265–275

McKenzie, R. E., W. J. Ehrisman, P. S. Montgomery and R. H. Barnes: The treatment of Headache by means of electroencephalographic biofeedback. Headache, 1974, 13, 164–172

Mealiea, W. L.: Conjoint-Behavior Therapy: The modification of family constellations. In: Arch, E. J., L. C. Handy and L. A. Hamerlynck (eds.): Behavior Modification Approaches to Parenting, New York, 1976

Meares, R.: Spasmodic torticollis. Australien and New Zealand Journal of Psychiatry, 1973[a], 7, 3–5

Meares, R.: Behavior therapy and spasmodic torticollis. Arch Gen. Psychiatry, 1973[b], 28, 104–107

Meichenbaum, D.: Cognitive behavior modification. In: Spence, J. T., R. C. Carson and J. W. Thibaut (eds.): Behavioral approaches to therapy. Morristown 1976, 275–294

Meichenbaum, D.: Cognitive behavior modification: An integrative approach. New York 1977

Meichenbaum, D.: Methoden der Selbstinstruktion. In: Kanfer, F. H. und A. P. Goldstein: Möglichkeiten der Verhaltensänderung. München 1977, 407–450

Miklich, D. R.: Operant conditioning procedures with systematic desensitization on a hyperkinetic asthmatic boy. J. Behav. Ther. and Exp. Psychiat., 1973, 4, 177–182

Miklich, D. R., C. M. Renne, T. L. Creer, A. B. Alexander, H. Chai, M. H. Dacis, A. Hoffmann and P. Danker-Brown: The clinical utility of behavior therapy as an adjunctive treatment for asthma. J. Allergy Clin. Immunol. 1977, 60, 285–294

Miller, G. A., E. Galanter and K. H. Pribram: Strategien des Handelns. Stuttgart 1973

Miller, N. E.: Learning of visceral and glandular responses. Science, 1969, 163, 434–445

Miller, N. E.: Learning, stress, and psychosomatic symptoms. Acto Neurobiol. Exp., 1976, 36, 141–156

Miller, N. E.: Effect of Learning on Gastrointestinal Functions in: Almy, T. P. and J. F. Fielding (eds.): The GI Tract in Stress and Psychosocial Disorders, Clinics and Gastroenterology, 1977, 6, Nr. 3

Miller, N. E.: Biofeedback and visceral learning. Ann. Rev. Psychol., 1978, 29, 373–404

Miller, N. E. and A. Banuazizi: Instrumental learning by curarized rats of a specific visceral responce, intestinal or cardiac. J. Comp. Physiol. Psychol., 1968, 65, 1–8

Miller, N. E. and D. V. DiCara: Instrumental learning of heart-rate changes in curarized rats: Shaping and specifity to discriminative stimulus. J. Comp. Physiol. Psychol., 1967, 63, 12–15

Miller, N. E. and L. V. DiCara: Instrumental learning of urine formation by rats; changes in renal blood flow. Amer. J. Physiol., 1968, 215, 215–220

Miller, N. E., L. V. DiCara, H. Solomon, J. M. Weiss und B. Dworkin: Learned modifications of autonomic functions: A review and some new data, Suppl. I. to Circulation Research, 1970, 16/17, 3–11

Miller, N. E., L. V. DiCara, H. Solomon, J. M. Weiss und B. Dworkin: Erlernte Modifikation vegetativer Funktionen: Eine Übersicht und einige neue Ergebnisse. In: Legewie, H. und L. Nusselt (Hrsg.): Biofeedback-Therapie. Fortschritte der Klinischen Psychologie, Band 6. München 1975, 186– 199

Minuchin, S.: Families and Family Therapy, Cambridge 1974

Mischel, W.: Toward a cognitive social learning reconceptualization of personality. Psychol. Rev., 1973, 80, 252–283

Mitchell, K. R. and D. M. Mitchell: Migraine: an exploratory treatment applica-

tion of programmed behavior therapy techniques, Journal of Psychosomatic Research, 1971, 15, 137–157
Moldofsky, H. and P. E. Garfinkel: Problems of treatment of anorexia nervosa, Can. Psychiatr. Assoc. J. 1974, 19, 169–175
Moore, N.: Verhaltenstherapie bei Bronchialasthma: Eine experimentelle Untersuchung. In: Florin, I. und W. Tunner (Hrsg.): Therapie der Angst, München 1975, 148–178
Morris, R. J.: Methoden der Angstreduktion. In: Kanfer, F. H. und A. P. Goldstein (Hrsg.): Möglichkeiten der Verhaltensänderung. München 1977, 261–308
Neisworth, J. T. and F. Moore: Operant treatment of asthmatic responding with the parent as therapist. Behav. Ther., 1972, 3, 95–99
Nemetz, G. H., K. D. Craig und G. Reith: Treatment of female sexual dysfunction through symbolic modeling. J. Cons. Clin. Psych., 1978, 46, 62–73
Obler, M.: Systematic desensitization in sexual disorders, J. Behav. Ther. & Exp. Psychiat., 1973, 4, 93–101
Oliver, J.: Determinants of experimental neurosis in cats. J. Clin. Psychol., 1975, 31, 594–600
Otte, H., H. D. Basler und D. R. Schwoon: Zur Theorie und Behandlung der Anorexia nervosa aus verhaltenstherapeutischer Sicht, Therapiewoche 1978, 28, 8037–8055
Parker, J. B., D. Blazer and L. Wyrick: Anorexia nervosa: A combined therapeutic approach. South Med. J., 1977, 70, 448–552
Parsons, T. und E. A. Shils (eds.): Toward a general theory of action. New York 1965
Patel, C.: 12-month follow-up of yoga and biofeedback in the management of hypertension, Lancet 1975, 1, 62–64
Paul, G. L. and D. T. Shannon: Treatment of anxiety through systematic desensitization in therapy groups, J. abn. soc. Psychol. 1966, 71, 124–135
Paulley, F. W. and D. A. L. Haskell: The treatment of migraine without drugs, Journal of Psychosomatic Research, 1975 19, 367–374
Pawlik, K.: Diagnose der Diagnostik. Stuttgart 1976
Perkin, G. J. and P. G. Surtees: Wider perspectives in the behavioural treatment of anorexia nervosa: A case study, Aust. Nz. J. Psychiatry 1976, 10, 325–330
Pertschuk, M. J.: Behavior Therapy: extended follow-up, in R. A. Vigersky (ed.): Anorexia nervosa, New York 1977
Petzold, H.: Behaviourdrama als verhaltensmodifizierende Phase des tetradischen Psychodramas, Mitt. d. DGVT, 1978, 10, 103–123
Philipp, R. L., G. J. S. Wilde and J. H. Day: Suggestion and relaxation in asthmatics. J. Psychosm. Res., 1972, 16, 193–204
Philips, C.: The modification of tension headache pain using EMG biofeedback, Behav. Res & Therapy 1977, 15, 119–129
Pollack, A. A., D. R. Case, M. A. Weber and J. H. Laragh: Limitations of transcendental meditation in the treatment of essential hypertension, Lancet , 1977, 1, 71–73
Pudel, U.: Das Check-List Protokoll als einfach Methode zur Erfassung der Ernährungsgewohnheit Adipöser, Intern. J. Vitam. Nutr. Res. 1974, 44, 246–257
Razran, G.: The observable unconscious and the inferable conscious in current soviet psychophysiology: Interoceptive conditioning, semantic conditioning, and the orienting reflex. Psychol. Rev. 1961, 68, 81–147
Reading, A. and M. Raw: The treatment of mandibular dysfunction pain. Brit. Dent. J., 1976, 140, 201–205
Reavley, W.: The use of biofeedback in the treatment of writer's cramp. J. Behav. Ther. and Exp. Psychiat., 1975, 6, 335–338
Reis, G. von: Electromyographical studies in writer's cramp. Acta med. scand., 1954, 149, 253

Reisinger, J.: Masturbatory training in the treatment of primary orgasmic dysfunction, J. Behav. Ther. & Exp. Psychiat. 1974, 5, 179–183

Richter-Heinrich, E., U. Knust, M. Lori und H. Sprung: Zur Blutdruckkontrolle durch Biofeedback bei arteriellen essentiellen Hypertonikern, Zeitschrift für Psychologie, 1976, 184, 538–550

Rosenman, R., M. Friedman, R. Straus et al: A predictive study of coronary heart disease, J. Amer. med. Ass. 1964, 189, 15

Ruch, F. L. und P. G. Zimbardo: Lehrbuch der Psychologie. Berlin Heidelberg New York 1975

Sainsbury, P. and I. F. Gibson: Symptoms of anxiety and tension and accompanying physiological changes in the muscular system, J. Neurol. Neurosurg. Psychiat., 1954, 17, 216–224

Sapira, J. D., E. T. Scheib, R. Moriarty, R. and A. P. Shapiro: Differences in perception between hypertensive and normotensive populations, Psychosom. Med., 1971, 33, 239

Sargent, J. D., E. E. Green and E. D. Walters: The use of autogenic feedback training in a pilot study of migraine and tension headaches, Headache, 1972, 12, 120–124

Sargent, J. D., E. D. Walters and E. E. Green: Psychosomatic self-regulation of migraine headaches, Seminars in Psychiatry, 1973, 5, 415–428

Schachter, S.: The interaction of cognitive and physiological determinants of emotional state. In: Berkowitz, L. (ed.): Advances in experimental social psychology. New York 1964

Schachter, S.: Emotion, obesity and crime, New York 1971

Schachter, S. and J. E. Singer: Cognitive, social and physiological determinants of emotional state. Psychol. Rev., 1962, 69, 379–399

Schaefer, K. und D. Schwarz: Verhaltenstherapeutische Ansätze für die Anorexia nervosa, Z. Klin. Psychol. Psychother. 1974, 22, 267–284

Scheer, M. S., P. L. Crawford, C. B. Sergent and C. A. Scherr: Effects of biofeedback techniques on chronic asthma in a summer camp environment. Ann. Allergy 1975, 35, 289–295

Schmidt, G.: Paartherapie bei sexuellen Störungen, DFG-Mitteilungen, 1978, 2, 16–17

Schröder, G.: Verhaltenstherapie bei Kindern und Jugendlichen. Erfahrungen und Hinweise aus der Praxis, Leben lernen Nr. 24, München 1977

Schuetze, G.: Die Pubertätsmagersucht. Symptomatik, Entstehung und ambulante sowie stationäre Behandlungsmöglichkeiten, Z. Allgemeinmed., 1973, 49, 441–445

Schulte, D.: Der diagnostisch-therapeutische Prozeß in der Verhaltenstherapie. In: Schulte, D. (Hrsg.): Diagnostik in der Verhaltenstherapie. Fortschritte der Klinischen Psychologie, Band 5. München 1974, 60–73

Schultz, J. H. and W. Luthe: Autogenic Therapy, New York 1969, Vol. I

Schwäbisch, L. und M. Siems: Anleitung zum sozialen Lernen für Paare, Gruppen und Erzieher, Reinbek 1974

Schwartz, G. and J. Gottman: A task analysis approach to clinical problems: A study of assertive behavior, Unpubl. Manuscript. Zit. bei D. Meichenbaum, 1977

Schwoon, D. R.: Ein kurzer Fragebogen zur Erfassung psychischer Störungen. Unveröffentlichte Dissertation, Hannover, 1975

Seligman, M. E. P.: Learned helplessness and depression in animals and men. In: Spence, J. T., R. C. Carson and J. W. Thibaut (eds.): Behavioral approaches to therapy, Morristown 1976, 11–126

Seligman, M. E. P. and S. F. Maier: Failure to escape traumatic shock. J. Exper. Psychol., 1967, 74, 1–9

Selye, H.: Einführung in die Lehre vom Adaptationssyndrom. Stuttgart 1953

Shagass, C.: Experimental neurosis: In: Freedman, A. M. and H. I. Kaplan (eds.):

Human behavior: Biological, psychological, and sociological. New York 1972, 461–479
Shapiro, A. P., D. P. Redmond, R. H. McDonald and M. Gaylor: Relationships of perception, cognition, suggestion and operant conditioning in essential hypertension, Progress in Brain Research 1975, 42, 299–317
Shapiro, D. and R. S. Surwit: Learned control of physiological function and disease, in: Leitenberg, H. (ed): Handbook of behavior modification and behavior therapy, Englewood Cliffs 1976, 74–123
Shapiro, D., B. Tursky, E. Gershon and M. Stern: Effects of feedback and reinforcement on the control of human systolic blood pressure, Science, 1969, 163, 588–589
Shenger-Krestovnikova, N. R.: Contributions to the question of differentiation of visual stimuli and the limits of differentiation by the visual analyzer of the dog. Bulletin of the Lesgaft Institute of Petrograd, 1921 3, 1–43
Shoemaker, G. E. and D. L. Tasto: The effects of muscle relaxation on blood pressure of essential hypertensives, Behav. Res. Ther. 1975, 13, 29–43
Sirota, A. D. and M. J. Mahoney: Relaxing on cue: the self regulation of asthma. J. Behav. Ther. and Exp. Psychiat., 1974, 5, 65–66
Skinner, B. F.: The behavior of organisms. New York 1938
Skinner, B. F.: Wissenschaft und menschliches Verhalten. München 1973
Smart, R. G.: Conflict and conditioned aversive stimuli in the development of experimental neuroses. Canad. J. Psychol., 1965, 19, 208–223
Sotile, W. M. and P. R. Kilmann: Treatments of psychogenic female dysfunctions, Psychol. Bull., 1977, 84, 619–633
Sroufe, L. A.: Learned stabilization of cardiac rate with respiration experimentally controlled. J. Exp. Psychol. 1969, 81, 391–393
Stampfl, T. G. and D. J. Levis: Implosive therapy: Theory and technique: In: Spence, J. T., R. C. Carson and J. W. Thibaut (eds.): Behavioral approaches on therapy. Morristown 1976, 89–110
Steele, R. L.: Anorexia nervosa: A case study. Psychother. Psychosom., 1976–77, 27, 47–53
Stephens, G. H., A. H. Harris and J. V. Brady: Large magnitude heart rate changes in subjects instructed to change their heart rates and given exteroceptive feedback, Psychophysiology, 1972, 9, 283–285
Sternbach, R. A.: Principles of psychophysiology. New York 1966
Storms, M. D. and R. E. Nisbett: Insomnia and the attribution process. J. Personal. Soc. Psychol., 1970, 16, 319–328
Stuart, R. B.: Behavioral control of overeating, Behav. Res. and Therapy, 1967, 5, 357–365
Stuart, R. B. and B. Davis: Slim chance in a fat world: Behavioral control of obesity, Champaign 1972
Stunkard, A.: Environment and obesity: recent advances in our understanding of regulation of food intake in man, Fed. Proc., 1968, 27, 1367–1373
Stunkard, A.: New therapies for the eating disorders. Behavior modification of obesity and anorexia nervosa, Arch. Gen. Psychiatry, 1972, 26, 391–98
Stunkard, A.: New treatments for obesity: behavior modification. In: Bray, G. A. and J. E. Bethune (eds.): Treatment and management of obesity, Hagerstown 1974, 103–116
Suinn, R. M., L. Brock and C. A. Edie: Behavior therapy for type A patients, Amer. J. Cardiol., 1975, 36, 269
Sylvester, J. D. and L. A. Liversedge: Follow-up study of patients treated for writer's cramp by conditioning techniques. In: Eyssenck, J. J. (ed.): Behavior therapy and the neurosis. Oxford: Pergamon Press, 1960, 334–343
Taylor, C. B., J. W. Farquar, E. Nelson and S. Agras: Relaxation therapy and high blood pressure. Arch. Gen. Psychiatry 1977, 34, 339–342
Thomae, H.: Anorexia nervosa. New York 1967

Turnbull, J. W.: Asthma conceived as a learned response. J. Psychosom. Res., 1962, 6, 56–70
Turner, S. M., Hersen, A. and Alford, H.: Effects of massed practice and meprobamate on spasmodic torticollis: an experimental analysis. Behav. Res. and Therapy, 1974, 12, 259–260
Ullrich, R. und R. Ullrich-de Muynck: Implosion, Reizüberflutung, Habituationstraining. In: Kraiker, Ch. (Hrsg.): Handbuch der Verhaltenstherapie. München 1974, 369–400
Ullrich-de Muynck, R. und R. Ullrich: Das Training-Programm (ATP). Einübung von Selbstvertrauen und sozialer Kompetenz. München 1976
Vachon, L. and E. S. Rich: Visceral learning in asthma. Psychosom. Med., 1976, 38, 122–130
Vaitl, D. und H. J. Kenkmann: Stabilisation der Pulsfrequenz durch visuelle Rückmeldung. Z. Klin. Psychol. 1972, 1, 251–271
Vaitl, D. und R. Engel: Bericht über ein Biofeedback-Symposium. In: Tack, W. (Hrsg.): Bericht über den 29. Kongreß der Deutschen Gesellschaft für Psychologie in Salzburg 1974. Göttingen 1975, 85–99
Valins, S. and R. E. Nisbett: Attribution processes in the development and treatment of emotional disorders. In: Spence, J. T., R. C. Carson and J. W. Thibaut (eds.): Behavioral approaches to therapy. Morristown 1976, 261–274
Waldhard, M.: Die psychogene Ätiologie und Psychotherapie des Vaginismus, Münch. Med. Wschr. 1909, 56, 1998–2000
Walsh, P., A. Dale and D. E. Anderson: Comparison of biofeedback pulse wave velocity and progressive relaxation in essential hypertension, Perceptual and motor skills, 1977, 44, 839–843
Watzlawick, P., J. H. Beavin und D. D. Jackson: Menschliche Kommunikation, Stuttgart 1974
Weiss, J. M.: Psychological factors in stress and disease. Scientific American, 1972, 6, 104–113
Weiss, T.: Biofeedback training for cardiocascular dysfunction. Med. Clin. North Amer. 1977, 61, 913–928
Wichramasekere, J.: Heart rate feedback and the management of cardiac neurosis, J. Abn. Psychol., 1974, 83, 578–580
Wincze, J. P.: A comparison of systematic desensitization and »vicarious extinction« in a case of frigidity, J. Behav. Ther. & Exp. Psychiat., 1971, 2, 285–290
Wolff, G. H.: Headache and other head pain, New York 1963[2]
Wolff, H. G.: Stress and disease. Springfield 1968
Wolpe, J.: Experimental neuroses as learned behavior. Brit. J. Psychol., 1952, 43, 243–268
Wolpe, J.: Praxis der Verhaltenstherapie. Bern 1972
Wolpe, J. A. and A. A. Lazarus: The use of sexual responses, Oxford 1966, 102–115. Deutsch in: Kockott, G. (Hrsg.), 1977, a. a. O., 200–209
Woods, S. C., Makous, W. and R. A. Hutton: Temporal parameters of conditioned hypoglycemia. J. comp. physiol. Psychol., 1969, 69, 301–307
Yorkston, N. H., R. B. Hugh, R. Brady, M. Serber and H. G. S. Sergeant: Verbal desensitisation in bronchial asthma. J. Psychosom. Res., 1974, 18, 371–376
Youell, K. J. and J. P. McCullough: Behavioral treatment of mucous colitis, J. cons. clin. Psychol. 1975, 43, 740–745
v. Zeerssen, D.: Die Beschwerdenliste als Test, Therapiewoche, 1971, 21, 1908–1920
Ziegler, D. K., R. Hassanein and K. Hassanein: Headaches syndromes suggested by factor analysis of symptom variables in a headache prone population, Journal of Chronic Diseases, 1972, 25, 353–363
D'Zurilla, T. J.: Reducing heterosexual anxiety, in: Krumboltz, J. D. und D. E. Thoresen (eds.) Behavioral Counseling: Cases and Techniques. New York, 1969

Namenregister

Sachwortregister